西 部 发 展 评 论
Western China Development Review

主 办：

四川大学西部开发研究院
中国西部开发研究联合体（CWCDS）

四川大学"985工程"三期资助

西部发展评论

Western China
Development Review

主　　编　罗中枢

常务副主编　杨明洪

副　主　编　杨承东　喻　中　蔡尚伟

四川大学出版社

特邀编辑：毛征友
责任编辑：徐　凯
责任校对：许　奕
封面设计：墨创文化
责任印制：李　平

图书在版编目(CIP)数据

西部发展评论. 2011 / 罗中枢主编. —成都：四
川大学出版社，2012.6
ISBN 978-7-5614-5868-6

Ⅰ.①西… Ⅱ.①罗… Ⅲ.①区域经济发展-西北地
区-2011-文集②区域经济发展-西南地区-2011-文集
Ⅳ.①F127-53

中国版本图书馆 CIP 数据核字（2012）第 114463 号

书　名	西部发展评论（2011）	
主　　编	罗中枢	
常务副主编	杨明洪	
副　主　编	杨承东　喻　中　蔡尚伟	
出　　版	四川大学出版社	
地　　址	成都市一环路南一段 24 号（610065）	
发　　行	四川大学出版社	
书　　号	ISBN 978-7-5614-5868-6	
印　　刷	郫县犀浦印刷厂	
成品尺寸	185 mm×260 mm	
印　　张	13.75	
字　　数	313 千字	
版　　次	2012 年 6 月第 1 版	
印　　次	2012 年 6 月第 1 次印刷	
定　　价	24.00 元	

◆读者邮购本书,请与本社发行科
　联系。电 话:85408408/85401670/
　85408023　邮政编码:610065
◆本社图书如有印装质量问题,请
　寄回出版社调换。
◆网址:http://www.scup.cn

目 录

（2011）

反贫困研究

专题研究

改革开放三十年：中国西部发展的回顾与展望

——中国西部开发研究联合体第六次学术年会上的讲话

杰弗瑞·萨克斯（Jeffrey Sachs）

我是杰弗瑞·萨克斯，美国哥伦比亚大学地学院院长。我非常愿意亲自与诸位一起参加中国西部开发研究联合体第六次学术年会，但是由于几周前我刚刚从北京回来，所以现在我无法再返回兰州参加这次重要的会议了。非常感谢大家允许我能够通过远程视频来参加会议，这一虚拟方式对我而言既是巨大的荣幸，也是难得的机会。

西部联合体第六次年会的议题是"改革开放三十年：中国西部发展的回顾与展望"，这不仅恰处于中国改革开放（1979—2009）30 周年之际，同时也标志着中国发展历程新阶段的开始。

回首过去的 30 年，毫无疑问自改革开放以来，在经济增长、社会保障覆盖面及贫困减少程度等方面，中国的全面发展已经打破了诸多世界纪录。这是一个世人从未见过的转变历程。这里，我认为有必要回顾一下改革开放 30 年的几个阶段，同时我还要引入一个新的阶段。在这一阶段，我们需要使用新工具、新思路和新研究计划，这些我也将会作简要介绍。

过去 30 年可以划分为三个阶段，每一阶段大致有十年左右的时间。改革开放第一阶段的主要内容有人民公社制度的废除、农村经济管制放松、乡镇企业起步与发展、粮食市场自由化。这些也导致了农业生产力提升、粮食产量增加及农村工业化的开始。农村剩余劳动力的产生也应归结于农业生产力的急剧提升。随着"文化大革命"的结束、家庭承包责任制的应用以及新科技在农业领域的引入，中国开始了一场绿色革命。由于制度及技术方面的原因，中国的农业产量大大提升了。这一阶段大约是 1979 年到 1989 年，随后农业生产力增长速度便逐步缓慢下来。

第二阶段是国际化阶段，以外资流入、技术流入、国际外包生产、经济特区设立等为主要内容。在整个 20 世纪 90 年代，中国采用了以出口为导向的经济增长模式。受益于外商直接投资（FDI）和出口导向模式，中国经济开始飞速发展。这一阶段也是全国范围内工业化的过程，关注的重点由乡镇企业转向了沿海区域。对于区域间、城乡间的巨大流动人口，户籍制度也开始放松了。

第三阶段以中央政府的西部大开发战略为标志。在前两个发展阶段中，第一阶段是均衡化的发展，农村收入增长要快于城市收入增长；而第二阶段则明显是非均衡的发展，城市收入增长要远快于农村收入增长，沿海地区收入增长快于西部地区。当然中央政府开始关注，甚至可以说警觉到沿海与内陆地区的经济发展不平衡问题。尤其是当经济特区已经极为成功时，更需要在沿海与内陆的经济发展上寻求平衡。西部大开发战略，是将已经逐步富起来的沿海大型企业吸引到中西部地区进行大规模投资，尤其是在重工业、基础设施、高等教育、社会服务等领域加大投资。在最近的十年里，许多西部省份经济增长都要快于沿海省份。因此我认为西部大开发战略在区域发展方面取得了巨大的成功。当然也有一些对于投资如何分配及其成效的关注及争论，即在取得物质资本与社会资本的平衡问题上，考虑基础建设的排序是否过于靠后了。考虑面对的挑战及经济的规模，我认为第三阶段是非同寻常的，也是十分成功的。

我认为中国正在进入一个全新的阶段——第四阶段，这在中国发展历程上也是一个十分复杂的阶段。这一阶段有两个明显的特征。

第一个特征是国际环境的变化。中国出口导向的经济增长是基于高储蓄率和高出口带来的贸易顺差，而美国的经济增长却是基于低储蓄率以及与中国贸易的长期赤字，这样的情况以后不会再出现了。在美国的过度消费模式中，消费者大量购买商品，比如消费者出于对持续增长资金收益的预期而购买房产，这样的情况在 2006 年已经结束了。美国消费者在最终放弃这种模式的同时，也意味着中国对美国出口的崩盘。同时，这一阶段需要国际平衡的恢复。美国由消费导向的经济增长转向投资和出口导向的经济增长并重，而中国由出口导向的经济增长转向对国内消费和投资的关注。美国贸易赤字必须大量缩减，美国从中国的借款应大量缩减，同时中国的贸易盈余也应大量减少。

第二个特征来自于整个世界层面。中美两国的大多数地区已经达到生态极限。我们知道，中国的快速工业化进程破坏了环境，城市的空气已经被污染，数以百计的城市河道也被污染了。空气和水污染给公众健康带来的后果是灾难性的，包括在健康和生产力方面的巨大损失。中国的快速发展已经使中国超过美国成为世界最大的温室气体排放国。中国人均温室气体排放量大约相当于美国的 1/4，但仍然在增加。事实上中国对目前全球气候的变化的影响也是最大的。中美两国加起来占据了全世界温室气体排放量的大约 40%。此外，除了空气污染、水污染、温室气体排放等问题外，中国对东南亚热带硬木的需求、对粮食如巴西大豆的需求、对能源的需求等都将极大地改变国际市场。从这一点来说，我认为我们已经达到了全球的生态极限。因此我认为中国面对着两个并存的问题：一是由出口导向向国内需求导向经济增长模式的转变，而另外一个则是由资源密集型向资源节约型经济增长模式的转变，这也是全球范围内的转变。在中国发展的新阶段与全球发展的新阶段，我们将共同面对这两大问题。

那么在短期之内，中国应做些什么呢？面对出口缩减和生态约束的双重压力，中国的应对之策包括三要素。首先，中国拥有在投资、银行贷款、刺激消费等领域超过 5000 亿美元的经济计划。其次，中国在可持续能源技术上的投资巨大，例如就在几个月前，中国刚刚公布了增加对核能源的投资，通过温室气体零排放的核能源来替代产生大量二氧化碳的煤。中国也已经宣布增加对太阳能、风能的投资。中国在未来几年将逐步大规模推行电动车的使用。中国可能在关键技术上已经领先于全球，尤其是高性能电池技术。一是经济刺激计划，二是可持续能源的基础投资，包括可持续交通、城市公众交通，尤其是中国许多大城市正在建设地铁。三是中国加快对社会保障网络的投资。除了相对少量的城市国企和公共行政部门职工外，中国的社会保障网络覆盖不足，尤其是

7亿农村人口缺乏社会保障。再次，从社会安全、社会平等、社会稳定以及不断提高的消费水平等方面来考虑，中国要努力构建社会保障网络。我们所见的最为引人注目的是医疗改革，其目的是要保证中国居民享有基本医疗保障，尤其是住院医疗。很有趣的是，中美两国都在推行全民医疗保障改革，但这一过程都很困难。当然美国的医疗保险要更为普及，但在保障人口覆盖面上仍然有巨大的不足，同时也面临着高额的医疗支出。

面对这一切，我要说的是，我们正在进入一个新的发展时期。我们需要精神饱满地应对这一新的时期——拉动内需的经济增长、可持续发展、更高的社会保障覆盖率。这就是中国应对全球经济变化及生态平衡的三方面要素。

作为学者，我们在这些问题上大有可为。就短期而言，我们需要认识中国的经济刺激计划。与美国的经济刺激计划相比，中国的方式明显不同。一方面，中国趋向于增加基础设施建设投资，而美国在增加基础设施建设投资方面却非常困难；另一方面，美国比较容易增加社会支出，而中国在社会支出上仅有预算，很多还未实施。比较这两大经济体对世界经济的反应也是十分有趣的。如何能够使得美国、欧洲、中国或者亚洲，能够与其他国家和谐共存是需要研究的。短期研究的问题还包括：美国贸易赤字如何减少，国际储备货币是否应该部分由人民币和欧元来补充，应选择什么样的国际货币体系，美元对人民币应保持币值稳定还是贬值；在采用可持续能源方面，中国应使用怎样的激励措施，是鼓励更多私人投资者投资于可持续能源，还是采用财政支持的研究开发示范项目。美国在争论引入燃气处理系统来减少二氧化碳排放，我感觉相对而言，燃烧废气释放税要更容易操作，也更有效。对中国而言，要减少温室气体排放，应该采用哪种方式呢？这些都是很大的问题，并且最终也体现在5~10年的短期政策纲领中。社会保障网络和医疗改革问题都是相当复杂且困难重重的。医疗改革可能会导致高额的成本，医疗部门在运行中可能效率不高。但中国已经找到了一种能够覆盖13亿人口的有效的医疗体系。中国面对着许多医疗健康方面的挑战，比如说一些非传染病，如糖尿病等。如何处理这些问题都将是非常重要的研究课题。

这里我向诸位介绍一项研究项目，希望诸位都能够参与进来。这一项目涉及哥伦比亚大学地学院、中国国家发展改革委员会（NDRC）、中国其他的一些研究机构和智囊团，以及北京大学和清华大学等。我希望许多西部联合体的成员也能够参与进来。诸位可以与鲍曙明协商，他将帮助各位与我们联系。

这项新的研究计划——中国2049，是对中国未来40年前景的展望，包括中国长期发展的需求与选择，探求在中华人民共和国成立100年之际中国将会遇到什么样的问题。我的观点是，即便现在无法准确地预测2049年，但考虑到技术发展、人口增长、水资源利用、粮食生产和环境变化的长期趋势，我们仍可以预测一些能够影响中国未来关键领域的发展趋势。当然这些发展趋势也将影响21世纪中期的美国，因此中国2049研究计划将与美国2050研究计划同样重要。

研究计划涉及许多领域，一是人口这一个关键领域，包括持续增长的人口、人口稳定性及老龄人口的比重等。二是老龄人口带来的疾病负担，包括非传染病发病率的上升和易感传染病的影响。三是可持续能源的挑战。中国现在是一个以煤炭为基础的经济体，大约一次性能源的 2/3 来源于煤炭，大约 80％ 的电力产量来源于煤炭。如果中国继续采用目前的技术，不断增加煤炭的使用量，中国温室气体的排放可能将彻底失控。中国将单独地成为全球未来气候的决定者，当然中国并不希望出现这样的局面。中美两国已经认识到这是 2050 年前最紧迫的问题。尽管经济在不断发展，但世界已经在现有水平上减少了温室气体的排放。我们需要减少全球一半的排放量，富裕国家需要减少现有水平的 80％。问题在于这些目标如何实现，这都是巨大的挑战。中国将使用多少核能源、风能和其他可再生能源呢？节能技术的采用会形成一个怎样的未来呢？这些都是要在中国 2049 项目中进行研究的。中国的水供应将会怎样？中国目前是一个水资源稀缺的国家，占世界 20％ 的人口仅拥有世界淡水量的 6％，而且这些淡水也十分紧张。黄河枯竭，中国主要水系污染，长期气候变化导致中国北方的干旱，青藏高原冰川的消失，以及中国地下水的过度使用，尤其是在黄河流域。对于中国的水形势应该做些什么？对于中国的粮食安全又应做些什么？因此我们发起了这样一个包括不同领域的研究计划。

中国 2049 项目包括以下几个关键领域：第一个领域是 21 世纪中期中国的经济动态，包括城乡结构、三次产业的就业结构、公众医疗体系结构以及对经济健康运行的影响、中国的能源体系、气候安全、在用水稀缺及粮食多样性需求的环境中如何保证粮食安全等问题。这些都是宏观层面的展望。第二个领域是用水，包括农业灌溉、工业用水和家庭的可持续用水、高效用水、海水淡化和气候变化风险等领域。第三个领域是中国的城市化战略。中国将会是一个拥有许多百万人口大城市的国家，比如现在就有十个人口超过 1000 万的城市。如果对小城市关注不足，大城市就将继续不断地扩张。如何安排城市居民定居，人口密度应该多大，公共交通设施应该多少，汽车依赖度应该多高，这些对于城市设计都是很大的挑战。第四个领域是公共健康，面对老龄人口和城市人口的增加，需要建立新的公共医疗体系。

这样一个五年研究计划将需要中国各大学和研究机构的合作，每所大学都可以对其所在地区未来 30~40 年的前景进行展望。如果诸位感兴趣愿意参与这一计划，可以与鲍曙明联系，我们也将通过某种方式建立一个遍布中国的 2049 研究联合体。

让我再一次感谢我能够有幸参加西部发展研究联合体会议。我希望这也将是诸位参加的最棒的会议。我非常盼望能够见到大家。非常感谢！

（本文根据会议录音整理，未经本人审阅）

推动西藏经济社会全面发展：
治藏诉求与对策响应①

杨明洪

（四川大学西部开发研究院　成都　610065）

摘　要：目前，藏族与非藏族之间出现了某些变化，发展的和谐性正在缺失；社会发展滞后于经济发展，发展的全面性正在丧失；生态环境承载能力减弱，发展的可持续性正在失去基础，生态文明建设困难增大；农牧区发展落后，城乡发展的非均衡性正在扩大；农牧民生产生活条件仍然艰苦，民生改善任务艰巨，改革发展成果的共享性需要更加关注；西藏发展环境仍然比较封闭，发展的融合性需要提升。西藏在发展进程中遇到的矛盾和问题，无论规模还是复杂性都世所罕见。由于历史原因，发展不足、发展不当、发展不协调依然是当前西藏最大的问题，西藏的所有问题和矛盾，最终都要通过科学发展来解决。本文提出西藏经济社会全面发展的要义：首先是发展的速度要"加快"，其次是发展要"以人为本，全面、协调、可持续发展"。其措施是统筹经济建设与社会建设、资源开发与生态保护、构建新型城乡形态、产业发展与民生改善以及深度融入全国经济体系。

关键词：西藏　经济社会全面发展　科学发展观

和平解放特别是改革开放以来，西藏经济社会发展取得了巨大成就。进入新时期，西藏经济社会全面发展问题引起了广泛重视，学术界对这一问题的研究比较薄弱。本文对西藏经济社会全面发展的特殊意义及实现途径进行初步研究。

一、推动西藏经济社会全面发展：一个时代的课题

西藏在地理、历史、宗教、文化和政治上都具有一定的特殊性。总体上讲，在这一

---

①　［基金项目］本文系国家自然科学基金（编号：70973084）、教育部人文社会科学重点研究基地重大项目（编号：06JJD85008）、国家社会科学基金（编号10ZBM025）资助项目。

区域，有以下特征：一是经济发展落后。西藏是我国全面建设小康社会最为艰巨的区域之一。二是社会发育程度低。旧西藏长期政教合一的封建农奴制统治，窒息了西藏社会经济发展的生机和活力。通过在西藏实现和平解放、实行民主改革和民族区域自治，完成了反帝反封建的民族民主革命的任务，西藏摆脱了帝国主义的羁绊，跨越了几个社会形态，进入了社会主义社会，实现了西藏历史上最伟大、最深刻的社会变革。虽然农奴制和封建制的废除开启了西藏社会发展的新纪元，但社会发育需要一个较为长期的过程，社会发育程度目前仍然很低。三是生态环境极为脆弱。按照国家主体功能区的规划，藏区多数属于限制开发区和禁止开发区，同时，西藏又是我国大江大河的发源地，号称"中华水塔"、"亚洲水塔"，对全国可持续发展战略有决定性作用。四是战略地位重要。西藏是南亚和东南亚通向中亚的冲要和天然屏障，是我国对南亚地区开放的前沿和通道。五是达赖集团长期谋求所谓"大藏区"、"高度自治"，阴谋把西藏从中国分裂出去。境外敌对势力利用所谓的"西藏问题"，加紧西化、分化中国，与民族分裂势力勾结。民族分裂活动给这一区域的社会稳定造成了极为严重的影响。

因此，西藏无论在政治、经济上，还是在军事上，都处于极其重要的战略地位。正如第五次中央西藏工作座谈会所指出的那样："事关全面建设小康社会全局，事关国家安全，事关中华民族根本利益和长远发展。"藏区的稳定和发展，对中国西南边陲的社会安定和西部地区的经济开发都具有重要的战略意义。相对于我国其他少数民族地区来讲，西藏是我国少数民族和民族地区经济社会发展最为艰巨的区域之一，其经济社会发展面临的复杂性更高，难度更大。

针对西藏集边疆、民族、高原山区、贫困于一体的特殊情况，改革开放后，中央加大了对西藏经济社会发展的支持力度。中央分别于1980年、1984年、1994年、2001年和2010年召开了五次中央西藏工作座谈会，形成了一系列支持西藏经济社会发展的政策措施。特别是第五次中央西藏工作座谈会对推进西藏实现跨越式发展和长治久安作出了战略部署。

目前，西藏在发展进程中遇到的矛盾和问题，无论规模还是复杂性都世所罕见。正如第五次中央西藏工作座谈会所指出的那样："西藏发展稳定仍然面临不少困难和挑战，也出现了许多新情况新问题。综合起来看，当前西藏的社会主要矛盾仍然是人民日益增长的物质文化需要同落后的社会生产之间的矛盾。同时，西藏还存在着各族人民同以达赖集团为代表的分裂势力之间的特殊矛盾。"单从发展的角度来看，由于历史原因，发展不足、发展不当、发展不协调依然是当前西藏最大的矛盾，西藏的所有问题和矛盾，最终都要通过科学发展来解决。实现从加快发展到实现跨越式发展，既是经济问题，也是政治问题。总体上讲，与其他少数民族地区相比，西藏更为落后，因而需要加快发展的速度。1978—2008年西藏及四川、青海、甘肃、云南等藏区GDP增长速度均低于全国GDP增长速度。同时，达赖集团和境外民族分裂势力引起的社会稳定问题，也在干扰西藏的发展，因而需要更快的发展来抵消引起社会不稳定因素的影响。邓小平说："关键是看怎样对西藏人民有利，怎样才使西藏很快发展起来，在中国四个现代化建设中走进前列。"[①] 江泽民说："加快发展，最根本的是加快西藏经济发展。经济上去了，其他事情就比较好办了。"[②] "绝不能让西藏从祖国分裂出去，也绝不能让西藏长期处于落后状态。"[③] 胡锦涛说："加快经济发展……是解决西藏所有问题的基础。"[④] "保持较快发展速度……对于像西藏这样的欠发达地区，更具有重大的现实意义。"[⑤] 因此，如何"很快"发展？如何让西藏在"中国现代化建设中走进前列"？如何保证"绝不能让西藏长期处于落后状态"？如何让西藏"保持较快的发展速度"？在全国、西藏周边地区出现较快发展的情况下，西藏不能长期停留在不发达状态，否则，区域发展差距将进一步拉大，全国的全面建设小康社会战略就会落空。在我国的邻国特别是印度经济出现较快增长的情况下，怎样使西藏有一个更快的发展，以更加有利于边疆稳定，更加有利于解决与印度的边界争端问题，是必须研究和解决好的重大问题。

　　同时，与其他地区相比，西藏经济建设、社会建设（包括文化建设、政治建设）与生态环境保护三者之间的矛盾最为尖锐。重新认识西藏发展问题是时代赋予的紧迫任务。新中国成立以来，特别是改革开放以来，中央几十年来在西藏不遗余力地推动经济社会发展，但由于历史起点低、基础差，加上高寒缺氧、自然条件恶劣，西藏的现代化发展程度仍然远远落后于全国平均水平，至今仍然是中国最不发达的地区之一。在西藏经济社会发展失衡的现实面前，囿于认识的局限，从总揽经济发展、社会发展与生态环境全局的高度，按照统筹、协调的思路，来推动经济社会全面发展，或者重视不够，或者用简单的、治标的方法去解决复杂的问题，结果造成经济发展质量不理想，发展方式粗放，社会稳定问题解决起来往往比较被动。因此，要采取措施推动西藏经济社会加快发展，实现经济、社会和生态三者的有机统一。

　　应该看到，与其他少数民族和民族地区相比，西藏在经济社会发展方面既有差异的一面，也有共同的一面。相对来讲，西藏地处青藏高原，宗教文化浓厚，社会发育程度低，受到分裂势力的侵扰，经济社会全面发展面临的复杂性更高，是我国少数民族和民族地区经济社会全面发展最为艰巨的区域之一，在某种程度上也是我国经济社会实现全面发展最为困难的区域之一，是我国"决战小康的高地"。这一区域经济社会全面发展的顺利实现，在很大程度上能够带动其他少数民族和民族地区经济社会的全面发展。同时，西藏与其他少数民族和民族地区在经济社会发展方面面临一系列共同的问题，这一区域的成功经验可以被其他少数民族和民族地区借鉴。因此，探索西藏经济社会全面发展的途径，能够带动其他少数民族和民族地区经济社会全面发展，并具有借鉴作用。

---

　　① 邓小平：《立足民族平等，加快西藏发展》，《西藏工作文献选编》，中央文献出版社，2005年版，第397页。

　　②③ 江泽民：《围绕发展和稳定两件大事，开创西藏工作新局面》，《西藏工作文献选编》，中央文献出版社，2005年版，第458页、460页。

　　④ 胡锦涛：《抓住有利时机，推动西藏跨越式发展》，《西藏工作文献选编》，中央文献出版社，2005年版，第612页。

　　⑤ 胡锦涛参加2007年"两会"西藏代表团讨论时的讲话。

二、西藏经济社会全面发展：科学内涵的诠释

科学发展观是我们改革与发展的指导思想，也是一种观察问题的视角。科学发展观的科学内涵："第一要义是发展，核心是以人为本，基本要求是全面协调可持续。根本方法是统筹兼顾。"① 以此观察与处理西藏与其他藏区经济社会发展将会有全新的认识。"五个统筹"是就全国而言，具体到西藏，怎样推动经济社会全面发展，需要进一步结合西藏的实际进行具体分析。

目前，西藏经济社会全面发展面临着经济发展、社会进步、生态保护与重建的多重任务。具体而言，社会发展滞后于经济发展，发展的全面性面临挑战；生态环境承载能力减弱，发展的可持续性正在失去基础，生态文明建设困难增大；农牧区发展落后，城乡发展的非均衡性正在扩大；农牧民生产生活条件仍然艰苦，民生改善任务艰巨，改革发展成果的共享性需要更加关注；西藏发展环境仍然比较封闭，发展的融合性需要提升。解决西藏经济社会发展问题，源于传统认识，在实际工作中，将发展是解决所有问题的基础和关键误解为经济发展可以解决一切问题，因而在政策上通过资金输入，强力推动经济增长（当然，这也是必要的）。对于经济社会发展的其他方面重视程度是远远不够的。

西藏经济社会全面发展的要义：首先是发展的速度要"加快"，其次是发展要"以人为本，全面、协调、可持续发展"。仅是增长，距离"以人为本，全面、协调、可持续发展"的要求太远。由于经济、社会、生态系统运行不平稳，民生欠账较多，生态承载力较弱，社会事业发展不足，民族团结受到威胁，融入全面经济体系深度不够，所以当达赖集团分裂国家活动频繁时，西藏经济社会发展显著地受到影响，进而在很大程度上对国家统一、民族团结、经济发展和国家形象构成威胁。从这个意义上讲，既有重视推动经济增长的必要，也有重视经济社会全面发展的必要。

因此，西藏经济社会全面发展的科学内涵来自于对西藏现实的深刻理解和把握。针对社会发展滞后于经济发展的情况，应着重统筹经济建设与社会建设，增强西藏发展的全面性；针对藏区生态环境承载能力弱的情况，应着重统筹资源开发与环境保护，建立生态文明，实现西藏发展的可持续性；针对农牧区发展落后的情况，应着重统筹藏区城乡协调发展，构建新型城乡形态，实现西藏发展的均衡性；针对农牧民生产生活条件艰苦的情况，应着重统筹产业发展与民生改善，增强发展成果的共享性；针对西藏发展环境的封闭情况，应着重推动深度融入全国经济体系，增强发展的融合性。以加强生态保护和建设为重点，以改善民生为核心，将生态建设、改善民生、发展经济与维护稳定更紧密地结合起来做文章。实现发展的全面性、可持续性、均衡性、共享性和融合性是对西藏经济社会全面发展的科学内涵的全面概括。

---

① 胡锦涛：《高举中国特色社会主义伟大旗帜 为夺取全面建设小康社会新胜利而奋斗》。

三、推动西藏经济社会全面发展：对策响应

（一）统筹经济建设与社会建设，推动经济社会协调发展

西藏和平解放特别是改革开放以来，西藏的经济社会得到空前发展，各项社会事业取得了长足的进步。但是，长期以来，由于普遍认为造成我国少数民族与汉族不平等的主要原因是经济发展上的不平等，将缩小少数民族与汉族之间、西藏与内地发达地区之间的经济发展差距作为消除这一不平等的唯一手段和途径。这样做的结果是实行"经济增长优先"的发展战略，单纯追求 GDP 增长，追求以"物"为中心，或者忽视社会发展，或者重视不够。

从思想观念看，发展是解决西藏所有问题的基础。这无疑是正确的命题。但在实际工作中却片面地强调"经济发展可以解决一切问题"。西藏进入社会矛盾、不协调因素多发期以来，传统社会风险和新型社会风险等不安全因素日趋活跃，特别是"3·14"事件的发生，说明了经济建设不可能也无法替代社会建设（包括文化建设、政治建设）。"一条腿长，一条腿短，走不快"的问题已经直接影响到西藏经济的健康、稳定、快速发展。

再加上西藏社会建设的底子薄、历史欠账多，致使社会和经济发展不协调的问题比较突出，社会发展严重滞后于经济发展。西藏经济增长得益于外力作用，实现高速增长，实现了 8 年 GDP 连续高达 12% 的增长率，是全国增长率最高的省区之一，但西藏社会发展却明显滞后，衡量社会发展的人类发展指数，在 2007—2008 年为 0.616，在全国属于倒数第一位，在社会发展上是最差的省区之一。其他藏区也比较接近。人口基数少、基础教育薄弱、职业教育滞后限制了西藏劳动力素质的整体提高，广大农牧民缺乏劳动技能和创收能力，观念落后、自身脱贫致富的意识不强，成为影响藏区经济可持续发展的关键问题。群众享受基本公共服务水平低，构建和谐社会、实现各民族共同繁荣进步的任务艰巨而繁重。

西藏社会建设落后的主要表现：一是社会结构调整滞后于经济结构调整。二是教育、科技、文化、医疗卫生、环境保护等社会事业滞后于经济发展。三是社会管理相对落后，跟不上经济社会事业发展的要求，各类事故频发，造成人、财、物的大量损失。西藏要实现现代化，不仅要有现代化的经济建设，要有现代化的各类基础设施建设，还一定要有现代化的管理。四是虽然社会主义市场经济体制已在西藏基本建立，但是社会事业的管理体制基本上还没有按市场经济体制的要求改变过来。民主改革后新建的各种事业单位，从一开始就按照计划经济模式运转；而过去遗留下来的各种事业单位也都按公有制的模式改造过来了。整个事业单位行政化，机构庞大，人浮于事，规章制度僵化，投入不少，成果不多，运行成本很高，效率低下，服务质量差。

总之，西藏仍然处于社会主义初级阶段的落后时期，完全有必要坚持以经济建设为中心，但针对社会发展滞后于经济发展的情况，更应该着重统筹经济建设与社会建设，

增强西藏发展的全面性。

（二）统筹资源开发与生态环境建设，推动经济效益与生态效益"双增"

西藏辽阔的地域空间和复杂的自然环境、悠久的人文历史、独特的民族风情，孕育着丰富的生物资源、民族文化资源，使其成为我国生物多样性和民族文化资源最丰富的地区。与其他地区相比，西藏有得天独厚的资源优势，特别是在旅游资源、矿产资源、特色生物资源和清洁能源等方面有着自己的独特优势。这些资源的发展潜力巨大、前景广阔。对资源的利用和开发确实是西藏发展的后劲所在，是形成"造血机制"、增强区域自我发展能力的关键。

长期以来，西藏在发展战略上过分强调"经济增长优先"，过于强调"经济追赶内地"，将追求"经济增长优先"的主要途径放在加速资源开发上，由此形成了西藏独有的资源经济。在片面强调"经济增长优先"的情况下，在资源开发的同时，对生态环境保护重视不够，结果资源开发对当地环境造成了一定的破坏。特别是在资源开发中存在对矿业资源和藏药、虫草等滥采乱挖，牧业的过度放牧，珍稀动物的任意捕猎，水利资源开发补偿不足和生态破坏等问题，造成了资源浪费，草原植被退化，沙化严重，气候变暖，雪线上升，江河水流减小，泥石流、滑坡等地质灾害频发的严重生态危机。虽然近年来青藏高原的环境恢复和保护取得了很大的成绩，但是社会经济发展和生态环境保护之间依然关系紧张。西藏在实现"以人为本、人与自然环境协调发展"上表现出来的问题仍然十分突出。因此，在资源开发中，如果不能正确坚持科学发展观，处理好资源开发与可持续发展的关系，必然会造成对生态环境的破坏。

此外，资源开发还存在其他问题：一是资源开发中，国家与地方的利益关系没有理顺。近年来，像西部其他地区一样，西藏的资源开发速度加快了，但却成了"原料基地"，出现了"资源拿走、污染留下；财富拿走、贫困留下"的情况，"利益集团化，问题却区域化了"。这与国家原本"开发一方资源、富裕一方百姓、保护一方生态"的初衷相差甚远。二是资源开发中，地方政府、开发企业与资源地群众的利益关系没有理顺。资源开发中资源密集型产业和资本密集型产业发展较快。资本投入较高、吸纳劳动力相对较少，而能够促进带动少数民族自身变革与繁荣进步、可容纳较多劳动力的劳动密集型产业和知识密集型产业发展相对滞后。三是资源开发中，外来投资者多，本地投资者少，易导致民族文化多样性的丧失。可容纳较多劳动力的劳动密集型产业和知识密集型产业发展将有利于保护民族文化，但发展较少。

西藏在整体上属于国家生态服务功能区，良好的生态既是西藏经济社会全面发展的优势，也是西藏实现跨越发展的根本保障，还是全国实施可持续发展战略的重要保障。为此，应该充分考虑大规模资源开发活动对当地环境造成的不可逆后果。针对藏区生态环境承载能力弱的情况，着重统筹资源开发与环境保护，建立生态文明，实现发展的可持续性。"在发展中保护，在保护中求发展"，在保障青藏高原的"生物多样性"和"文化多样性"的前提下，重点选择在旅游资源、优势矿产资源、特色生物资源和清洁能源开发基础上，发展生态产业、特色优势产业，使地方在资源开发和生态环境保护中受益，增强藏区发展后劲。

（三）统筹构建新型城乡形态，推动城乡一体化发展

发展不平衡的问题，特别是城乡发展差距广泛存在于发展中国家和地区，这种情况被刘易斯描述为"二元经济结构"。西藏有着自己的特点：一方面，城镇化发展水平本身大大落后于内地，城乡统筹能力比内地一般地区更弱，总面积达122多万平方公里，但建制市仅有两个——拉萨和日喀则，平均61万平方公里才有一座建制市，城市分布密度严重偏低。西藏建制镇也仅有315个，城镇规模尤其是人口规模极其偏小。西藏每个镇平均总人口仅0.4万人，而每个镇的平均非农业人口仅700人，镇的人口规模赶不上内地的村落。由于城镇之间地理间距过大，政治、经济、文化的联系相对较为疏松。另一方面，城乡分割发展非常严重，城乡收入差距又是全国最高的区域。据国家统计局报告，西藏城镇单位在岗职工平均工资为32436元，列全国第三位，仅次于北京、上海，高于天津（27687元）、浙江（23603元）、广东（23078元）。而农牧民纯收入为3176元，青海等省的藏区也存在类似的情况，农牧民人均纯收入仅相当于城镇居民可支配收入的1/4左右。城乡一体化发展困难重重，农牧民融入现代经济社会、融入城镇化面临很大的困难。这些情况比内地更为严重，同时，西藏又成为达赖集团和境外敌对势力攻击的重点。西藏社会经济结构呈现非典型二元结构，社会制度也有不明显的二元结构状况。孙勇等将这种二元结构特征描述为：有一定数量企业并有一定产值且现代化程度不高的工业部门，没有成为经济增长的主导部门；传统农牧业（包括家庭式农牧产品加工）却经常对经济生活发挥着主导作用。

由于众所周知的原因，我国长期实行具有城市偏好的二元体制，出现了重城市轻农村、重工业轻农业、重市民轻农民的"三重三轻"倾向。城乡矛盾不断加深，城乡发展不断分化，城乡差距不断分割，最终形成了"城乡分治，一域两策，一地两民，一事两制"的格局。西藏也不例外。在城乡经济关系上，西藏明显存在两大封闭运行的经济圈：一个是农牧区经济运行圈，在这个运行圈内，仍采用传统的生产方式，基本上是自然经济；另一个是现代经济圈，在这个圈内，资金主要来源于中央和全国各地的援助。前一个圈层主要是农牧业，后一个圈层主要是工业和基础设施等以及第三产业。这两大圈层缺乏联动、连接和链接。项目的镶嵌性明显存在，没有形成三次产业互动机制。在城乡居民收入上，1980年西藏城镇居民人均可支配收入和农牧民人均纯收入相差2.5倍，而这一年全国城乡收入差距平均为2.6倍；西藏2000年是4.64∶1，而这一年全国是2.5∶1，2001年则为5.07∶1，到2008年是3.93∶1，而2008年全国是3.31∶1。在文明景观上，农牧区与城镇之间的"文明"反差就更突出。20世纪80年代以来全国支援西藏，至少在初期，重点在实施"形象工程"和城镇建设方面，农牧区的建设没有引起相应的重视，这也变相地拉大了城乡发展的差距。西藏的一位年轻官员索那杰写道：援藏政策"在其政策重点特别是资金援助的投向方面，农牧区在一定程度上被忽视造成的城乡差距扩大是一个不争的事实"。在公共服务方面，农村更是无法与城镇相比。国家在农村教育、医疗卫生、文化体育、社会保障等方面虽然加大了投入，但基础差、欠账多、服务范围宽、相关设施水平低下，城乡居民之间享受的公共服务水平差距是非常明显的。西藏城乡发展差距成为整个中国的写照。

　　　　　　　　　西部发展评论（2011）

　　总之，西藏的城乡二元结构造成的深层次矛盾较为突出：农牧业基础非常薄弱，最需要加强；农村发展非常滞后，最需要扶持；农民增收非常困难，最需要加快。城乡发展的失衡，反映的是在全局性收入分配依靠国家财力支持的前提下，内部收入的不平等。

　　因此，针对农牧区发展落后的情况，应着重统筹藏区城乡协调发展，构建新型城乡形态，实现发展的均衡性。统筹城乡发展，构建新型城乡形态，既要重视城镇发展，更要重视农村发展，把工业与农牧业、城镇与农牧区、城镇居民与农牧民作为一个整体，统筹谋划、综合研究，通过体制改革、机制创新和政策调整，逐步消除城乡分割发展的藩篱，促进城乡经济社会协调发展。

（四）统筹产业发展与民生改善，推动民众共享发展成果

　　产业发展与民生改善既有统一的一面，又有矛盾的一面。从长远来看，产业发展是民生改善的条件；从短期来看，一定的资源用于推动投资产业多了，用于改善民生就会减少，产业发展并不必然表现为民生改善。在经济迅速增长时期，与全国其他地方一样，西藏出现了通病：由于产业发展落后，经济工作中"急于求成"，加上不科学的"政绩观"，投资于产业的资源和改善民生的资源，在产业的发展与民众的基本需求之间出现偏离，社会在环境和生态上付出日益沉重的代价，贫富之间的差距拉大，特别是社会下层的生活改善速度滞后，等等。

　　在西藏，人口稀少，各地资源禀赋不一样，经济极化的现象很普遍，经济增长主要在城镇和工矿区。广大农牧区、社会底层生产生活面临的实际问题层出不穷，生产生活仍然十分艰苦。西藏绝大多数农牧民长期过着逐水草而居的生活，居住非常分散。改革开放以来，特别是实施退耕还牧、草场围栏及牧民定居工程以来，由原来封闭、半封闭的社会状态逐步走上了现代社会生活，但传统的生产生活方式至今仍较大程度地保留着。农牧民居住分散，基本处于半定居、半游牧状态，使得他们无法像其他地区居民一样享受国家提供的公共资源和公共服务。目前，水、电、路、通讯等基础设施与经济社会发展的要求存在较大差距，尤其在广大农村牧区更为突出，公路密集度低，通达深度低，农村公路十分落后；不同程度面临着"用水用电难，看病就医难，出行难，上学难"等问题；由于藏区地广人稀，公共服务半径大，交通网络覆盖成本高、效益差，抑制了金融、电力等行业的投放意愿，加之地方财力捉襟见肘、无力投入，致使基础设施建设十分落后，广大藏区难以平等享有基本公共服务。

　　藏区的一个共同特点是人口的80%以上是农牧民，由于种种原因，他们难以分享经济增长带来的好处。中央的精神是："改善农牧民生产生活条件、增加农牧民收入，是西藏经济社会发展的首要任务，是衡量西藏发展战略成功与否的重要标准，也是我们在与达赖集团斗争掌握主动的根本条件和基础。要着力解决体现农牧民生产生活面临的突出问题……使他们充分享受到经济发展和社会进步的成果。"

　　因此，如何利用经济增长的成果，切实解决好西藏人民群众最关心、最现实、最直接的利益问题，真正让广大群众共享改革发展成果，促进整体社会的发展和进步，已经成为新世纪摆在我们面前的一个严肃课题。反过来说，如果不能很好地解决这个问题，

经济的进一步发展也会面临严重的制约。针对农牧民生产生活条件艰苦的情况，着重统筹经济增长与民生改善，使各族群众共享改革发展成果，从而实现"学有所教、劳有所得、病有所医、老有所养、住有所居、业有所就"。

（五）推动西藏深度融入全国经济体系，分享全国发展红利

西藏处在一个非常独特的区域。在这个区域里，发展受到自然的阻碍。西藏地处青藏高原，深居亚洲内部，是世界所谓"第三极"的主体部分，四周又有高大山体的阻碍，使其成为一个较完整而且远离海洋的内陆地理单元，具有很大的封闭性。大江、大河、湖泊众多，但没有航运价值。高原缺氧，气候条件和人类生存环境恶劣，限制了很多经济活动，也限制了对外交流与合作。交通条件限制了西藏与周边地区在贸易、文化和技术等方面的交流。因此，高原气候造成的阻碍、河流和地形等交通条件造成的阻碍，使得西藏所处的地域和全国的市场形成了分割和阻碍，这是经济社会发展最大的挑战。西藏的商品要走向全国成本非常高，不具备比较优势，很难发展，藏民无法快速融入全面现代化进程。西藏的很多商品无法融入全国的大市场。外面的人才、资金等经济资源和商品进入本地域的成本很高。市场这只"看不见的手"在促进西藏发展方面作用很小，单纯依靠国家、依靠行政这只"看得见的手"，经济社会发展缺乏市场有力的支撑。

在经济区域化发展加剧的情势下，西藏面临两大问题：一是与我国周边南亚邻国的互补性发展。印度近年来经济发展较快，既为加快西藏发展增加了巨大的压力，同时也为西藏的发展提供了一些借助国际市场和资源发展的机会和条件。这里的主要影响因素是政治性的，尤其以我国与印度的边界问题为最。二是与国内西部其他省份和全国大市场内的分工合作发展。虽然西藏现在还受到交通等因素的制约，但是随着交通条件的改善，一个动态的发展方向将会逐渐显现出来。封闭的情况也不利于资源开发。长期以来，西藏以资源输出为主，在不合理的价格体系下，利益流失比较严重。这就需要区域更加开放，在更加开放的环境中提高资源就地转化，以减少利益流失。此外，封闭的方式也不利于全国支援西藏。长期以来，全国其他较为发达的省市在经济上、人才上积极支持西藏的发展。但这种支持基本上是出于政治上、道义上的考虑，支援者的经济利益很少考虑，在新的历史阶段，要将支援者与被援助者的利益联结在一起，促进对口支援转化为对口合作。

在经济全球化深入发展的大背景下，用更全面的观点看待发展，如果西藏不融入周边地区的经济社会发展之中，就会失去许多发展机会，因此，应该采取措施推动西藏走向全国、走向世界，以更加开放的状态迎接新的发展机会，应对新的挑战；用更加开放的态度开展区域合作，推动区域互利共赢。

事实上，新中国成立后，特别是改革开放以来，国家在改善西藏交通条件方面作出了巨大努力，推动了西藏融入全国发展大局。青藏铁路彻底打破了西藏的交通瓶颈，把西藏融入全国统一的大市场，为西藏的经济社会发展带来更多的机遇。西藏此前较为单一的采购中心，正由成都向西安、兰州、西宁等多中心发展。西藏自治区内以藏北青藏铁路沿线为轴心，以拉萨为核心，辐射林芝、日喀则地区的全新经济带初步形成。川藏

铁路、川藏高速公路以及其他重大交通设施的建设，将进一步改善西藏的封闭状态。目前，西藏深度融入全国经济体系面临的问题：一是对外开放受制于社会稳定形势，达赖集团是西藏社会不稳定的主要因素，社会不稳定严重影响西藏的对外开放；二是交通条件在很大程度上制约着西藏融入周边地区。

因此，以开放促发展事关西藏主动融入全国统一大市场，实现优势互补、区域互动。要深化改革，加快市场化进程，大力改善投资环境，进一步加强与国内外市场的联系。增强与周边省区的合作，依托内地和对口支援，积极发展对外贸易，提高对西藏经济发展的拉动作用。

（六）完善省级以下财政转移支付制度，增强经济社会全面发展的支撑力

推动西藏经济社会全面发展，关键是通过加快社会建设、民生改善、生态环境建设、解决"三农"问题，并在此基础上统筹西藏协调发展，推动西藏深度融入全国经济体系，实现发展的全面性、可持续性、均衡性、共享性、协调性、融合性，最终体现"以人为本，全面、协调、可持续发展"。

近年来，各级财政特别是中央财政加大对西藏转移支付的力度，加大支持经济社会全面发展的力度。但从实际情况来看，毋庸讳言，现行的财政体制难以解决以下三个重大问题：一是如何保证中央给予的支持和优惠政策落到基层，二是如何保障中央给予的支持与优惠政策落到群众，三是如何保障中央给予的支持和优惠政策落到推动经济社会中过去忽视的方面上。这些问题的存在就制约着发展的全面性、可持续性、均衡性、共享性、协调性、融合性。因为这些问题的解决，既需要继续加大转移支付的力度，又需要调整财政支出结构，更主要依靠基层政府实施。如果基层政府缺乏财力保障，推动经济社会全面发展就会落空。从整体上看，制度建设比较滞后，省以下纵向财力差距和省内横向财力差距不断拉大，基层财政运行困难，迫切需要完善省以下财政转移支付制度。

参考文献

[1] 杨明洪，等. 西藏经济社会跨越式发展的实证研究 [M]. 北京：中国藏学出版社，2006.

[2] 张明，杨明洪，等. 西藏农村经济发展研究 [M]. 北京：中国藏学出版社，2006.

[3] 杨明洪. 西藏农户经济演化特征：基于农村住户调查资料的实证分析 [J]. 中国藏学，2005 (3).

[4] 杨明洪，安七一，郑洲. 西藏"安居工程"：基于公共产品视角的分析 [J]. 中国藏学，2007 (2).

[5] 杨明洪. 西藏经济跨越式发展：治藏诉求与政策回应 [J]. 中国藏学，2006 (2).

[6] 杨明洪，张强. 论投资与西藏城镇经济增长 [J]. 财经科学，2005 (6).

[7] 杨明洪，沈颖. 西藏农业经济增长的实证分析：1978—2003 [J]. 四川大学学报，2005 (2).

[8] 郑洲. 西藏德吉新村扶贫综合开发绩效研究：基于农村公共产品供给的视角分析 [J]. 西藏研究，2007 (4).

[9] 安七一. 用科学的发展观治理西藏，促进西藏的稳定和发展——析四次"中央西藏工作座谈会"形成的科学发展观演化 [J]. 中国藏学，2009 (1).

[10] 安七一. 论金融优惠政策下西藏金融发展 [J]. 西南民族大学学报（社会科学版），2008 (3).

[11] 安七一，杨明洪. 论公共产品供给与西藏农村和谐社会建设 [J]. 财经科学，2008 (5).

[12] Fischer, Andrew Martin (2002), Poverty by Design: The Economics of Discrimination in Tibet. Montreal: Canada Tibet Committee.

[13] Fischer, Andrew Martin (2005), State Growth and Social Exclusion in Tibet: Challenge of Recent Economics Growth, Copenhagen: NIAS Press.

[14] Sen, Amatya (1999), Development as Freedom, New York: Anchor Books.

[15] Yeh, Emily T. (2003), "Taming the Tibetan Landscape: Chinese Development and the Transformation of Agriculture", UC Berkeley, PhD. Thesis.

西部地区的城市化与城乡人口长期均衡[①]

郭 琳

(中国人民大学人口与发展研究中心 北京 100872)

摘 要：城乡统筹发展要求统筹人口的城乡分布。我国城乡人口不均衡现象由来已久，西部大开发加快了城市化进程，但西部地区城市化率仍低于全国平均水平且内部城乡人口失衡现象严重。本文在论述了城市化和城乡人口长期均衡发展的概念和衡量标准之后，探讨了我国城乡人口长期失衡的一般规律和西部地区的特有规律，并对比西部地区城乡人口分布与全国和中东部地区的差距，提出在新的十年加快城市化进程，改进城乡二元的生育政策，提升农村地区人力资本，实现西部地区城乡人口的长期统筹发展等对策建议。

关键词：西部地区 城市化 均衡发展

一、城市化和城乡人口的长期均衡发展

城市是人类文明的载体，城市化是人类社会发展的必然趋势，健康正常的城市化水平反映了一国经济发展和现代化的水平。全球正在掀起新一轮的城市化浪潮，全球城市化水平已经达到50％左右。[②] 城市化主要表现为两个方面：城市在地理范围上的扩张和城市人口的快速增加（这种增加不仅体现在数量上，更体现在相对农村人口的比重上）。虽然城市化包含多个层次，但是主要是指乡村人口向城市流动这一过程，这是城市化最基本的内涵。[③] 城市化有利于城乡人口的长期均衡发展。对于我国来说，目前户籍人口的70％、常住人口的54％仍然是农村人口，城市化是实现城乡人口长期均衡发展的最根本途径。

改革开放以来，我国城市化发展取得了良好的发展势头。全国城市人口数量和城市化率快速增加。我国的城镇人口[④]1981年首次超过2亿，以每年超过1000万的速度在

---

① 本文是中国人民大学研究生科学研究基金项目资助（项目名称：农村地区的家庭背景、个人进城与城市化，项目编号：11XNH101）的阶段性成果。

② 陈甬军、陈爱民主编：《中国城市化：实证分析与对策研究》，厦门大学出版社，2002年版，第4页。

③ 张培刚：《发展经济学》，经济科学出版社，2001年版，第624页。

④ 这里的城镇人口指的是常住人口的概念，不同于户籍人口和非农业人口，后两者一般会比城镇常住人口数量略小。

1990 年超过 3 亿,之后进一步加速,2009 年达到 62186 万。[①] 伴随着城市人口数量快速增加的是城市化率的快速提升。我国城市化率在 1981 年首次超过 20%,2009 年达到 46.6%。[②] 我国农村人口自 1995 年达到 8.59 亿的峰值以后开始逐年下降,净增加量已经连续 14 年为负,而城镇人口却在逐年增加,这也从一个侧面说明了我国城市化率扩张的速度。

西部地区地域辽阔,自然资源丰富,发展潜力巨大。但是改革开放以来,发展相对比较缓慢,与东部地区经济差距逐渐拉大。由于共同富裕和均衡发展是我国改革开放和社会主义现代化建设的最终目标,而西部地区的城市化明显落后于东部地区,因此只有加快城市发展步伐,提高西部地区城市对就业的吸收能力,才能带动西部地区人口、产业和城市化的良性均衡发展。

二、城乡人口长期均衡发展的衡量标准

城乡人口保持长期均衡发展,归根于经济发展与城市化保持协调、均衡,即在空间上的城市化和产业结构上的工业化过程要保持均衡。一方面,城市化和工业化都保持稳定、均衡的发展,就实现了城乡人口的静态均衡;另一方面,经济发展和城市发展协调同步进行,工业化推动城市化,城市化反过来促进工业化,城市化是工业化的动力,城市化和工业化的协调发展就意味着城乡人口的动态均衡。

关于城市化和工业化,国际上有不同的衡量指标。一般用人口城镇化率衡量城市化水平;而对工业化水平的衡量,则主要有产值结构指标和就业结构指标两类。产值结构指标主要包括工业增加值占 GDP 的比重、非农产业占 GDP 的比重;就业结构指标主要包括工业就业比重、非农产业就业比重等。[③] 因此,城乡人口均衡的衡量标准包括产业结构均衡和就业结构均衡两个方面,而二者的均衡最终达到城市化和工业化的均衡(如图 1 所示)。

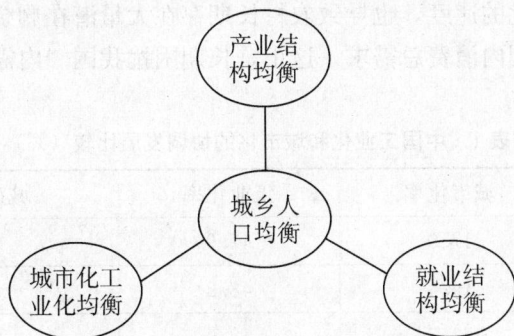

图 1　城乡人口均衡的衡量标准

---

①② 国家统计局:《中华人民共和国 2009 年国民经济和社会发展统计公报》,2010 年 2 月 25 日。
③ [美]钱纳里(Chenery, H.)、[以]塞尔昆(Syrquin, M.):《发展的型式:1950—1970》,李新华等译,经济科学出版社,1988 年版。

但是在世界许多国家尤其是发展中国家存在城市化和工业化失衡的现象。比如拉美国家由于城市化超前于工业化，在享受经济发展成果的同时也出现了生活贫困、住房紧张、环境污染、贫富悬殊、道德沦丧、社会治安恶化、贫民窟等诸多问题。这些问题严重地影响到拉美人民的生活质量，并已构成拉美现代化持续发展的阻力和障碍。而另外一些发展中国家如朝鲜由于城市化滞后于工业化而无法实现现代化，甚至连国民的基本温饱问题都无法解决。

三、我国城乡人口长期失衡的一般规律

新中国成立以来，现代工业得到飞速发展，但是 1958 年开始的"大跃进"不但给我国国民经济健康发展带来重大影响，也造成了我国城市化进程在随后 20 年内的大波折和停滞不前。由于"大跃进"时期感受到城市人口过多造成的压力，政府开始采取措施分散城镇人口并限制乡、城人口的自由流动，这就是户籍制度的产生。而过度地鼓励生育，更加大了城市人口的就业压力，这也部分地造成了户籍制度的固化，限制了城市化的进程。1960 年我国城市化率为 19.7%，1978 年仅为 17.9%。我国的城市化失衡主要表现在以下几个方面。

（一）城市化明显滞后于工业化

世界各国工业化和现代化的历史均已表明，城市化与工业化和产业结构的演变存在密切的正向相关关系，工业化为城市化提供全方位的技术和装备；而城市化则为工业化提供大量的市场空间和优秀的要素聚集，城市化的质量引领工业结构优化升级的方向。但是我国的城市化却明显滞后于工业化的发展。一般认为，城市化水平应该和产业化水平[1]保持同步，城市化率一般比工业化率高 40%～150% 比较合理。[2] 但是 1978 年以来，我国的这一比值虽然有所提高，却仍然存在明显的滞后（如表 1 所示）。城市化的滞后限制了工业化和现代化的速度，也导致农村长期存在大量潜在剩余劳动力，造成资源的极大浪费，也制约了国内消费总需求，这正是长期困扰我国"内需不足"的根源之一。

表 1　中国工业化和城市化的协调发展比较（%）

年份	城市化率	工业化率	城市化率/工业化率
1978	17.9	47.9	37.4
1980	19.4	48.2	40.2
1985	23.7	42.9	55.3

----

[1]　这里的产业化水平可以用第二、第三产业占 GDP 的总的比重来表示，或者称为非农化水平。
[2]　李善同：《中国城市化若干问题的分析》，转引自陈甬军、陈爱民主编：《中国城市化：实证分析与对策研究》，厦门大学出版社，2002 年版，第 84 页。

续表1

年份	城市化率	工业化率	城市化率/工业化率
1990	26.4	41.3	63.9
1995	29.0	47.2	61.6
2000	36.2	45.9	78.9
2005	43.0	47.7	90.1
2008	45.7	48.6	94.0

资料来源：根据《中国统计年鉴2009》整理。

（二）城市化不彻底，人口流动现象突出

由于户籍制度的限制，我国1978年以来的城市化表现出突出的流动性和不彻底的特点。由于进入城镇的主要条件过高，导致广大农民即使脱离了农业生产也仍然无法在城市定居，因此造成了我国流动人口的快速壮大。我国流动人口数量激增，一方面反映出劳动力要素流动的比例在快速增加，但是另一方面也反映出城市化不彻底的现象特别突出。

20世纪80年代初期，全国离开户口所在地外出打工的农民人数不超过200万人。而80年代中期以后，我国的流动人口经历了一个迅速增长的过程，1995年全国流动人口已达8000万人。进入21世纪以后，全国离开户口登记地半年以上的流动人口数量达到1亿人以上。需要注意的是，这里常住人口的定义指需要在当地居住半年以上。因此这部分流动人口被计入城镇人口。根据2005年1‰人口抽样调查的计算，全国流动人口数量达到1.47亿人（如图2所示）。[①]

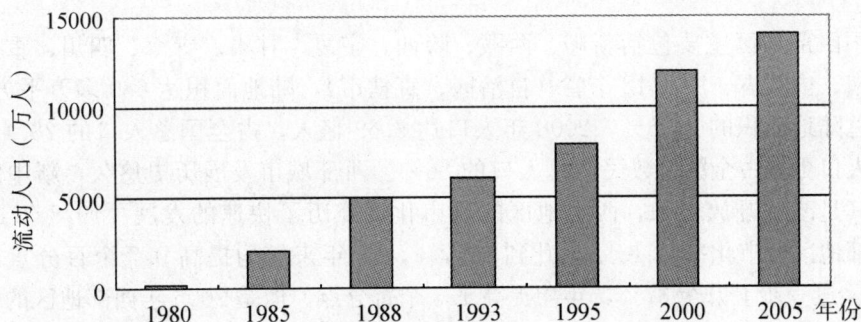

图2 20世纪80年代以来我国流动人口数量变动趋势

资料来源：翟振武、段成荣：《农民工问题现状和发展趋势》，见国务院研究室课题组：《中国农民工调研报告》，中国言实出版社，2006年版；2005年1‰人口抽样调查数据。

---

① 转引自段成荣、杨舸：《中国流动人口状况》，见《中国社会服务政策与家庭福利国际研讨会论文集》，2008年3月。

（三）城市化伴随着城乡差距的全面拉大

在要素自由流动的前提下，城市化一般会缩小城乡之间的差距，促进城乡之间的统筹发展。但是由于我国长期实施的户籍管理制度以及背后的粮油供给制度、住房制度、社会保障制度、劳动就业和退休制度等一系列制度体系的限制，导致城镇越来越成为各种要素的吸纳地，而农村却迟迟得不到反哺。因此城乡收入差距不断拉大，而各种要素尤其是对经济增长起较大影响的固定资产投资在城乡之间的差距也在拉大，这也限制了资金和劳动力资源的有效利用。

改革开放以来，我国农村和城镇居民的人均年收入均出现了跨越式增长。农民人均年纯收入从 1981 年到 2007 年，年均增长率为 11.88%，同期城镇居民人均年可支配收入年均增长率为 13.68%，2007 年城镇居民人均年可支配收入的增长率已经达到 12.2%，而农村人均年纯收入的增长率仅为 9.5%。

随着我国国民经济的快速发展，我国全社会的固定资产投资（以下简称固定资产投资，Fixed Assessment Investment，FAI）增长也极为迅速。分城乡来看，城乡 FAI 都出现了快速增长，城镇从 1981 年到 2007 年，年平均增长率为 21.7%，而同期农村则为 18.3%。在全社会 FAI 中，投入农村的固定资产占总固定资产投资的比例从 1981 年的 26% 下降到 2007 年的 14.4%。从农村固定资产投资和城镇固定资产投资的比值来看，1981 年城镇 FAI 为农村的 2.9 倍，而 2007 年已经上升到农村的 5.9 倍。可见固定资产在城乡之间分配的差距无论是绝对数量还是相对比值都在不断拉大。

四、西部地区的城市化和城乡人口失衡

我国西部地区主要包括新疆、西藏、陕西、宁夏、甘肃、青海、四川、重庆、贵州、云南、内蒙古、广西 12 个省（自治区、直辖市），陆地面积达 680 多万平方公里，占全国总陆地面积的 71.5%，2008 年人口达 3.69 亿人，占全国总人口的 28.1%，少数民族人口更是占全国少数民族总人口的 86%。西部城市发展历史悠久，新中国成立以来尤其是改革开放以来，西部地区的城市化也经历了快速的发展。1978 年到 2001 年，西部地区城市化率从 13% 上升到 28.7%，23 年来年均提高 0.7 个百分点，而到 2007 年又进一步上升至 37%，年均提高 1.3 个百分点。但是 2006 年西部地区的城镇人口占全国城镇人口的比重仅为 23%，比总人口占全国总人口的比重低了近 6 个百分点。因此，作为中国相对较为落后的地区，西部地区的城市化具有前述我国的城乡人口长期失衡的特征，如城市化明显滞后于工业化，城市化不彻底，人口流动现象突出，城市化伴随着城乡差距的拉大，但也具有自己的独特特征。

（一）西部地区的非农产业和非农就业均落后于东部和全国平均水平

我们通过西部地区非农就业人口比重来看西部地区的城市化。由表 2 可以看出，2006 年我国西部地区非农就业人口占总就业人口比重为 17%，亦即西部地区约有 83%

的人口仍然在农业领域就业。而对应的东部地区非农就业人口占总人口比重却已经接近50%，达49.6%。全国平均水平也为26.4%，西部地区低了近10个百分点。

表2 我国西部地区非农产业比重和非农就业比重（2006年）

地区	非农产值比重（%）	非农就业人口（万人）	非农就业人口比重（%）
重庆	87.8	271.3	18.1
四川	81.5	958.4	17.9
贵州	82.8	311.7	11.4
云南	81.3	495.5	15.9
西藏	82.5	6.8	3.4
陕西	89.2	613.7	27
甘肃	85.4	241.8	13.5
青海	89.1	46.4	13.9
宁夏	88.8	76.2	22.1
新疆	82.7	127.1	10
内蒙古	86.4	279.6	22.7
西部	84.5	3428.4	17
东部	92.7	11314.5	49.6
全国平均水平	88.3	19459.3	26.4

资料来源：《2007年中国统计年鉴》；根据任保平、梁炜（2008）整理。

（二）西部地区城乡居民消费水平低，差距大

城乡居民消费反映出城乡经济发展水平的差异。2006年西部地区城镇居民人均消费支出7552元，东部则是10645元，农村居民消费支出较低，西部为2588元，比东部的3674元低了1000元以上。并且西部地区城乡居民之间的消费差距也比较大，城乡居民消费支出比西部为2.92，东部为2.90，西部高于东部（如表3所示）。

表3 我国东西部地区城乡居民消费比较（2006年）

地区	城镇居民恩格尔系数	农村居民恩格尔系数	城镇与农村居民恩格尔系数之比	城镇居民消费支出（元）	农村居民消费支出（元）	城镇居民与农村居民消费支出比
西部	36.5	39.4	1.08	7552	2588	2.92
东部	35	40.4	1.16	10645	3674	2.90
全国平均水平	35.8	43	1.20	8697	2829	3.08

资料来源：《2007年中国统计年鉴》；根据任保平、梁炜（2008）整理。

（三）西部地区城市化与工业化结构失衡程度高于东部

一般说来，非农产业比重越高，就意味着工业化进程越高，而城市化水平就应该有相应的提高。按照城市化是工业化比重 140%～190% 较为合理的衡量标准，我国东、中、西部地区的城市化与工业化结构都存在失衡，而失衡最严重的仍然是西部地区。2006 年我国西部地区工业化进程达到 38.6%，而城市化进程为 35.9%，城市化/工业化不到 100%，而东部地区这个比值是 116%，城市化水平略高于其工业化水平。全国平均水平为 101%，城市化和工业化水平基本相等。而从三个地区的三次产业结构比较也能够看出来，产业结构也就是不同产业的产值大小的关系。一般说来，在现代社会，农业产值结构越低，说明其工业化水平越高，往往意味着城市化越彻底。类似的，制造业和服务业（尤其是现代服务业）产值比重越高，则该国经济越发达，城市化和城乡人口越均衡。我国西部地区的三次产业结构明显落后于东部地区（如表 4 所示）。

表 4　我国东西部地区经济结构比较（2006 年）

地区	工业化进程（%）	城市化进程（%）	城市化/工业化（%）	三次产业结构比例
西部	38.6	35.9	93	16：46：38
东部	47.2	54.7	116	7：52：41
全国平均水平	43.3	43.9	101	12：49：39

资料来源：《2007 年中国统计年鉴》；根据任保平、梁炜（2008）整理。

五、加快城市化进程，实现西部地区城乡人口长期均衡发展

我国西部地区城市化和城乡人口长期失衡的现状决定了其城市化仍然具有较大的发展空间。因此需要在新的十年加大西部地区农村的投入和发展，加快进行户籍制度改革，进一步放松西部要素流动市场，促进西部劳动力更合理地流动，同时适当调整城乡二元生育政策，完善农村地区教育，实现城乡人口长期均衡发展，为科学发展和和谐社会建设作出重要贡献。

（一）继续落实和推进西部大开发战略，以西部的现代化带动全国的城乡人口均衡发展

西部大开发战略实施十年来，西部地区经济持续平稳快速增长，经济结构不断优化，城市化步伐也明显加快，还出现了内蒙古地区领跑西部经济的"内蒙古现象"。工业化水平、城乡居民生活水平均得到持续和快速提高。但是在取得成绩的基础上，更应意识到，西部地区落后的局面尚未得到根本改变，自我发展能力尤其是技术创新能力不足，产业结构仍比较落后，城市化和城乡人口失衡严重等问题仍对西部地区经济的永续

发展造成严峻挑战。因此需要西部地区继续解放思想，不断深化经济体制改革，也需要中央政府继续为西部大开发提供宏观指导、政策支持和资金保障，还需要东部和西部之间实现区域互动、合作共赢，共同把西部大开发战略向纵深推进。

（二）加大西部地区农村的投入和发展，以农村的非农化带动西部的城市化

首先，只有缩小城乡差距才能实现城乡长期均衡发展。在我国现代化建设进程中，城市化与新农村建设二者缺一不可，我国现代化建设的一个重要特点和必由之路就是城市化与新农村建设"双轮驱动"，必须从战略上处理好二者之间的关系。其次，只有缩小城乡差距才能实现城市的健康发展。根据著名的托达罗城乡二元经济模型，只有缩小城乡收入差距，加大对农村的投入力度，才能促进城市的健康发展，实现城乡快速协调发展。因此在西部地区要加大农村的投入和发展。

（三）适当调整城乡二元生育政策，实现未来西部地区城乡人口的长期均衡发展

虽然已经有学者论证得出我国人口不存在逆淘汰现象，但不可否认的是，城乡二元生育政策确实相对增加了农村人口数量，延缓了城市化进程，加剧了城乡的全面差距。因此，为实现西部地区的城乡人口长期均衡发展，也需要中央从城乡二元生育政策入手，适当逐步放宽城市生育政策，逐步实现"城乡一体，都生二胎"的生育政策。

（四）加强西部地区非义务阶段教育，缩小城乡人口人力资本差距

西部地区的劳动力相对比较高，但是现代社会的劳动力竞争不是简单的数量的竞争，更重要的是质量的竞争。西部地区在自然资源方面不落后于中东部地区，但是其人力资源却明显落后于东部地区。这也导致西部地区长期缺乏人才、缺乏发展最需要的信息和企业家。因此需要加大西部的教育投入，尤其要加强西部地区非义务阶段教育。可以增加对西部地区农民工的培训，加强政府对农民工子女的教育投入，这样就能够逐步提高西部地区劳动者队伍的整体素质，进而提高其生产和产品的技术含量，这正是实现农业向非农转变的基础，也是实现西部地区城乡人口长期均衡发展的重要途径。

（五）加快西部地区民营经济和劳动密集型产业的发展，增加非农就业机会

民营经济是社会主义市场经济体系中的重要组成部分，经过多年的发展，目前我国的民营经济占国民经济比重已经超过 50%，而吸纳就业更是高达 70%，为我国的现代化建设作出了重大贡献。西部大开发以来，西部民营经济发展也比较迅速，但与东部地区的差距仍然较大，多项实证研究表明，我国区域经济发展不平衡与民营经济发展的不平衡高度相关，民营经济的不发达是导致中西部经济落后的主要原因之一。因此要借鉴东部地区发展乡镇企业的经验，鼓励农民自己创办企业，发展民营经济。同时要以发展非公有制经济的途径来加快西部地区的农村工业化进程，制定优惠政策，让有了一定资

本和技术的当地民营企业家回到西部，发展乡镇企业，以民间资本为主体推进西部的非农化和工业化，加快西部地区的城市化进程，实现西部城乡人口的长期均衡发展。

参考文献

［1］陈甬军，陈爱民. 中国城市化：实证分析与对策研究［M］. 厦门：厦门大学出版社，2002.

［2］张培刚. 发展经济学［M］. 北京：经济科学出版社，2001：624.

［3］饶会林. 城市经济学［M］. 东北财经大学出版社，1999：101.

［4］［美］钱纳里（Chenery, H.），［以］塞尔昆（Syrquin, M.）. 发展的型式：1950—1970［M］. 李新华，等，译. 北京：经济科学出版社，1988.

［5］翟振武，段成荣. 农民工问题现状和发展趋势. 国务院研究室课题组，中国农民工调研报告［C］. 上海：中国言实出版社，2006.

［6］段成荣，杨舸. 中国流动人口状况. 中国社会服务政策与家庭福利国际研讨会论文集［C］. 2008年3月.

［7］郑功成，黄黎若莲. 中国农民工问题：理论判断与政策思路［J］. 中国人民大学学报，2006（6）.

［8］任保平，梁炜. 西部地区统筹城乡发展态势、模式和路径选择［J］. 财经科学，2008（10）.

西部开发十年：反思与检讨[①]

李 泉

（兰州大学经济学院　兰州　730000）

摘　要：在以"西部大开发"为主线的发展战略与策略主导下，西部经济社会发展取得了历史上最好的成绩。但是，西部自身必须明确要坚持以经济社会和谐发展进步为立足点，切实树立和落实科学发展观，在主体功能区建设与制度创新中提升有限区域的自我发展能力，逐步破解"三农"和贫困问题，提高开放开发水平，利用诸多合力的综合效应为区域经济社会现代化的实现提供物质基础。唯有如此，中央层面的宏观政策效应才会对西部自身发展产生显著而积极的影响。

关键词：西部大开发　西部地区　经济社会发展战略　反思与检讨

一、引言：问题的提出

西部大开发战略实施十多年来，在中央政府强有力的宏观政策支持下，在西部地方政府和市场各类微观主体的制度创新等诸多合力作用下，西部在区域经济发展、基础设施建设、生态环境保护、医疗卫生保障、教育文化发展以及政府职能转变、"三农"问题破解等方面取得了重要进展，这些重大成果成为"十一五"时期西部实现区域经济社会协调发展的"西部精神"的有机组成部分，也成为西部各省在制定和实施"十二五"规划、出台各类发展战略和策略的基础条件与逻辑起点。总体上看，中国经济社会的快速发展，不仅改变了区域发展格局，加快了区域现代化的进程，而且也对世界经济产生了深刻影响。发达区域城市集约化的生产方式、企业的高度集聚和产业集群的形成、对基础设施的共享和高效利用、城乡联系的日益加强和区域经济的高度融合以及科技教育的高度集中、空间国土功能的科学开发等，有利于解决中国面临的严峻的人口、资源、环境发展问题，也是中国区域经济能够形成合力、共同参与国际竞争、共同应对经济全球化和区域经济一体化挑战的必由之路。

---

① ［基金项目］本文为以下基金项目研究的阶段性成果：2010 年国家社科基金（西部）项目"城乡一体化进程中的新型城乡形态研究（批准号：10XJY015）。

2010 年中共十七届五中全会和温家宝主持的西部大开发会议，特别指出"十二五"期间要促进区域协调发展，积极稳妥推进城镇化，实施区域发展总体战略，实施主体功能区战略，进一步促进西部大开发，加大对革命老区、民族地区、边疆地区、贫困地区的扶持力度，构筑区域经济优势互补、主体功能定位清晰、国土空间高效利用、人与自然和谐相处的区域发展格局。历史经验启示我们：落后地区的发展问题绝不单是它们自己的问题，落后地区的问题同样是发达地区需要重视的问题。由于自然条件、地理区位等多重历史发展基础的长期制约，西部在取得巨大成绩的同时，仍然存在许多老问题和老困难。在落后地区，社会的进步和经济的发展是艰苦的和代价高昂的。经济社会发展政策领域的所有决策，本质上都是关于如何将诸多相关因素结合起来的决策。每种形式的社会——不管其是否改变——都是有弊病的。我们能期望的最好的社会是：一个民族既能保留其传统文化中的精髓，又能拥有新的机会。[①] 中国实施西部大开发的目标不仅仅是促进区域差距的缩小、经济结构的改变、经济增长和收入得到理性的公平分配，区域和谐共荣的重要目标还应该包括实现居民普遍享有更多的平等、自由和机会。没有人会愿意长期处于贫穷，即使他们不一定非要富有。包容性的区域协调发展应该为每个人创造选择生产活动的机会——通过不同阶层的居民自身以及他们创造的收入——保证个人的尊严、安全感以及都有可能参与社会生活的各个方面。如何在新时期有效解决这些制约西部经济社会发展的难点障碍，成为未来时期继续深入推进西部经济社会和谐进步的关键环节，也成为理论研究必须回答的问题。

二、西部地区经济社会发展的反思与检讨

（一）重大基础工程利益流失，区域发展差距亟需更多努力

区域差距是大国经济发展的显著特点，更是发展中国家和地区必须长期面对和重点解决的问题。在区域发展演变过程中，中国经济模式的独特性表现在政府以直接控制着的能源、金融、所有自然资源（包括土地）等重要生产资源为基础，与企业形成一种密切的合作关系以此推动经济发展；各级政府基于某种战略规划，具有管理才能的精英官员通过正式的组织结构和个人的人际网络资本来指导经济发展；政府官员的绩效评估与晋升，主要是基于市场实现的经济发展成就，地方政府之间的竞争促使各级政府对企业界改变投资环境等要求作出快速反应而成为市场改革的推动者。[②]

西部开发十多年来，西部自我发展能力逐步增强，但始终存在的区域差距并未从根本上得到缩小，甚至还有不同程度的扩大态势。其中重要的一点就是以"跨区域经济带建设"、"西能（电、气）东送"、"青藏铁路"、"退耕还林还草还牧"等为标志的基础建

---

① ［美］斯图亚特·R. 林恩：《发展经济学》，王乃辉、倪凤佳、范静译，格致出版社、上海三联书店、上海人民出版社，2009 年版，第 10 页。

② 杨春学：《中国经济模式与腐败问题》，载《经济学动态》，2011 年第 2 期，第 43～49 页。

设均为全国性的工程，旨在解决国家层面经济社会的可持续发展问题，其自身所产生的经济乘数效应及其关联发展对西部区域的带动存在重要局限性，这些并不是单纯的欠发达地区开发发展行为。特别是将西部的资源和能源输送到中东部地区的"西电东输"、"生态保护与环境建设"工程，导致西部陷入"资源诅咒"的发展陷阱；"退耕还林、退牧还草"则通过保护长江、黄河上游的生态环境和减少水土流失，减少下游自然灾害发生的可能性。至于这些工程投资所带动的钢铁、水泥等原材料工业的发展，绝大多数利益因市场条件下的资本逐利本性而流向了中东部发达地区。换句话说，西部借助于西部开发战略促进区域经济社会发展的"借力模式"，并未从根本上突破能源被动"输送模式"，西部目前仍未建立起相应的能适应现代工程生产需要的装备和加工制造业产业集群，战略性新兴产业的培育和承接发达地区的产业转移才进入起步阶段。从这个角度讲，中央政府对西部开发的投资在一定程度上更有利于东中部地区的发展而不是西部。由此可见，类似如前所述的重大工程并不能掩盖西部严重的利益损失，更不能从根本上破解区域发展差距问题。如何缩小区域非均衡性所导致的诸多差距，构成中国区域发展战略和策略的基本主线——实施西部大开发、振兴东北老工业基地、东部沿海地区率先发展、中部崛起、浦东新区、滨海新区、北部湾、成渝试验区、武汉城市群、长株潭城市群、山东半岛蓝色经济开发区等建设发展——这些区域发展战略集中体现了中国现阶段协调区域经济关系的整体内容。围绕这些内容，旨在缩小区域差距的政策措施还需进一步根据现实发展状况和未来态势去设计和创新，现有的努力更不能容忍半点迟疑。

（二）破解"三农"问题难度较大，区域性贫困问题不容乐观

中国的"三农"问题自古以来就是历朝历代执政集团高度关注的施政主轴和核心课题。中央政府近30多年围绕"三农"的各类改革也有着独特的制度变迁、路径选择、政策设计和机制创新过程，并且整个改革呈现明显的阶段性，每个阶段都是选择一个最重要、最突出的问题作为基点，这也就决定了"三农"问题与贫困问题必然是一种胶着结构，既有"三农"改革对贫困问题的外部胶着，又有农业改革对农村改革的内部胶着。中国是一个城乡区域间经济地理和自然条件差异极其明显的经济体，中国"三农"问题的演化几乎是在全球化、市场化和城市化、工业化的背景下同步展开的。改革开放30多年来，"市场力的作用倾向于扩大而不是缩小地区间的差别"[①]。在市场机制作用下，不管由于什么原因，一旦地区间发展的水平与初始条件存在差距，条件较好的城市和东部整体发展速度较快的区域就会在短时期内不断地为自身积累和放大有利因素，从而进一步扩大差距甚至是遏制乡村欠发达区域，并使欠发达区域不利于发展的因素越积越多，最终其处境也就日益恶化。

西部开发十多年来，西部农业现代化程度仍然很低，农村经济相对于城市而言还很落后，农牧民收入尚不到东部地区农民收入的50％，特别是西部所辖的绝大部分老少边穷地区、刚刚脱离温饱状态的高寒阴湿区域随时有可能"因病、因灾、因学"返贫，这也造成西部现代农业和新农村建设困难重重。同时，西部的贫困化表现为在多重二元

---

① Myrdal. G. Economic Theory and Underdeveloped Regions，Duckworth，1957，P. 26.

经济结构下的相对贫困：第一重是西部与国内其他地区发展落差的二元结构，致使西部整体上处于典型的相对边缘化、贫困化过程；第二重是西部所辖各地区的中心城市与边远贫困地区之间的落差；第三重是各城市内部的高收入人群与贫困人口之间的差距及西部农村人口中的两极分化问题。通过反思不难发现，在"三农"问题和区域性贫困突出的条件下建设西部各民族的全面小康社会，也只是低水平和不全面的，中央政府也不能因西部开发的巨大成绩而高估西部特别是乡村的综合经济实力。换句话说，西部在总体上处于边缘化、欠发达和"外围"状态，仅仅依靠自身培育和提升自我发展能力，尚缺乏多重经济社会制度支撑条件。尽管促进"三农"问题的解决和扶贫开发的政策落实总是受到限制，但政策选择与重构则永远存在！欠发达区域发展的历史经验教训有助于我们明确以前的选择是什么，已经产生了何种影响以及未来该如何选择。随着西部地区人民的经济社会生活越来越受到经济规律的调整，区域经济发展演进的种种方面将在重塑东西部区域关系的同时促进自身迈进更新的阶段，这不仅包括商品与服务的市场联系与流通，而且包括区域间资源的优化配置与财富分配，以及因城乡居民流动而对时空本身的组织安排。唯有彻底解决西部地区经济社会发展中最难啃的"硬骨头"，才有可能使继续深入推进西部开发的道路更加顺畅，西部地区的未来才可能更加乐观。

（三）开放开发程度亟需进一步加大，新时期的制度创新迫在眉睫

基于区域经济主体对效率的追求，在经济发展过程中，市场机制是自然导致人口和资源较多地向城市和发达区域集中的基本机制，这一过程与区域经济发展程度和市场化水平紧密相关。基于区域之间分工协作的考虑，一个国家达不到一定的市场化水平，区域一体化发展就会面临更多困难，如制度壁垒严重、农村剩余劳动力人口基数大、居民收入差距大、土地资源稀缺、运输成本高昂、基础设施不完善等。在现代市场经济条件下，开放程度决定着一个地区的科技开发、信息传递、市场拓展和创新能力。

西部处于中国内陆，在地理环境上远不及东南沿海有利于对外开放，这就导致因现代要素转移流向西部的资本非常有限，用于支持西部特色产业尤其是高附加值产业发展的资本更有限，由此造成西部仍局限于"点—轴"分散区域的开放。同时，尽管国家先后出台了一系列支持西部开发的政策，但目前的西部开发政策最终有利于全国经济可持续发展的居多，有利于东、中、西部经济社会互动协调和有效刺激西部经济加速发展的政策还尚待完善。特别是中央对西部开发远不及当初开发东南沿海及经济特区时的政策力度大，也不及"振兴东北等老工业基地"的政策含金量高。如现行税制对西部就存在不利影响，主要有：分税收入减少削弱了地方财力；税种设计欠妥；资源税制问题使西部地方发展受益不多；矿产资源开发的不良体制造成西部长期处于"富饶的贫困"、"资源诅咒"等发展状态。在国家实行中央和地方分税制条件下，地方政府调整财政收入的决策权有限，享有的财政支出分配决策权相对比较充分，这就决定了地方政府对于区域公共产品的提供决策权主要体现在安排财政支出方面，地方政府安排各部门的财政预算，基本上决定了各部门所能提供的公共产品的规模和水平。因此，中央必须在促进西部构建优势产业和特色经济方面实现政策转变，尤其是要以西部的新能源资源优势为依托，在西部大力发展加工制造业、能源重化工业、资源深加工业，延长产业链，使西部

的传统能源和新能源资源优势真正给当地居民带来巨大的经济利益。

（四）金融抑制与信贷扭曲并存，区域自我发展缺乏基要动力

在发展中国家，信贷市场制度不完全，主要是由政府介入信贷分配或道德风险引起的，它有可能导致特定部门的利率偏低或形成有选择性的信贷配额，这在农村地区表现得尤为严重。不完全的信贷市场对其他要素市场具有广延性的负面效应，包括对土地使用制度、人力与物质资本的积累规模和劳动力市场的影响等，发展中国家因此会出现大量资本向现代部门集中的状况，农业发展由于缺乏必要的资本积累只能过分依赖土地并形成土地密集型的农业生产模式，经济结构的二元差异和城乡不平等也因此而被不断强化。改革开放以来，西部地区逐步建立了以合作金融、商业金融、政策金融为主体的分工协作，以邮政储蓄、民间金融及境外金融为补充的金融体系，初步改变了区域金融功能混淆、利益冲突、机构单一的局面。尽管区域城乡金融机构体系庞大，但由于自身存在诸多缺陷，使其服务于区域发展的功能未能有效发挥。中共十七大明确提出，推进金融体制改革，发展各类金融市场，形成多种所有制和多种经营形式结构合理、功能完善、高效安全的现代金融体系，是统筹城乡发展、推进社会主义新农村建设以及促进国民经济又好又快发展的重要保证。

西部开发十多年来，随着城乡金融体制改革的市场化，股份制不断推进，但西部地区仍然存在城乡金融发展不协调，金融资源配置结构不合理，金融城乡二元问题突出，农村金融和金融市场化水平较低，"三农"领域难以获得广泛的商业性金融支持，农村金融发展出现严重抑制和边缘化倾向等情况。总体看来，金融对区域发展支持乏力，已经成为西部地区经济社会发展的瓶颈制约，成为新时期进一步推进西部开发建设的掣肘因素。当前，中国地方政府收支缺口正在扩大，变相的高杠杆融资风险也在积聚。因收入差距扩大而导致的话语权的不同最终所造成的社会不平等意味着当某一群体的政治力量增大时，要维持社会相对平衡，另一群体也应该相应增加它的政治力量。同时，当社会趋于平等时，群体的政治力量也和自身的人口规模正相关。因此，金融发展如何通过其自身功能的发挥真正起到支持西部科学发展的应有作用，是西部地区金融创新与深化的重点与关键所在。可以肯定的是，更加关注农民、农村和农业发展，为农村市场提供和构筑市场化的发展渠道、发展政策，会有可能为未来区域消费市场甚至内需的真正挖掘提供创新生长点。

（五）城市化与工业化发展不协调，区域现代化良性互动机制尚未形成

工业化、城市化和现代化是三个不可分割的环节，现代化的前提是工业化和城市化。没有城市化，大批农民工无法在城市定居，当危机来临时他们只能返乡等待命运的重新安排；没有工业化，国民经济发展就缺乏各类现代产业体系支撑下的物质基础。新中国成立以来，在国家优先重化工业化的赶超工业发展战略主导下，西部地区大多数省份形成了长期固化后严重的二元经济体制结构、地区结构、城乡结构和企业结构，导致城乡之间、地区之间、工农业之间甚至是城市内部不同群体之间的严重失衡和城市化的进展缓慢。反思改革开放以来的城市化发展历程，适应开放政策优惠、以加工贸易为导

向的城市定位是中国 20 世纪 80 年代占据主流地位的发展模式，特别是东部沿海地区率先掌握了发展先机，通过大批劳动密集型出口加工产业而获得快速发展，经济总量迅速增加。

改革开放以来，西部工业化和城市化出现明显加速趋势，但历史的路径依赖导致这二者之间存在严重断裂，城市化严重滞后于工业化，工业化对区域发展的带动效应不明显，据点布局的各类城镇处于农村的重重包围之中，并且城镇规模等级、结构体系不合理，旧城改造步伐缓慢，区域城镇和产业发展之间缺乏足够的分工与协作。特别是近十年来，城市的发展多以房地产业为主要表现形式，含有较多泡沫经济成分，传统工业改造任务繁重，技术设备整体上相对陈旧和滞后，缺乏坚实的产业链支撑，导致城市化与工业化难以形成良性互动的发展格局，进而造成城市持续发展后劲不足以及工业化进展的同构现象。因此，西部要从根本上走出欠发达状态，必须始终重视工业化和城市化进程，只要完成了工业化和城市化，西部的发展与转型问题就会成为传统发展经济学所涉及的任何区域都要经历的区域发展问题。诺贝尔经济学奖得主斯蒂格利茨曾在世界银行的一次会议上断言，21 世纪对世界影响最大的有两件事——美国的高科技产业发展与中国的城市化。[1] 而且，城市化位居新世纪对中国的三大挑战之首，"中国的城市化将是区域经济增长的火车头，并产生最重要的经济利益"[2]。因此，当中国的西部开发、区域协调发展面临全球气候变化、经济全球化的实质性影响，当中国未来 30 年超过九亿的人口规模居住在城市，当低碳经济、生态发展和强调人地关系的和谐成为区域发展的核心理念，以及与信息化、人力资本、制度因素的重要性不断上升而伴生的食物安全、生态保障、空间聚集等的国土需求不断增长，并成为主导区域发展的新因素时，我们必须意识到西部大开发与区域一体化过程不仅仅是经济行为，还是社会行为和更为重要的区域响应过程，其间的社会价值观、环境伦理观、生态文明观等非经济因素会越来越对区域发展产生重要影响，这就需要我们将西部开发视为区域现代化的实现过程，需要我们建立起一个能够有效实现西部现代化的良性互动机制和长效实现机制，并为此提供坚实稳定的政治基础。

三、结语：进一步讨论与未来展望

中国经历了 30 多年的改革开放，人们普遍认识到，为了促进包容性的经济增长和社会和谐，特别是为了促进区域协调发展和主体功能区建设，我们无法容许城乡人民收入和区域财富差距的继续扩大。就像在城市群带动下的区域经济一体化、城乡统筹综合配套改革试验区以及更大范围内已经被发现的趋势中可以清晰地看到的那样，严格意义上的区域协调发展同时意味着中国特色社会主义的一些基本价值取向——全体人民共享

---

① 此说法参见陈钊、陆铭：《在聚集中走向平衡——中国城乡与区域经济协调发展的实证研究》，北京大学出版社，2009 年版，第 19 页。

② 参见牛文元主编：《中国新型城市化报告 2009》，科学出版社，2009 年版，序言。

发展成果、区域发展机会平等、要素合理流动和优化配置、城乡社会和谐、人民安居乐业，等等。没有人知道城乡公平与保持协调的最优均衡点何在，我们在区域协调发展的发达区域和国家的经验中也无法找到令每一个人都认同赞许的评价尺度。通过把市场导向下的经济发展及其加快发展方式转变、现代产业体系培育、空间结构形态优化、区域分工合作等放在区域统筹实践的基础上，通过保持包括中国政府所一贯倡导的区域协调与经济、社会、文化、生态、空间结构发展的一体化体系在内的宏观政策的实质地位，对于西部大开发战略目标的实现将具有十分重要的现实意义。

　　针对西部开发十多年以来西部经济社会发展中存在的几个重要问题，本文进行理论反思与实践检讨，这并非是对"西部开发"和"区域发展"战略的否定。相反，恰恰是身处西部这一落后发展状态下的公民对其自身发展历史和未来的理性思索。作为中国经济社会转型发展时期重大系统工程的有机组成部分，西部脱离边缘化和欠发达状态还有很长的路要走，还有诸多重大问题亟待解决；并且，随着西部开发环境的改变和西部经济社会发展所面临的新问题的出现，还需要中央政府科学地判断和相关决策的果断出台。就像中国"渐进式"改革的成功一样，面对诸多能够促进西部取得成功的改革战略与策略，尽管我们可以自由地进行组合，但是，反思历史，检讨现实中的问题，有助于我们在可能的组合中找出最优的改革政策组合，有助于西部和类似西部的地区最终全面进入现代化。

　　不同国家和地区在区域发展的不同阶段会面临不同的问题。如何选择适宜自身的区域一体化发展道路，选择什么样的区域发展模式，侧重哪些领域的重点改革等，又具有不同特点，这往往是各国不同的经济、地理、人文环境等影响因素综合作用的结果。因此，通过比较分析、实证检验、经验探索，找出这些共性，同时探讨哪些因素怎样导致了不同区域的发展差异和形态演变特征，寻求实现区域一体化的基本策略，推动区域共同市场的形成，促进生产要素的自由流动和最优化配置，最终形成区域资源共享、优势互补、互惠互利、共同发展的新格局，这对于未来中国的主体功能区建设、区域均衡协调及区域经济社会一体化发展都具有重要的借鉴意义。"十二五"时期，中国改革进入新阶段。今后十年，是中国仍可以大有作为的重要战略机遇期，能否冲破"中等收入国家陷阱"，能否真正进入可持续发展的良性轨道，不同区域、各级政府与企业、行业与部门、各阶层居民及中央与地方之间的利益分配与利益格局能否调整到位，至关重要。改革走到今天，需要对各种涉及区域一体化发展的各种利益关系进行重构；不厘清利益关系以及相应的分配机制，区域一体化就难以获得持久的动力和体制机制保障。这些都需要对改革进行顶层设计：我们不仅要解决区域发展过程中短期存在的问题，更重要的是通过用属于短期实施的应对性政策为区域一体化的机制体制构建赢得时间，最终以求长期制约区域发展的深层次问题和矛盾得以解决。

　　今后十几年或是几十年，随着中央政府从财政转移支付和补贴补助到强调区域人民发展的权利的获得，进一步从强调各族人民共享发展成果到强调非物质权利的普遍获得；随着中央关于支持西部经济社会发展的若干意见的出台，从泛泛形式化口号到强调特殊实质性的政策支持，西部地区将会逐渐远离被边缘化的发展现实，最终完成由传统落后社会到现代发达社会的全面而深刻的转变。

参考文献

[1] 李泉. 发展中区域的区域经济发展——来自发展经济学与区域经济学的理论整合 [J]. 经济与管理，2007（12）.

[2] 李泉. 21世纪西部农村扶贫开发的现实选择 [J]. 新疆农垦经济，2007（3）.

[3] 蔡挺. 西部大开发的历史回顾与未来战略 [J]. 经济体制改革，2001（3）.

[4] 刘国荣. 再论西部大开发的若干问题 [J]. 延安大学学报（社会科学版），2004（1）.

[5] 谭琦. 西部大开发十年经济发展回顾 [J]. 商场现代化，2009（1）.

[6] 聂华林，李泉. 发展区域经济学通论 [M]. 北京：中国社会科学出版社，2006.

[7] 王维强. 我国区域金融政策问题研究 [J]. 财经研究，2005（2）.

[8] ［美］亚历山大·格申克龙. 经济落后的历史透视 [M]. 北京：商务印书馆，2009.

[9] 贺大兴，姚洋. 社会平等、中性政府与中国经济增长 [J]. 经济研究，2011（1）.

农村土地整理的农村集体经济主导型模式

——成都市金堂县三溪镇与双流县三星镇案例研究

课题组

摘　要：农村土地整理是指农村集体经济自行组织并自行实施的农村土地整理方式。成都市双流县和金堂县通过集体经济模式下的土地整理，不仅整合了土地资源，促进了当地农业生产发展，而且逐步改变了当地农村生产与生活方式。本文通过对双流县三星镇和金堂县三溪镇土地综合整治的案例研究，认为这种土地整理方式为当前我国农村土地整理提供了有益借鉴。

关键词：土地整理　土地流转　集体经济　成都市

农村集体经济模式下的农村土地整理方式是指农村集体经济组织自行组织、自行实施的农村土地整理项目，即：农村集体经济组织或者农民利用自有资金、向私人或银行贷款或者市场交易的方式来筹集项目资金，在项目实施中，农民可以投工投劳或者在自我难以整治的情况下，而将难度较大的一些工程承包给有资质的施工单位来具体实施。这一模式的开展要求实施项目的村或者乡有一定的经济实力，并且土地资源较为丰富，整理后便于进行土地成片集中经营。金堂县、双流县等地有着较丰富的土地资源，作为成都市农村土地整理的先试先行者，通过集体经济模式下的农村土地整理，将成片的土地统一流转，以土地促进农业产业化发展，并取得了较大的成功，整治效果较好。本调研报告以金堂县三溪镇与双流县三星镇农村土地综合整治为例进行分析。

一、案例的相关背景

（一）双流县农村土地综合整治的相关背景

双流县与金堂县的土地资源情况相似，是成都市土地整理的先试先行者。由于其土地资源丰富，并且经济条件也较好，农村土地整理项目也较适合采用集体经济模式，在农村土地整理项目实施后，也通过土地集中规模流转来促进农业产业化发展。双流县于2003年3月开始实施"三个集中"，即工业向园区集中、农民向城镇集中、土地向业主集中，促进了城镇化、工业化的发展，促进了农业的产业化发展。据相关资料统计，到2009 年 5 月底，双流县农用地流转面积 295.125 亩，占农用地总面积的 23.7％，其中流转耕地面积 255.274 亩，占耕地总面积的 35％；承包农户 207863 户，承包农业人口总数 650610 人，流转农用地涉及农户数 100557 户，占承包农户数的 48.4％，流转涉及农业人口数 300716 人，占承包农业人口总数的 46.2％；双流县共引进从事农业的大小业主 6528 家，其中流转面积在 100 亩以上的业主 283 家，流转土地面积 155232 亩，占流转面积的 52.6％，2009 年新增农用地流转面积 28678 亩，其中耕地 24441 亩。①

双流县在土地流转促进农业产业化方面，确定了"做牢一产，繁荣三产；一产搭台，三产唱戏"的发展思路。以双流三星镇的实际情况来看，主要分为三步。第一步是规模流转土地，把农民从土地中解放出来。该土地整治项目范围已经流转土地 1600 亩，拟流转土地 2800 亩，为全面推进产业结构调整，实现农业规模化经营打基础、创条件。第二步是积极探索和组建土地合作社、农村资产合作社等农村新型专业合作经济组织。一是龙星村扶持和鼓励成立龙星桃专业合作社，引导农户规模种植龙星桃，并在种植区增加登山、休闲、观光、自行车骑游等康体旅游设施，以农家乐为载体发展旅游休闲服务业。现龙星桃种植已达 4000 亩，有机生产基地 500 亩。二是河山村组建专业合作社，引进业主规模种植大红枣子 1000 亩，开发荒山荒坡，种植柜桉树 18.8 万株。第三步是把传统农民变为有技术、懂经营的农业产业工作者。一方面，设立三星镇游客接待中心，安置区业主委员会把农民成套多余的房子集中统一起来，自愿入股组建，拓宽创收渠道。另一方面，在土地流转旱涝保收的前提下，农时又被规模业主反请回去务工，增加收入。这样形成农民"四季有事干，季季有钱赚"、既增效又增收的良好局面。②

（二）金堂县农村土地综合整治的相关背景

成都市金堂县地处成都平原和川中丘陵地交接带，地貌以丘陵为主，山丘坝皆有，辖区面积 1156 平方公里，辖 21 个乡镇，总人口 87.6 万（其中农业人口 64.5 万），现有土地 173.42 万亩（其中农用地 138.9 万亩，建设用地 19.84 万亩，未利用地 14.68 万亩），具有较好的土地开发后备资源。2005 年 12 月 24 日四川省"金土地"工程在金堂县的栖贤乡向前村正式启动以来，金堂县的土地整理工作投入资金 10.35 亿元，共实施赵镇云绣社区、栖木河村等土地整理项目 30 个，整理规模 31.4 万亩，新增耕地 4.88 万亩，整治排灌渠 739.11 公里，新建蓄水池 2031 口，新建提灌站 10 座，整治山坪塘 24 口，新建水泥道路 421 公里，新建集中居住点 59 个，集中农户 3131 户，集中人数 1.3 万人。2009 年金堂县被成都市确定为全市农村土地综合整治试点县，拟整治农耕地 50 万亩，整治农村道路 1200 公里、排灌渠 1000 公里，建成农民集中居住区（点）400 个，引导农民自愿搬迁集中 5 万户、17 万人。金堂县抓住建设农村土地整治

① 毛飞、孔祥智：《农村土地流转特点、成效与政府支持——来自成都的经验与启示》，载《经济体制改革》，2010 年第 4 期。
② 中共双流县三星镇委员会、双流县三星镇人民政府：《三星镇龙星河山村土地综合整治示范项目情况介绍》。

标准县的有利时机，加快山、水、田、林、路、村的结合整治，全面改善农村经济社会发展环境；坚持"发展性、多样性、相融性、共享性"原则，按照政府引导、农民自愿、市场调节方式，实施土地整理和城乡建设用地增减挂钩项目，推进农地整理和标准化基本农田建设，进一步提高农业综合生产水平，改善农民生产生活条件和公共服务能力，加快社会主义新农村建设，最终实现城乡一体化战略目标。

金堂县通过农村土地整理后，形成集中连片的土地，交由集体经济组织进行规模化流转，引进产业项目，大大地促进了农业产业化的发展，形成了土地流转的创新模式（如表1所示）。

表1　金堂县通过土地流转促进农业产业化的模式[①]

模式	具体做法	实例
股份合作模式	农民在自愿的基础上，以承包地、自留地、宅基地和"四荒地"等的承包经营权量化入股，交由公司统一经营，农民成为公司股东。公司按照土地等级，支付400~700元/亩的租金，实行保底分红，土地整理新增面积不再分配到户，作为集体资产直接委托公司管理，收益用于公益支出。农民在得到土地保底租金的基础上，获得分红、薪金、保障金等多元化收入	新镇祝新村实施土地整理后，农民以土地入股组建新祝新公司，发展PIC生猪养殖、与正大合作养鸡等。2007年村集体经济收入达33万元，农民通过租金、薪金、股金、保障金"四金"收入，实现人均纯收入5136元
整村流转模式	按照成都市国土资源局确定的基准价，将整理新增的集体建设用地、农用地和未利用土地的新增耕地挂钩拍卖，其收入全部用于农民集中居住区建设、发展村级集体经济和社会公益事业，实行农民集中居住	淮口镇团结村经过土地整理后，以整村流转形式将5977亩土地流转给四川尧舜投资有限公司发展现代农业
龙头带动模式	土地整理后，引导龙头企业建立产品生产基地，成片规模经营，做长产供销链条，加快形成"一镇一业，一村一品，一片一色"，示范带动现代特色农业发展	成都犇牛公司在栖贤乡土地整理区租地1200亩发展以大棚、滴灌为主的设施农业基地，带动周边群众种植"二荆条"辣椒10000亩；成都朝晖农业发展公司在官仓镇柿子树村发展大棚无害蔬菜20000亩
区域合作模式	在土地整理区，通过土地流转，引进投资公司合作，开发观光农业和立体循环农业的发展，并带动其他相关产业的发展	2005年7月，金堂县在土地整理区赵镇香龙山村成立锦金区域投资发展有限公司，共建"农业飞地"，打造"万亩锦金新希望花卉基地"，吸引5家业主入驻，规模流转土地1420亩（主要种植花卉），带动其他业主发展苗木800亩，推进了立体循环农业和休闲观光农业的发展

[①]　李佯恩：《金堂县以土地整理促进农业产业化发展》，载《资源与人居环境》，2008年第24期。

二、集中居住政策与行政界限的打破

（一）金堂县土地整理中的集中居住政策

金堂县的农村土地整理工作起步较早，2005 年 12 月 24 日全省"金土地"工程在金堂县的栖贤乡向前村正式启动以来，其整理的重点分为三个阶段：第一个阶段以农用地整理为主要内容，主要目的在于增加耕地面积，改善农业基础设施和生产条件，从 2005 年到 2008 年共实施竣工验收栖贤向前村、福兴贺觉寺等 14 个土地整理项目，新增耕地面积 29526.501 亩，作为成都市金堂县占补平衡指标。第二个阶段是以农用地整理与集体建设用地整理相结合的农村土地综合整治，包括 2008 年实施的土桥金壶井、湖包村等 7 个项目，可为建设提供占补平衡指标和集体建设用地指标。第三个阶段是 2009 年以来，以集中居住为主的集体建设用地整理，即在金堂县全县土桥、云合、三溪等 18 个乡镇、28 个行政村进行宅基地复垦，通过减少人均用地面积来节余集体建设用地指标的方式，满足市县及乡镇建设用地的需求。[①] 从上面可以看出，金堂县农村土地整治项目的工作重心由农用地的整理转变到建设用地的整理上来，实现集中居住，节约人均宅基地面积，从而节约建设用地指标，通过城乡建设用地"增减挂钩"获得整治的起动资金。由于金堂县的农业资源较为丰富，其整理后的土地进行统一流转，规模化经营，引进农业产业化生产。

另外，从金堂县的土地专项规划也可以看出，金堂县随着土地整理的推进，不断地由农用地整理转向到实施集中居住而进行的建设用地整理上来，集中居住是金堂县土地整理项目的重要内容。金堂县根据当地的土地资源情况，并根据当前的土地整理进度，编制科学规划，进行农村土地整理，制定了 2005—2020 年土地整理专项规划，涉及 21 个乡镇的 186 个村（社区），占全县行政村的 80%；土地整理区面积 159.2 万亩，占全县辖区面积的 74.58%；整理农用地、未利用地可新增耕地 17.6 万亩，整理农村集体建设用地可新增耕地 10.53 万亩，扣除集中居住区新占地后可节约建设用地 5.6 万亩；新增耕地占补平衡指标 13.18 万亩，可取得集体建设用地挂钩指标 2.97 万亩。土地整理专项规划的 490 个集中居住区可集中农民 24 万人，首批规划农村新型社区 79 个，聚居 19.07 万人，聚集度达到 51.5%。到 2010 年，新型社区建设用地将达到 5.54 平方公里。到 2020 年，聚居点建设用地将达到 12.12 平方公里（如表 2 所示）。集中居住区实行居住与畜禽养殖分享，养殖业集中独立布置，避免人畜混居。同时，在社区边缘配建沼气净化池等污水处理设施，污水处理率达 100%。新型社区内的生产生活垃圾采用袋装处理方式，每个垃圾收集点服务半径不大于 70 米。

---

① 李伴恩：《金堂县探索三种土地整理模式，推进经济社会发展》。

表2　金堂县农村土地整理2008—2020年的分阶段规划

阶段	整理范围（万亩）	集中居住人数（万人）	新增耕地占补平衡指标（万亩）	节余的建设用地（万亩）
2008—2010	16.8	3.86	2.12	0.44
2010—2015	39.2	8.98	4.96	1.1
2015—2020	48.25	11.04	6.1	1.46

资料来源：《金堂县土地整理专项规划（2005—2020）》和《金堂县新农村建设专项规划（2005—2020）》，转引自李佯恩：《根生大地、深得民心的"金土地"工程——金堂县土地整理回眸》，2008年3月。

　　由于农村地区居民点分散，农村集体建设用地使用效率低，空心化现象严重，基于改变农村集体建设用地现状的需要，进行农民集中居住有利于改善农村现有的居住条件，节约大量的农村集体建设用地，实现建设用地的集约高效使用，并通过城乡建设用地增减挂钩政策将节余的建设用地指标与市县土地储备中心进行市场化交易获得指标收益（2010年政府的指标保底收购价为15万元/亩，2011年调整为18万元/亩），投入到集中住居区的建设中，并且相关政府部门通过整合，对涉农部门的资金进行公共配套设施等方面的建设。

　　从金堂县三溪镇龙桥村27组集中居住区的建设情况来看，建设方式为统规自建，资金通过增减挂钩的市场化方式获得（如表3所示）。

表3　金堂县三溪镇龙桥村27组集中居住区建设方案

建设方式	统规自建
建设主体	农村集体经济组织
资金来源	市场交易
设计单位	四川三众建筑设计有限公司
用地规模	33068.34平方米
总建筑面积	20837平方米
其中：住宅	20027平方米
公共服务设施	810平方米
居住户数	136户
居住人数	534人
建筑结构	砖混
给排水	集中供水、化粪池（雨水分污）
燃料	天然气
产业	果园、游泳
工程造价概算	680~750元/平方米

资料来源：《成都市农村土地综合整治和农房建设示范点规划设计方案（一）》。

金堂县通过实施农村土地整治项目，促进了农民集中居住，加快了城镇化建设速度，项目实施效果较好。这一模式将在更大范围内推广，将会修建更多的集中居住区，促进农民进行集中居住将成为现在及以后农村土地综合整治的重点。从 2009 年全面启动的三溪镇全域土地综合整治项目相关情况来看，项目涉及三溪镇 9 个村（社区）、214 个组、1.22 户、3.08 万人，划为 4 个土地综合整治项目区，规划新建集中居住区 20 个，其中明月村 5 组、金峰村 4 组、白庙村 15 组、龙桥村 27 组、三河社区村 3 组 5 个集中居住区列为全市重点建设示范点，从 4 月初开始陆续动工，到 2010 年年底已基本完成建设。从三溪镇的土地综合整治的集中居住区修建的规划来看，促进农民集中居住，是现阶段土地综合整治的重点，其新区涉及的农户将会是有搬迁意愿、积极性较高的农户，这将会打破原有的行政村界线，是对原有行政村进行重新组合形成的新社区。

（二）双流县农村土地整理中的集中居住政策

双流县在农村土地综合整治过程中，也是通过促进农民集中居住来节余建设用地指标并获得集中居住区的建设资金的。以双流县三星镇土地综合整治项目为例来看，双流县三星镇党委政府遵照成都市委市政府"狠抓四大基础工程，推进城乡一体化，建设世界田园大城市"的发展思路和双流县委县政府的总体部署，按照农村土地综合整治"统筹规划，整合资金，整村推进，集中连片开展田、水、路、林、村综合整治"的要求，有机结合农村产权制度改革的成果，积极发动和组织干部群众大胆探索，先行先试，完成了阶段性的工作，取得了初步成效。

双流县三星镇龙星村、河山村农村建设用地减少相挂钩灾后重建试点经四川省土地资源厅立项批准[1]，项目规划总面积 15.6 平方公里，有确权集体建设用地 1564.8 亩，立项规划拆旧拆迁 169 个（龙星村 73 个、河山村 96 个），集体建设用地 1136.1 亩，规划搬迁总户数 478 户、1646 人，拆旧区拆迁安置 356 户，安置小区 393 亩，节约集体建设用地（新增耕地）743.1 亩。项目挂钩的位置有：金桥镇原崇礼村六社、七社，黄水镇原玉坝村四社、五社，永安镇原凤凰社一社、二社，三星镇原新合村一社、二社、四社，三星镇原南阳村四社和九江镇原雁鹅村一社、三社。

项目共规划市级示范安置点 1 个和聚居点 5 个（河山村 1 个中心村、2 个聚居点，龙星村 1 个示范点、2 个聚居点）。聚居点建设包括水、电、气、道路等基础设施完善和文化健身路径、垃圾中转站等公共服务配套。示范点位于龙星村一组（如表 4 所示）。[2] 此外，从上面三星镇项目规划来看，农民统一居住在 6 个安置点内，由有搬迁意愿的农民进行集中居住，这必然会打破原有的行政村界线。

---

① （川国土资源【2010】324 号）文件。
② 中共双流县三星镇委员会、双流县三星镇人民政府：《双流县三星镇龙星村河山标农村土地综合整治示范项目情况介绍》。

表 4 双流县龙星村一组示范安置点规划设计方案

规划占地面积	83.78 亩
规划安置户数	269 户
规划安置人数	934 人
实际安置户数	213 户
实际安置人数	746 人
总建筑面积	258543.4 平方米
其中：住宅面积	25083 平方米
公建面积	760 平方米
人均综合占地面积	74 平方米
人均住房建筑面积	33.6 平方米
机动车停车位	135 个
房屋设计单位	大原王孝雄建筑设计事务所（成都分所）
建筑风格	仿欧式建筑

（三）集中居住打破行政村界线的原因分析

村民进行集中居住，并利用城乡建设用地增减挂钩政策，可以节约大量的建设用地用于城市发展的需要，而集中居住这一政策在成都被大范围地推广，成为现阶段农村土地综合整治项目的重点。这一政策的推行在金堂县、双流县等地的实际运用中，打破了原有行政村的范围，进行村民的重新组合。村民进行集中居住打破了原有村的行政界线，其原因有以下几点：

一是集中居住政策的示范效应有一定的时滞，为了尽快进行集中居住区建设要在较大范围内选择搬迁意愿强烈的村民。集中居住区的修建需要一定的时间，农民对成都市、金堂县、双流县等地关于新农村建设、城乡一体化建设、农村土地整治的相关政策不理解，需要通过村委干部进行大量的政策宣传讲解工作。集中居住区往往分期进行建设，虽然农民对政策的理解不断加深，但对政策的执行程度不信任，往往持观望态度，而进行房屋搬迁的意愿不够强烈，在集中居住区建设的一期工程或者最初建成的集中居住区参与的积极性不够高。在集中居住区的政策效应还没有完全体现的情况下，为了有效地推进集中居住政策，促进土地综合整治项目的实施，集中居住区会在项目实施区全范围内吸引村民按照统规自建的方式进行建设，这必然要打破原有的行政界线。

二是村民的经济能力各不相同，参与的意愿也各异。一些家庭外出务工人员较多，经济条件较好，房屋条件较好，他们参与的积极性不高；而另一些家庭较为贫困，房屋破旧，有建设新房的强烈愿望，但受限于资金而无法实行，借助于增减挂钩获得节余建设用地指标的收益，以及可以通过农商行的小额贷款等方式获得建设资金，他们的参与意愿较为强烈。此外，政府有相关针对贫困户每人 5000 元的建房补助，也使得他们愿意参与到集中居住中来。因此，应在大范围内征集农民搬迁的意愿，将愿意搬迁的农户列入集中安置区内。

三是原有宅基地面积的大小各异。一些占有宅基地面积大的家庭由于获得挂钩收益较多而补的建房资金较少，愿意搬迁；而另一些宅基地面积小的家庭由于获得较小的挂钩收益而大量的建房费用由自己出，不愿意搬迁。

四是退出宅基地的情况。一些村民在外地拥有较好的经济收入和固定住所，可能有意愿退出宅基地，退出农村集体经济组织，故他们可以按照建设用地挂钩的价格给予一次性经济补偿，可以不在集中居住区内修建房屋。

三、农民参与意愿与集体行为

（一）金堂县、双流县农村土地整理项目农民的参与意愿

金堂县处于成都市的第三圈层，经济较为落后，但有着丰富的土地资源，易于进行土地规模化经营，易于进行农业产业化生产。通过实施农村土地综合整治项目，进行农用地整理和建设用地整理，整理复垦后的土地成片规模化，统一交由村集体经济组织进行规模流转，农民可以获得土地租赁收入和务工收入，相较于原来分散传统的农业经营，农民收入明显增加。此外，金堂县政府及相关部门积极地进行集中居住区的宣传动员工作，村干部入户进行宣传工作，使得村民对集中居住的好处十分了解，农民的参与积极性较高。据2007年的一项调查，金堂县农民参与集中居住的意愿较高，其中一个重要的原因就是他们认为参加集中居住后，生活条件会得到改善，可以享受到与城区居民相似的基本公共服务设施，这是有约61%的金堂农户选择参加集中居住的原因。又由于金堂县农户家庭人均建筑面积较小，如果农户选择集中住居，可以在本身不付钱或者支付较少的情况下，住进人均面积35平方米的新房，有83%的农户愿意参加集中居住。[①] 近两年来，由于集中居住政策的示范效应不断增加，更多的农民看到了进行农村土地综合整治和集中住居，有利于提高生活质量，增加收入，农民的参与积极性不断增强，达到90%以上。双流县由于经济条件较好，并且土地资源丰富，易于进行规模化农业生产，土地整理效果也较好，较大地促进了农民增收，农民的参与意愿较高。

（二）农民的集体行为

农民进行集中居住后，集中安置区的建设由于多方面原因，可能不能完全按照村民的预期设想进行建设，需要根据实际情况进行调整。由于村民存在信息不对称或者对基层政府的不信任，往往易产生不良情绪，并相互渲染，产生集体扰工阻工的行为或者上访行为，这就需要基层民主机制发挥作用，及早化解这一纠纷。此外，由于集中居住

---

① 程显煜、吴建瓴、魏世军、肖良、王建军：《成都市推进农民向城镇集中的调查和思考》，载《成都大学学报》（社科版），2007年第3期。

后，村民的生活空间变小、社交关系变得复杂，不能适应集中居住环境，而产生一些抵触及消极情绪，在个别人员的带动下，有可能造成集体不满意而出现一些不合理行为，这就需要政府相关人员做好村民的安抚工作，进行心理辅导，帮助农民渡过转变的过渡期。

另外，由于我国城乡二元土地制度，使得农村的土地价值长期被低估，农民的利益遭受损失。金堂县、双流县乃至全省全国都在进行土地制度方面的创新，加快城乡一体化建设，实施公共服务均等化，进行集中居住，加快城镇化建设，促进农村集体建设用地使用权的市场流转。农村的土地虽然还没有与城市土地实现同地同权同价，但是却在不断增值。农民由于短期行为明显，在土地价值增值的过程中，想要获得经济利益而进行违法用地行为，私下里进行集中安置房交易的行为不可避免，而乡镇政府由于有着巨大的获利空间，在政绩、监督成本、经济利益等方面的综合考虑下，往往给予默许的态度，使得农民违法用地和转让安置房的现象在大范围内存在。

四、项目运作与收益分配

（一）项目运作

1. 农村集体经济模式下的农村土地整理项目运作流程

在农村集体经济模式下的农村土地整理项目，通过集体建设用地的整理，促进农民集中居住，其资金需求量大，由村集体经济组织自行难以筹得，因此资金主要通过市场化方式获得。其资金来源主要有四部分：一是通过农用地整理，新增的耕地获得占补平衡指标，并获得政府的相关成本的补助。二是节余的建设用地指标通过城乡建设用地增减挂钩，满足镇区或者中心城区的新区建设用地需要，通过土地出让市场，获得政府土地出让收益的返还资金，作为项目的投入资金，来进行集中居住区的建设和相关配套服务设施的建设。三是一些配套基础设施由政府整合多部门的涉农资金进行建设。四是农户自我资金或者通过农商行的小额贷款投入。整理过程中的相关事项的决定权在于农村集体经济组织，通过设立村民议事会，以民主表决的方式由村民自行决定，如权属调整、收益分配、新居建设等。整理后新增的耕地不再分包到户，由农村集体经济组织统一经营管理。农民在自愿的基础上，通过多种方式进行土地流转和规模化经营，促进农业产业化生产。农村集体经济模式下的农村土地整理的具体流程如图 1 所示。

2. 项目在政府及相关部门的统筹配合下以农民为实施主体

在项目的整个运作过程中，充分体现农民的意愿，以维护农民的权益为前提，政府主要是提供服务并监督项目运行实施的全过程。由于农村土地综合整治项目涉及农村的方方面面，各部门都会有涉农资金，如果各项资金分散投入使用，会造成资金的浪费和重复投入，因此，金堂县、双流县在实施农村土地整理时，注意整合各部门资金，集中用于集中住居区的公共服务设施、基础设施的修建，将资金与农村土地整理项目整合起来使用。政府及相关部门密切配合，提供组织引导和指导服务。

统一流转，规模经营，引入农业产业公司

```
┌─────────┐      ┌─────────┐      ┌─────────┐         ┌─────────┐
│农村集体  │─────>│ 项目立项 │─────>│实施农村土│────────>│新增耕地面积│
│经济组织  │      │         │      │地整理项目 │         └─────────┘
└─────────┘      └─────────┘      └─────────┘         ┌─────────┐
     │                                  │     ────────>│集中居住区│
     │                                  │             └─────────┘
     v                                  v             ┌─────────┐
┌─────────┐                        ┌─────────┐  ─────>│公共服务设施│
│村民议事会│                        │ 项目资金 │        └─────────┘
└─────────┘                        └─────────┘
```

| 权属调整 | 收益分配 | 新居建设 | | 占补平衡补偿资金 | 节余建设用地指标获取的政府土地出让收入返还 | 各部门的基础设施资金统筹使用 | 农户自有资金或者银行小额贷款 |

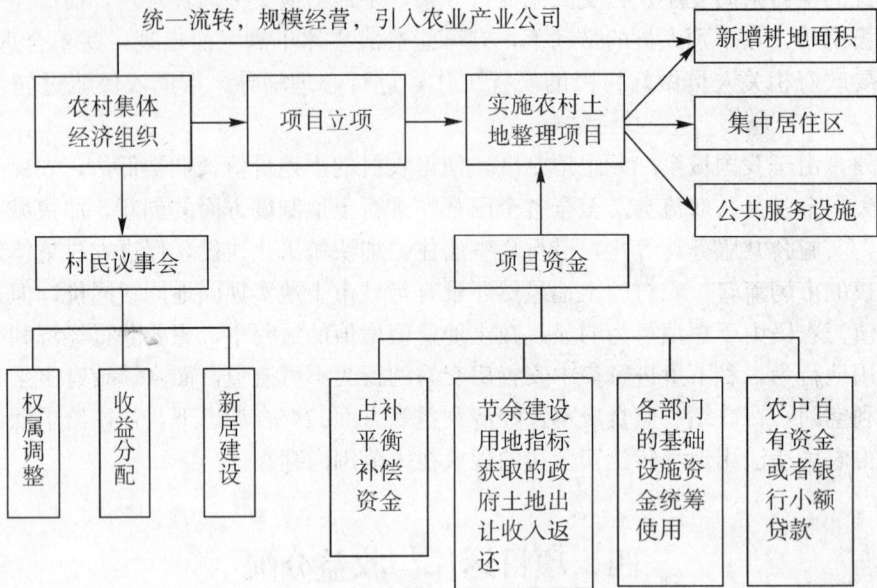

图 1　农村集体经济模式下农村土地整理项目运作的流程图

（1）金堂县政府及相关部门的职责分工与配合。

在农村土地整理项目中，金堂县政府及相关部门积极配合，分工合作，促进整理项目的高效完成。具体来看：金堂县国土局牵头做好对上争取、规划编制和项目上报等工作，并指导建房农户科学布局，减少居住区建筑占地（除道路、排水渠硬化外，其余全部用于种植果树、蔬菜等），节约集体建设用地与耕地，减少前期投入和后期管理、维护成本；县规划局做好建房选址、规划工作；县建设局做好工程质量监管工作，争取市建委风貌整治项目，并组织实施；县统筹委整合相关项目，加快完善公共服务设施配套；县农发局引导群众做好产业培育、发展工作；乡镇重点做好搬迁补偿政策拟定、组织实施、矛盾调解和产业发展等工作；村、组具体负责宣传动员，征询和收集村民意见，搬迁报名登记，土地权属调整，各类补偿清点、兑付等工作，引导群众召开村民会议、选举业主委员会、村民质量监督小组，协助做好工程质量监督工作。

（2）双流县政府及相关部门的职责分工与配合。

在双流县的农村土地综合整治项目中，双流县政府及相关部门成立双流县农村土地综合整治工作指挥部，由县政府主要领导任指挥长，相关领导任副指挥长，县级各部门成为成员单位，负责领导和协调全县农村土地综合整治工作，指挥部在县国土资源局设办公室，牵头负责项目实施有关工作。各项目根据自身实际，成立相应领导机构，负责抓好各方面工作。具体来看：县国土资源局负责完成全县土地贯穿和整治项目资料编制、立项报批，验收及建新区项目报征，指导、协调项目实施的具体工作，组织实施农用地整理和拆旧地块复耕工作，做好农田保护工作；县规划局负责按照社会主义新农村建设和"四性"要求，编制完善全县农民集中居住区布点规划，审批建设规划方案，并出具相关规划手续；县建设局负责研究制定全县基础设施公共配套总方案，负责农民集中居住区的农房风貌、工作建设管理、质量安全监管；县农发局负责土地复垦工程监督、新增耕地质量监控、土壤培肥及颁证、项目区产业发展规划及指导；项目镇作为土地综合整治具体组织实施主体，负责工程指挥和质量监管工作，项目所需资金必须由镇主要负责人签字确认后，报县土地综合指挥部审核、拨付。

（3）项目以农民为主体。

金堂县农村土地整理项目的实施过程充分注重发挥农民的主体作用，按照"以农民为主体，政府组织引导，部门指导服务"的原则实施项目。双流县也十分注重农民的主体作用，以三星镇项目为例，三星镇在项目实施过程中十分注重发挥村两委和农民的主体作用。只有充分发动农民、有效组织农民，才能使农民主动参与、投入到项目中来，让农民自己的事情自己议，自己的事情自己定，发展中的矛盾自己解决。主要包括三个方面：一是明确角色。村委和农民是主体，市县政府出台相关政策，镇上政府指挥，各自做好各自的工作。二是镇上提工作思路，村上定实施方案。三星镇政府按照市县的部署，结合农村产权制度改革的现有成果和三星镇的实际，对政策进行宣传讲解，组织两委人员和农民对采用"房补"和"地补"反复算账，自己选择确定实施方案。三是自己的事情自己定。比如集中安置小区的地怎么调、怎么撵，调地撵地过程中的矛盾怎么处理，全部交由村组议事会讨论决定；再比如代建施工采取公开报名，镇上只对代建施工队伍的资质把关，选几家、选哪家、价格多少，全部交由村组议事会按照规划程序比选和讨论决定；再比如建设质量问题，在村民中选出质量监督小组成员，每天不定时地组织到施工现场进行监督，及时提出建设过程中的问题并监督整改。

3. 项目实施的步骤

双流县、金堂县农村土地综合整治项目实施步骤类似，现以金堂县的情况来说明。金堂县农村土地综合整治过程现阶段的重点是通过集中居住区的修建，以节约农村集体建设用地，并通过与城区建设用地进行"增减挂钩"获得资金。其项目实施的步骤如下：

一是以村民民主决策的方式来确定集中居住区的建设方案、资金使用方案和权属调整方案。在农村土地整理项目立项批复后，金堂县政府及相关部门积极采用"干部驻村、包片、入户"和"多形式、高密度、全覆盖"的宣传方式，乡镇政府及村委会相关人员利用公开栏、村民会议宣传政策，并由专业人员进行入户宣传调查，了解村民的搬迁意愿和统规统建/自建的意愿，并向其宣传集中居住的优势。在村民对相关政策较为了解后，引进四川三众建筑设计有限公司，制定初步方案（展板），并反复征求村民及上级政府的意见，由村民议事会召开村民大会，以民主决策的方式确定户型、屋顶造型等建设方案，村民根据备选的建设方案自主选择房屋修建的类型。根据成都市的相关收益分配政策，在充分尊重农民意愿的前提下，通过村组干部会、村民代表会和群众大会层层讨论、修改、完善，并在公示栏中公示确定的搬迁补偿方案。

二是项目施工由村民通过比选的方式，选择有资质的施工单位。在集中居住区的修建中，一般以统规自建为主，由村民自行决定选择施工单位，但基于成本、建设质量以及规格风貌方面的考虑，一般由搬迁农户民主选举7名代表组成业主委员会，在不少于7个施工单位中比选确定施工单位。

三是成立质量监督小组，保障工程质量。由金堂县建设局牵头，对示范点村干部、村民质量监督小组成员进行安全、质量监管培训；派驻协管员加强现场监督、日常巡查、抽查，强化工程质量、安全监管；村民质量监督小组对工程建设实行全程监督检查，有效保障工程质量。

四是综合政府各部门的涉农资金，进行集中居住区的公共服务设施建设。各级政府部门统筹新农村建设、城乡一体化、公共服务均等化等建设，将农村土地整理与之结合，提高集中居住区的公共服务设施水平。

五是新增的耕地不再分配到户，而是由农村集体经济组织统一经营流转，引进农业产业化生产，促进农民增收和农村集体经济发展，如龙桥村将土地集中规模化经营，引进果园的农业产业项目进行生产。

（二）收益分配

在农村集体经济模式下的农村土地整理中，项目收益主要是通过集中居住节余的建设用地指标与市县土地储备中心交易后获得的政府土地出让收益的返还，并且主要用于集中居住区的建设。相关资金的分配涉及五部分：一是原有宅基地的复垦，旧房拆迁涉及房屋拆建的成本补偿问题；二是新建住房占用土地而需要进行土地协调，需要进行经济补偿；三是贫困户的建房补助问题；四是农民通过节余的建设用地指标获得的挂钩收益；五是农民需要补缴的部分。前四部分主要是从节余的指标交易价格收益中支出，其中旧房拆迁及相关附属设施的赔偿范围及计算都是通过村民大会以民主的方式确定。

1. 金堂县农村土地综合整治项目的收益分配办法

现阶段，金堂县的农村土地综合整治项目，即由农村集体经济组织通过集中居住，利用城乡建设用地增减挂钩政策，节余的建设用地指标通过市场交易的方式获得政府土地出让收入的返还。成都市 2010 年确定的保底价为 15 万元/亩，2011 年一些地区调整为 18 万元/亩，获得住房的大部分建设资金。其中，按 10% 的比例提取作为基础设施费，0.5% 作为公共服务费交由相关部门统一安排使用，剩余收益由农村集体经济组织以民主的方式安排。按照国家有关征地补偿及成都市、金堂县的相关文件计算补偿。新建住房占用的土地需要进行协调的，给予一定的土地协调费。这又分为两种情况：一是靠近居住区附近的搬迁户采取"调地"方式补充被占用土地，二是离居住区较远的搬迁农户采用"地级补差"方式对补占用土地与整理为耕地的地块进行地力补偿。通过集中居住而节余大量的建设用地，按照政府规定的相关价格，可以获得挂钩收益，这需要利用产权改革的成果，根据整理前的确权到户的宅基地面积及其他集体用地面积来进行计算。

2. 双流县农村土地综合整治项目收益分配办法

据《双流县人民政府关于印发双流县农村土地综合整治实施意见的通知》相关规定，土地整治的成本测算主要是：农用地整理项目总预算资金按新增耕地面积的 1.3 万元/亩为上限进行测算；拆迁后旧宅基地复垦、道路、沟渠建设工程的总预算资金按拆旧区面积 8000 元/亩为上限进行测算。农民的集中居住房屋分为统规自建和统规统建，原则上按统规自建的方式进行。统规自建的房屋按拆旧区面积 18 万元/亩进行测算，其中拆旧区成本为 11.84 万元/亩，农民集中居住区的综合配套设施建设费 6.16 万元/亩，而统规统建方式下，项目区成本按拆旧区面积 38 万元/亩包干到镇，由镇实施。拆旧区旧宅基地内林地恢复费按占用林地 4002 元/亩计算，全县占用林地可行性研究报告费每个项目预计 25 万元。统规自建和统规统建方式下的农村集中居住区建设由农村集体经济组织自行实施，通过公开招标的方式选择有资质的建设单位来进行建设，人均综合用地控制在 65 平方米以内。集中居住区的建设资金来源于节余的建设用地指标所获得的收益，从县的土地出让收入列支。

　　双流县三星镇在农村土地整理项目中的收益分配上有着自己特殊的方式，充分尊重习俗和惯例，是一种平均分配方式。三星镇土地综合整治项目现实施三期工程，房屋周围的绿化设施以"菜地"的形式开展，由于有十多种户型，户型不同，则前后院的空间也不一样，菜地面积的多少则不相同，这样就会产生矛盾，解决办法是统一交给物管来经营，业主自行购买，物管费交纳多少还在讨论中。在 95 户拆迁户中，原来的拆迁相关的补助与新建的房屋的资金各算各，新房建设占用的土地面积则以原宅基地互换的方式，人均最大可申请 65 平方米的宅基地。所有资金来源于 18 万元/亩的指标流转收益，其中根据相关节余的宅基地面积补助约 10 万元/户，新房修建农户自己出 1~2 万元即可。如果集中居住区占用了农户的土地，则或者以置换的方式来进行，或者给予 2.8 万元/亩的土地协调费，按征地补偿的标准即按照县 30 号文件的有关规定进行相关补偿。其中多余的宅基地指标收益全部交由农村集体经济组织统一分配，由于前两期都是在全村进行平均统一分配，不分宅基地节余面积的大小，故三期也采用这种方式分配。但其中高速路建设占用的耕地则占谁补谁，是一次性收入。

（执笔：何西科、杨明洪）

构建区域特色经济
促进西部矿产资源富集区可持续发展

肖海霞

（陇东学院政法经管系　甘肃省庆阳市　745000）

摘　要： 西部地区油气、矿产资源储量丰富，集中了全国 65% 的矿产资源。随着西部大开发的深入推进，矿产资源产业得到了较快发展，但是资源型产业的发展并未给西部地区带来明显的增长成效，西部 33 个资源型城市中已有 11 个城市面临"矿竭城衰"的威胁。因此，为了避免西部资源富集地区发生"资源诅咒"，再度滑入资源优势陷阱，本文提出西部矿产资源富集区要根据自身所处地域的优势资源、生态环境、历史文化，科学开发和利用本地所拥有的矿产资源以及一切独有和具有比较优势的特色资源，构建区域特色经济，通过产业结构的合理布局和适时调整，促进资源富集区可持续发展。

关键词： 资源富集区　特色经济　可持续发展

西部地区油气、煤、有色金属和非金属等矿产资源储量丰富。随着西部大开发战略的深入推进，西部矿产资源产业得到了较快发展，但是资源型产业的发展并未给西部地区带来明显的增长成效，而且一些以矿产资源为主业的区域或城市的经济发展却陷入了新的困境。如何将西部地区丰富的矿产资源优势转化为经济优势和市场竞争优势，逐步缩小与东部地区的差距，在资源产业发展的同时，带动西部地区国民经济的持续发展，这一问题的解决在西部地区经济发展中已经变得十分紧迫。本文试图在分析西部资源型产业发展的基础上，比较东、中、西部经济发展的差距，并通过对西部典型的资源富集区域甘肃省的经济发展及其省内资源型城市发展路径的分析，探讨西部矿产资源富集区如何促进区域经济可持续发展。

一、西部矿产资源产业及国民经济发展状况

西部 12 个省（自治区、直辖市）面积 685 万平方公里，占全国总陆地面积的71.4%，2004 年年末，人口有 3.71 亿，占全国总人口的 28.56%。西部地区油气、矿产等资源储量丰富，集中了全国 65% 的矿产资源。2007 年年末，在我国统计的 8 种主

要能源、黑色金属矿产资源基础储量中，西部地区有 6 种资源储量占到全国总储量的50％以上，其中天然气占全国总储量的 81.19％，煤炭占 52.8％，锰矿、铬矿、钒矿、原生钛铁矿分别占 62.9％、97.99％、75.54％、97.75％，石油储量占全国总储量的28.67％，铁矿占 29.18％（《中国统计年鉴2008》）。全国探明的 156 种矿产资源西部就有 138 种，以铅、锌为主的有色金属，以铂族金属为主的贵金属等矿产资源，西部地区占有绝对优势的储量。丰富的矿产资源为西部地区的经济发展提供了重要的物质基础。

（一）西部开发战略促进了西部地区矿产资源产业的快速发展

2007 年，全国原煤、原油、天然气三种主要矿产资源产品产量分别为 25.26 亿吨、18631.82 万吨、692.4 亿立方米，其中西部 12 省（自治区、直辖市）原煤、原油、天然气产量分别为 10.27 亿吨、5194.74 万吨、547.55 亿立方米。与 1999 年相比，西部地区三种主要矿产资源产品产量累计增长率均大大高于全国平均水平，其中，原煤产量累计增长 284.64％，比全国平均增长率 156.19％高 128.45 个百分点；原油产量累计增长 87.47％，比全国平均增长率 16.29％高 71.18 个百分点；天然气产量累计增长308.5％，比全国平均增长率 174.77％高 133.73 个百分点（如表 1 所示）。由此可见，西部大开发战略的实施大大促进了西部地区矿产资源的开发。

表 1　西部地区主要矿产资源产品产量在全国所占比重

占比　年份	原　煤	原　油	天然气
1999	25.55％	17.32％	53.19％
2000	23.85％	18.46％	57.57％
2001	29.35％	19.57％	61.23％
2002	22.54％	20.22％	64.18％
2003	24.18％	21.84％	67.09％
2004	26.53％	23.27％	65.14％
2005	36.86％	24.83％	70.60％
2006	39.11％	25.92％	74.77％
2007	40.66％	27.88％	79.08％

资料来源：表中数据根据《中国统计年鉴》2000—2008 各年的统计资料计算整理。

西部大开发战略实施以来，西部地区的主要矿产资源产品产量大幅增长，在全国矿产资源产品总产量中所占比重逐年上升。2007 年，西部地区原煤、原油、天然气产量在全国总产量中所占比重分别达到 40.66％、27.88％、79.08％。与 1999 年相比，原煤总产量在全国占比上升了 15.11 个百分点，原油产量占比上升了 10.56 个百分点，天然气产量占比上升了 25.89 个百分点。三种主要矿产产品产量在全国所占比重逐年上升，这说明西部大开发促进了西部矿产资源产业的快速发展。

（二）西部地区生产总值所占比重并未与主要矿产产品产量同步增长

1. 西部地区生产总值在全国所占比重增幅不大

表 2 西部地区国内生产总值在全国所占比重

年 份	国内生产总值（亿元）		西部在全国占比（％）
	全 国	西 部	
1999	81910.9	15354.1	18.74
2000	89403.6	16654.7	18.63
2001	95933.3	18248.6	19.02
2002	104790.6	20080.9	19.16
2003	117251.9	22954.6	19.58
2004	136875.9	27585.2	20.15
2005	183084.8	33390.3	18.24
2006	210871.0	39301.3	18.64
2007	249529.9	47864.1	19.18

数据来源于《中国统计年鉴》，根据各年资料计算整理。

据表所列数据可以看出，2007 年，西部地区生产总值 47864.1 亿元，在当年全国国内生产总值中所占比重为 19.18％，仅比 1999 年的 18.74％上升 0.44 个百分点。在这期间，西部地区生产总值在全国的占比出现了上下波动，2004 年占比最高，占全国国内生产总值的 20.15％，2005 年最低，为 18.24％，相差 1.91 个百分点。而东部地区 2007 年生产总值 163369.9 亿元，在全国所占比重为 65.47％，比 1999 年 60.57％提高了 4.9 个百分点。由此可见，在西部地区主要矿产资源产品产量在全国所占比重大幅度上升的同时，西部地区的生产总值在全国的占比并没有保持同步上升。而东西部差距进一步扩大。

2. 西部地区生产总值增长率低于东部地区

西部大开发战略实施以来，西部地区生产总值增长速度有 4 年高于全国平均水平，但是与东部地区相比，只有 2003 年高于东部地区 1.9 个百分点，其余 3 年均低于东部地区，而且也低于中部地区。2004 年，西部地区生产总值增长速度低于东部地区 7.5 个百分点，低于中部地区 8.7 个百分点。1999 年至 2004 年，西部地区生产总值平均增长率低于东部地区 1.9 个百分点，低于中部地区 1.8 个百分点，与东部地区的差距呈继续扩大的态势（如表 3 所示）。

表3　全国东、中、西部生产总值增长率（%）

年　份	全　国	西部地区	东部地区	中部地区
1999	7.1	4.8	7.4	3.6
2000	8.0	7.2	8.9	9.5
2001	7.5	8.8	8.6	9.1
2002	8.3	8.9	10.6	8.0
2003	9.5	12.1	10.2	13.7
2004	9.5	12.7	20.2	21.4
2000—2004	8.3	9.1	10.9	11.0

资料来源：江世银著《西部大开发新选择》。

3. 西部地区人均生产总值与东部地区的差距进一步扩大

1999 年至 2004 年 6 年间，西部地区人均生产总值连年增加。2004 年西部地区人均生产总值 7728 元，比 1999 年的 4321 元增加 3407 元，累计增长 78.85%；2004 年西部地区人均生产总值是全国的 73.17%，与 1999 年相比，上升了 7.21 个百分点，差距有所缩小。可见，西部大开发战略的实施，使西部地区人均生产总值得到了较大幅度的增长。但是与东部地区相比，无论是增长幅度还是绝对水平差距都很大。2004 年东部地区人均生产总值比 1999 年增加 8581 元，增长 79.68%，东部地区人均生产总值增加额比西部地区多增加 5174 元，比西部地区多增长 0.83 个百分点。2004 年西部地区人均生产总值仅为东部地区的 39.94%，比 1999 年下降 0.18 个百分点，说明东西差距继续扩大（如表 4 所示）。

表4　实施西部大开发期间西部地区人均 GDP 变化情况

年　份	全　国（元）	西部地区（元）	东部地区（元）	中部地区（元）	东西部绝对之差（元）	东西部相对之差
1999	6551	4321	10770	5447	6449	59.9%
2000	7086	4687	11334	5982	6647	58.6%
2001	7651	5007	12811	6395	7804	60.9%
2002	8214	5498	14171	6989	8673	61.2%
2003	9073	6227	16323	7807	10096	61.9%
2004	10561	7728	19351	9329	11623	60.1%

资料来源：数据根据江世银著《西部大开发新选择》计算整理。

1999 年至 2004 年，西部地区原煤产量累计增长 94.38%，原油产量累计增长 46.95%，天然气产量累计增长 101.65%，而人均生产总值累计增长 78.85%。这表明西部地区原煤、原油、天然气等主要矿产资源产品产量的大幅增长，并未带动该地区生产总值和人均生产总值的同步增长。

二、西部资源富集地区经济发展中存在的问题及启示——以甘肃省为例

　　西部地区由于矿产资源储量丰富，是我国"西电东送"、"西气东输"、"北煤南运"等国家战略资源调配的战略基地，经济结构以原材料工业为主。甘肃属西部典型的矿产资源富集省份，甘肃的矿产资源具有矿种多、分布广、储量大、品位高、人均占有量在全国名列前茅等特点（杨志明等，2005 年），已探明储量的矿产有 70 种，储量居全国前 6 位的有 20 多种。这些丰富的矿产资源成为甘肃经济发展的优越条件和重要的物质基础。但是丰富的矿产资源优势是否有力地促进了甘肃经济的快速发展？通过对西部大开发战略实施以来甘肃经济发展变化情况的比较，可以发现甘肃经济发展的特点。

（一）甘肃经济对资源依赖性强

　　甘肃依赖本地丰富的矿产资源，建立了采矿、电力、石油、有色、冶金等能源和基础工业，经济的特点表现为很强的矿产资源依赖性。甘肃工业发展的支柱力量是煤炭工业、电力工业、冶金工业、有色工业、石油开采业、石油化工加工业。2004 年，甘肃省实现生产总值 1558.93 亿元，较 2003 年增长 11%，当年甘肃工业增加值 576.22 亿元，比 2003 年增长 14.1%，其中煤炭工业增长 22.10%，电力工业增长 17.34%，冶金工业增长 26.6%，有色工业增长 16.87%，石油开采业增长 12.46%，石油化工加工业增长 17.09%，以上 6 个支柱产业共计完成工业增加值比上年增长 17.09%，占全省规模以上工业增加值的 73.73%（高新才，滕堂伟，2008）。可见，甘肃支柱产业对资源依赖性强，以矿产资源为主的能源、有色金属冶炼及化工业成为甘肃工业发展的绝对支撑力量，六大支柱产业的增长率高于全省工业产值增长率 2.99 个百分点，同时高于全省 GDP 增长率 6.09 个百分点

（二）甘肃产业结构单一，产品附加值低

　　1. 甘肃经济以资源、原材料为基础的重工业比重大

　　2004 年，甘肃三次产业结构为 18.1：48.6：33.3，而全国为 15.2：52.9：31.9。与全国相比，甘肃第一产业比全国高 2.9 个百分点，第二产业比全国低 4.3 个百分点，第三产业比全国高 1.4 个百分点。同期，东部地区产业结构为 9.1：52.9：38.1。与东部地区相比，甘肃第一产业比东部地区高 9 个百分点，第二产业低 4.3 个百分点，第三产业低 4.8 个百分点，甘肃经济结构表现为一高两低。而在第二产业中，甘肃工业经济呈现出以资源、原材料开发生产为基础的以重化工类为主的产业结构。2004 年，甘肃轻、重工业的比例为 15.51：84.49，全国轻、重工业的比例为 32.41：67.59，甘肃重工业比重高出全国 16.9 个百分点；在重工业内部，甘肃采掘工业和原材料工业比重为

72.01％，而全国采掘工业和原材料工业比重为 58.94％，甘肃较全国高出 13.11 个百分点；甘肃重工业内部加工工业仅占 27.99％，比全国的 41.06％低 13.07 个百分点；而甘肃重工业产品中能源和原材料产品占整个重工业产品的 73％。这说明甘肃经济产业结构单一，并且工业经济以上游产业为主，经济结构表现出极强的资源依赖性。

2. 资源性产业增长快，但城乡居民收入增长慢

2000—2004 年，甘肃省 GDP 年均增长 9.97％，其中，第一产业年均增长 6.3％，第二产业年均增长 11.42％，第三产业年均增长 9.95％。可以看出，第二产业增长率高于全省 GDP 增长率 1.45 个百分点，而在第二产业中，重工业占了 84.49％，重工业内部又以矿产资源采掘业和原材料工业为主，由此可以说明，甘肃经济中，矿产资源采掘业和原材料加工业增长明显高于其他产业。

但是与采掘业和原材料加工业快速增长相比较，甘肃省同期城乡居民人均收入增长速度明显滞后，甘肃省城镇居民人均可支配收入与全国相比差距仍然悬殊。2000 年，甘肃城镇居民人均可支配收入比全国低 1364 元，占全国的 78.28％，2004 年为 7377 元，比全国低 2045 元，绝对差距进一步扩大 681 元，占全国的 78.30％，仅比 2000 年提高了 0.02 个百分点。从相对差距来看，2000 年甘肃与全国的相对差距为 21.72％，2004 年相对差距为 21.70％，相对差距扩大 0.02 个百分点。而甘肃农民人均纯收入与全国的差距更大，2000 年甘肃农民人均纯收入比全国低 824 元，2004 年比全国低 1084 元，绝对差距扩大 260 元，2000 年甘肃农民人均纯收入是全国农民人均纯收入的 63.43％，2004 年是全国的 63.08％，下降 0.35 个百分点。这说明甘肃矿产资源产业的发展并没有带动城乡居民收入保持同步增长。

3. 甘肃加工工业占比小，产品附加值低

在甘肃全部工业产品中，深加工和高附加值产品仅占 10.1％，与全国 25.4％相比，低 15.3 个百分点。在重工业内部，加工工业仅占 27.99％，比全国 41.06％低 13.07 个百分点。在轻工业内部，以农产品为原料的轻工业占绝对优势，其比重为 65.45％，全国为 64.81％，以非农产品为原料的轻工业占 34.55％，比全国低 0.64 个百分点。可见，在甘肃工业产品结构中，原材料、初级产品比重大，精深加工产品比重小。2000—2004 年，甘肃轻、重工业之比由 20.63∶79.37 下降为 15.51∶84.49，轻工业比重下降了 5.12 个百分点，甘肃轻工业比重由 2000 年低于全国 16.83 个百分点扩大到 2004 年的 16.90 个百分点，总量上已经不及全国的一半，轻工业市场呈现相对萎缩态势。如果以制造业比重衡量甘肃的产业结构，2003 年甘肃制造业比重不足 20％，与全国 29.07％相比，相差 9 个百分点以上，显示甘肃工业处于初期阶段（高新才，滕堂伟，2008）。

另外，据国家教育部哲学社会科学研究重大课题攻关项目——《中国制造业发展研究报告 2008》的排名，2008 年中国制造业十大强省中东部有 9 个省，中部 1 个，西部一个也没有。而评出的制造业综合发展能力最强的十个城市中东部 8 个，中部 1 个，西部仅有昆明市 1 个。这在一定程度上证明了西部具有资源优势，但是在制造业上与东部差距巨大，处于明显的劣势。

4. 资源优势没有转化为经济优势

甘肃省以煤炭工业、电力工业、冶金工业、有色工业、石油开采业、石油化工加工业等矿产资源开采及加工为主的支柱产业占全省规模以上工业的增加值、利税总额的比重分别为 70.33%、80.52%，远远高于全国 50.45%、51.90% 的平均水平，说明甘肃其他非支柱产业相对落后。工业经济与国民经济的增长对现有支柱产业的依赖程度非常高（高新才，滕堂伟，2008），这也足以说明甘肃经济增长对矿产资源依赖度高，并且支柱产业对经济的带动作用不大。可见，甘肃虽然具有资源相对比较优势，但并没有形成以资源开发为主的关联产业，矿产资源、原材料优势没有转化为精深加工增值的产业优势，资源优势并未转化为经济优势。

（三）甘肃经济发展面临资源衰竭的考验

西部有资源型城市 33 个，占全国 118 座资源型城市的 27.97%（国家计委宏观经济研究院课题组，2002），其中已有 11 个城市由于矿产资源的不可再生性而面临"矿竭城衰"的威胁，先后被国务院确定为资源枯竭城市，占全国资源枯竭城市的 25%，而甘肃 3 个资源型城市中的玉门和白银两个城市已被列入其中。甘肃省能源、矿产资源经过长期高强度开发，一些重要的优势资源如有色金属、石油等进入衰退期，而随着资源的逐渐枯竭，一批依赖于当地资源发展起来的资源型城市或地区如玉门、白银、嘉峪关等经济发展陷入困境。

1. "中国石油工业的摇篮"——玉门"矿竭城衰"

于 1939 年打出了中国第一口油井，使中国甩掉"贫油国"帽子的典型石油资源型城市玉门市，被誉为"中国石油工业的摇篮"，1957 年生产原油 75 万吨，占全国原油总产量的 87.8%，而到了 1998 年，玉门油田年产量下降至新中国成立以来的最低点 38 万吨，面临着"矿竭城衰"的严峻考验。在其近 70 年的发展历程中，当地经济单纯依赖石油产业，玉门人一直享受着"天赐"丰裕的自然资源。当石油资源最终枯竭的一天来临时，玉门人才从丰足的石油资源迷途中惊醒，可是这时玉门已经置身"因油而生，因油而兴，因油而衰"的资源优势陷阱。玉门经济严重衰退，依赖石油企业运行的地方经济体系和财税体系受到严重冲击，2003 年玉门油田以及当地政府部门不得不迁址搬家，玉门经济也不得不开始艰难的转型跋涉。

2. "西部铜城"——白银遭遇"资源诅咒"

甘肃的另外一座重要的资源型城市白银，有"西部铜城"之称，是随着矿产资源的开发而发展起来的有色冶金城市，是国家重要的有色金属工业基地和甘肃省的能源化工基地，曾经创造了铜产量连续 18 年居全国第一的业绩，累计为国家生产有色金属 340 万吨，创造利税 52 亿元，但现已被国务院列入首批资源枯竭型城市。白银的铜资源已经枯竭，铜资源自给率不足 20%，铅、锌资源自给率只有 40%，资源利用率低，开采成本高，同时，随着铜资源开发相关企业的破产，大批职工下岗失业，再就业困难，采矿区地表大面积塌陷，环境问题突出，白银经济的发展也由于受到富裕的铜资源的"诅咒"而陷入了困境，不得不寻找新的出路。

3. 甘肃经济发展同样面临资源衰竭的威胁

玉门、白银所面临的这些问题同样严重困扰着甘肃的"镍都"金昌、"钢城"嘉峪关等多个资源型城市，与省内资源型城市命运休戚相关的甘肃经济也面临着资源衰减甚至枯竭的威胁。甘肃支柱产业对资源的依赖程度大、加工度低，在现有的 8 个支柱产业中，石油和天然气开采业、石油加工及炼焦业、黑色金属冶炼及压延加工业、非金属矿物制造业、有色金属冶炼及压延 5 个产业面临资源衰竭、生产及运输成本上升、产品竞争力减弱的威胁，以矿产资源为基础的支柱产业对甘肃经济的支撑作用面临严峻挑战。

（四）甘肃及其省内资源型城市经济发展的启示

从甘肃经济以及省内一些资源型城市的发展历程中可以看出，一是由于当地矿产资源的有限性，使得不可再生的矿产资源的开发具有不可持续性，因此，随着矿产资源的不断开采，采矿业及其相关的产业会出现萎缩甚至走向衰亡，这就会导致依赖资源基础为支柱产业的资源型城市和区域的经济发展难以持续。二是由于资源型城市或地区在经济发展过程中，区域经济发展过度依赖天赐"良源"，产业结构单一，资源性产品加工深度不够，产业链条短，对当地经济的带动作用不大。在矿产资源衰竭时，资源性产业面临"断炊"的威胁，而新的接续替代产业一时难以建立，地方经济受到严重冲击，随之导致失业率上升、城市财政困难，进而引发一系列社会问题。三是由于采矿业对资源与环境的破坏严重，当地居民生活条件和生活环境逐渐恶化，而且由于经济结构失衡，新的就业门路开辟困难，使得这些城市和地区对外部优质生产要素失去吸引力，最终导致资源富集地区或城市的经济发展陷入困境，难以持续。

在一些老的资源型城市或地区面临"矿竭城衰"、艰难转型的困难境地时，对于一些新兴的矿产资源富集地区或城市，比如甘肃省内拥有丰富的石油天然气、煤炭等矿产资源的庆阳、平凉等地区，该如何避免重蹈资源型城市发展历程中所遭遇到的"资源诅咒"的覆辙，防止区域经济发展再度滑入资源优势陷阱？甘肃及其省内一些资源型城市经济发展过程中已经暴露的矛盾和问题启示我们：资源富集地区，不管是处于资源开发初期还是繁荣鼎盛时期，综合开发并充分利用矿产资源、生态资源、历史文化等优势特色资源，构建区域特色经济是西部资源富集地区实现可持续发展的必由之路。

三、构建区域特色经济，促进西部资源富集区经济可持续发展

（一）特色经济的内涵

多年来，一些区域大力发展特色经济，如云南的烟草和旅游、新疆南疆的长绒棉、吐鲁番的葡萄、浙江海宁的皮革、温州的皮鞋等，这些特色经济的兴起很好地带动了当地经济的加速发展。对于特色经济的含义，不同的学者给出了不同的定义和评判标准，但本质却是一致的。特色经济最形象的描述就是"人无我有"、"人小我大"、"人泛我专"、"人弱我强"。因此，西部矿产资源富集地区发展特色经济，就是要依托区域优势

条件，以特色资源为基础，开发特色产品，培育特色产业，打造特色品牌，并形成带有区域特色和规模效益的地方经济。根据资源型城市的特点和发展规律，西部矿产资源富集地区发展特色经济的实质就是根据自身的优势条件，科学开发并充分利用本地区所拥有的矿产资源以及一切独有和具有比较优势的各种特色资源，构建多元化的产业结构，通过产业结构的合理布局和适时调整，做大做强特色产业，培育接续替代产业，促进区域经济的协调与可持续发展。

（二）促进资源富集地区经济可持续发展是构建区域特色经济的目标

1. 对矿产资源开发与资源富集区的长远发展进行科学规划

要实现矿产资源富集地区的可持续发展，必须科学、合理地开发和利用矿产资源，使有限的资源真正实现最大效益。作为政府部门必须制定一套科学、合理的资源长远开发和区域经济发展规划，一是对矿产资源开采的时序、规模和开发利用方式进行长远规划，坚决杜绝急功近利的掠夺式开采，把资源开采控制在一个社会最优化水平上，避免竭泽而渔。二是对区域内包括矿产在内的自然资源、社会资源和经济资源等各类有形无形的特色资源进行综合分析和有机整合，充分挖掘矿产资源和非矿产资源的价值，引导产业结构合理布局，提高各类特色资源开发利用的综合效益。三要加强基础设施建设，将有关资源型城市衰退期的扶持政策前移，大力推进矿产资源富集地区产业结构优化升级和经济发展方式的转变，主动培育新的接续替代产业，保证资源富集地区经济的平稳、可持续发展。

2. 为矿产资源富集地区保存可持续发展的良好生态基础

资源型产业在石油、煤炭以及金属和非金属矿产资源的采掘过程中不仅造成大面积地表塌陷，形成众多的废弃矿物，而且还造成严重的水污染以及大气烟尘污染等，严重污染和破坏了资源地的生态环境。要实现资源富集地区的可持续发展，必须协调好矿产资源开发和经济建设与环境整治的关系，建立科学合理的资源产品成本、价格以及收入的核算体系，采用绿色 GDP 核算方法，在 GDP 核算中将环境治理、生态修复的费用计入资源产品的成本中，按照"谁开发、谁保护，谁受益、谁补偿，谁污染、谁治理，谁破坏、谁修复"的原则，使私人将资源开发的外部成本内部化，消除由于不合理的资源开发造成的生态破坏，保证当地居民及其后代在"矿竭"后仍有生存和发展的基础。

3. 构建多元化的产业结构，为资源富集地区拓展经济可持续发展的宽广空间

国内外众多的资源型城市或地区的兴建、发展以及矿产资源枯竭后转型的历史经验表明，作为一个资源富集地区，有可能随着矿产资源的耗竭而衰落，也可能随着其他产业的兴起转型而进一步繁荣。那么，能否从单一产业过渡到多元产业，实现主导产业的顺利接续与发展是资源型城市走上"矿竭城衰"还是保持"矿竭城犹荣"可持续发展的关键所在。因此，西部资源富集地区在发展过程中，必须针对本地包括矿产资源在内的各类优势资源，充分利用本地所拥有的不可再生的矿产资源与可再生的非矿产资源，着力培育多元化的特色产业结构，增强区域经济发展的产业支撑能力。

在矿产资源富集区构建多元化的产业结构，首先要延伸产业链。在开采矿产资源输出初级产品的基础上，必须充分利用矿产资源发展矿产资源深加工产业，以带动区域内

其他关联产业的发展。其次，要依靠但不依赖矿产资源。要依靠矿产资源的开采和深加工带动矿产资源富集区经济的发展，但不能抱守矿产资源优势，单一依赖矿产资源而使区域经济发展局限于矿产资源产业，必须深度挖掘区域内的其他自然资源、人力资源、传统民俗文化等特色资源价值，实现资源的优势互补，构建起较为完备、合理又有自身特色的立体化产业结构体系，并根据矿产资源的赋存状况及资源型产业的发展前景适时制定政策，扶持发展前景良好、产业辐射效应和扩散效应强的产业升级为主导产业，搞好主导产业的主动顺利接续和替代，促进资源富集地区经济和社会的和谐、可持续发展。

四、深度开发和利用特色资源是西部资源富集地区构建区域特色经济的依托

为了使西部富裕的矿产资源真正带动当地经济可持续发展和城乡居民收入稳步增长，西部矿产资源富集地区必须深度开发和利用包括矿产资源在内的一切特色资源，开发和引进特色技术，延长产业链，培育和构建具有区域特色的产业体系，加工生产特色产品，扩大就业机会，提高矿产资源富集地区各类特色资源的配置效率。

（一）综合开发利用矿产资源

甘肃经济发展中所表现出的资源性产业快速增长而居民增收缓慢、加工业占比小、产品附加值低的特点以及经济发展面临资源枯竭威胁等问题，都反映出西部经济发展中所共有的问题，就是矿产资源产业的粗放经营：一是开采效率低加速了矿产资源的衰竭；二是以资源和原材料输出为主，产品附加值低。针对这些问题，西部矿产资源富集地区对区域内的矿产资源必须进行综合开发和利用，寻求最优的资源配置方式，将有限的资源配置到能获取最大效益或社会福利的用途上，这不仅为资源富集地区发展多种产业提供了可能，也可取得资源配置的最大收益。

一是创新和引进先进的高科技设备和特色技术，改变传统的高消耗资源的粗放型开采模式，提高矿产资源的开采效率。特色技术是特色经济的支撑，矿产资源富集地区要加大资金和技术投入，创新和引进对低品位矿、共生或伴生矿产、深层和复杂矿体的开采技术，合理有效地开采伴生或共生资源如煤层气和油田伴生气等，加强贫矿、尾矿的综合开发利用，转变粗放开采利用能源资源的增长方式，延长资源开发寿命，提高矿产资源的利用率，形成与节约型社会相协调的矿产资源开发利用模式。

二是开发矿产资源深加工产业，延长产业链，培育特色产业，生产特色产品，提高矿产资源开发的经济效益。以往资源型城市的发展模式主要依靠资源采掘、出售初级产品，这就导致资源型城市产业结构单一，经济效益不佳，甚至出现"资源丰富，经济贫困"的局面。对于甘肃省来说，由于资源性产业加工业占比低，产业链条短，导致第二产业就业贡献率低，出现矿产资源产业增长快而居民增收缓慢的现象。

国内外一些资源型城市成功转型的经验也启示我们，矿产资源产业链的延长不仅能

够有效带动当地经济发展和居民增收，而且也是资源型城市保持经济可持续发展的重要保障。如美国石油城休斯顿在 20 世纪 60 年代石油开采业整体下滑时，反而延伸和拓展产业链，加速了石油科研的开发，并相应带动了为其服务的多种产业的发展。再如我国安徽铜陵，在铜矿日益枯竭的形势下，不断延长产业链和提高产品附加值，在本地铜资源面临枯竭的情况下，发展速度反而加快了。这些资源型城市成功转型的经验足以表明，矿产资源富集地区延长产业链，深度开发和利用矿产资源，培育特色产业，生产特色产品，不仅能够对当地经济发展发挥良好的带动作用，而且能够在资源枯竭时，防止资源富集地区陷入资源优势陷阱。

（二）大力发展绿色产业

对于西部矿产资源富集地区来说，除了矿产资源外，区域内还拥有一批其他地区所没有的独有资源或者是具有比较优势的资源，比如特色农业、畜牧、林果、中药材等资源。因此，要充分发挥得天独厚的自然生态资源优势，加大绿色农牧业、绿色林果业、绿色药业等特有资源的开发力度，引进高新特色技术，延长农、林、畜、牧、药等土特产品的产业链，扩大优势产品的生产规模，加大市场营销，创造富有特色的品牌，建设前后相关联产业，提高关联产业的效益，做大做强做优特色产业，发展多元化的支柱产业。例如，新疆除了以能源资源开发的"黑色"产业之外，利用丰富的水、土、光、热等自然资源，建设起全国最大的优质棉花生产基地，形成由棉花生产、加工、纺织、运输、销售等一系列相关行业组成的"白色"支柱产业；同时，还发展起以西红柿、红花、枸杞、辣椒等为原料的"红色"产业。西部矿产资源富集地区开发农、林、牧、药等自然资源，大力发展绿色经济，一方面与矿产资源产业的发展形成优势互补，另一方面培育多元产业结构，促进区域内可再生资源产业的发展壮大，为资源型城市储备接续产业。

（三）积极发展特色旅游业

西部矿产资源富集地区除了具有丰富的矿产资源外，还拥有独具特色的旅游资源，仅陕西、甘肃、新疆、青海、宁夏五省就拥有国家级重点文物保护单位 97 个，国家历史文化名城 13 个。而且西部地区幅员辽阔，历史悠久，少数民族众多，有着丰富多彩、得天独厚的自然和人文旅游资源，自然旅游资源丰富、独特，是中部和东部地区所无法替代的，具有较高的开发价值。人文旅游资源散发出多彩、浓郁的民族民俗风情，这种特有的人文旅游资源与自然资源相互结合，是西部地区发展旅游业得天独厚的条件。而西部矿产资源的大力开发，必然会使矿产资源富集地区区域内的交通运输、基础设施等条件大为改善，使一些地处边远地域的历史文化资源价值倍增。比如，新兴的矿产资源富集地区革命老区庆阳，拥有极具特色的自然景观、历史名胜、革命遗址和民俗文化，多年来，由于交通条件差，这些宝贵的旅游资源少有人问津，但随着煤、气、油能源资源的开发，必将带动公路、铁路等交通条件的改观。因此，要抓住机遇，将一直以来被当作"贫穷落后"象征的革命老区作为历史赋予红色文化特征的旅游景区。大力开发旅游产业的发展空间，加强与邻近省、区的合作，整合周边地区的旅游资源，设计出独具特色的旅游线路，吸引游客。同时，要进一步开发当地的民族民俗文化产业，形成西部矿产资源富集地区特色鲜明的旅游文化产业。

参考文献

[1] 冯宗宪，等. 资源诅咒的警示与西部资源开发难题的破解 [J]. 西安交通大学学报（社会科学版），2007（2）.

[2] 高新才，滕堂伟，主编. 西北区域经济发展蓝皮书（甘肃卷）[C]. 北京：人民出版社，2008.

[3] 国家计委宏观经济研究院课题组. 我国资源型城市的界定与分类 [J]. 宏观经济研究，2002（11）.

[4] 何建坤，等. 自然资源可持续利用战略与机制 [M]. 北京：中国环境科学出版社，2006.

[5] 江世银. 西部大开发新选择 [M]. 北京：中国人民大学出版社，2007.

[6] 李天籽. 自然资源丰裕度对中国地区经济增长的影响及其传导机制研究 [J]. 经济科学，2007（6）.

[7] 刘云刚. 中国资源型城市界定方法的再考察 [J]. 经济地理，2006，26（6）.

[8] 聂华林，王成勇. 区域经济学通论 [M]. 北京：中国社会科学出版社，2006.

[9] 曲福田. 资源经济学 [M]. 北京：中国农业出版社，2001.

[10] 韦苇. 中国西部经济发展报告（2006）[C]. 北京：社会科学文献出版社，2006.

[11] 王文长，萨如拉，李俊峰，等. 西部资源开发与可持续发展研究 [M]. 北京：中央民族大学出版社，2006.

[12] 王元京. 西部特色经济的产业识别与评判标准探讨 [M]. 宏观经济研究，2001（3）.

[13] 徐康宁，王剑. 自然资源丰裕程度与经济发展水平关系的研究 [J]. 经济研究，2006（1）.

[14] 阎恒. 论特色经济 [J]. 中州学刊，2001（5）.

[15] 杨志明. 甘肃新型工业化道路 [M]. 兰州：兰州大学出版社，2005.

[16] 张复明. 资源型经济理论解释内在机制与应用研究 [M]. 北京：中国社会科学出版社，2007.

[17] http://www.stats.gov.cn/各年度《中国统计年鉴》.

广西钦州保税港区设立的形成机制研究

王绍洪

（四川大学经济学院 四川成都 610065）

摘 要：国务院于 2008 年 5 月批准设立广西钦州保税港区，从而将保税港区这一此前在东部沿海等经济发达地区设立的制度模式提供给西部相对落后的沿海地区。广西钦州保税港区位于我国唯一开而未发的沿海区域，西部大开发的三大重点区域之一的北部湾地区（具体处于广西北部湾经济区南端）。本文首先对钦州设立保税港区的制度需求动因进行了考察，然后对广西钦州保税港区的设立的形成机制进行了重点研究，认为整个广西钦州保税港区的设立的形成机制就是钦州设想上升为广西对外开放平台，最后演变为国家战略的过程。对广西钦州保税港区的设立的形成机制进行研究，有利于指导中国保税港区制度供给实践，对其他区域如何设立和发展保税港区具有借鉴和指导意义。

关键词：保税港区 广西钦州保税港区 筹备设立 形成机制

引 言

自 2005 年 6 月中国成立第一个保税港区——上海洋山保税港区以来，中国已经先后设立了 14 个保税港区；2008 年 5 月，国务院批准设立了中国第六个保税港区，即广西钦州保税港区，它是中国西部沿海唯一的保税港区。

关于保税港区的概念，我国学术界并没有进行学理定义，它是一个源于实践的概念。在人们研究保税区如何发展转型的过程中，学术界和一些实践工作者提出将保税区与港口的功能进行整合，实现区港联动，由此逐渐形成"保税区"＋"港区"的组合，保税港区的概念因此演化生成。2007 年，海关总署在总结理论研究和实践探索的基础上，颁布实施的《中华人民共和国海关保税港区管理暂行办法》第二条对保税港区界定如下："本办法所称的保税港区是指经国务院批准，设立在国家对外开放的口岸港区和与之相连的特定区域内，具有口岸、物流、加工等功能的海关特殊监管区域。"[①] 这是目前我国关于保税港区最为权威的概念界定，它对保税港区的审批权限、区位、功能、

---

① 海关总署：《中华人民共和国海关保税港区管理暂行办法》，2007 年 3 月。

性质等四个方面进行了明确的规定。

按照《中华人民共和国海关保税港区管理暂行办法》的规定，我国保税港区的设立必须由省级人民政府提出申请，国务院批准设立。这种制度设计，其实就是将保税港区逐步上升为省级战略，然后再上升为国家战略。也就是说，保税港区这种制度的设立，必须要符合国家发展战略布局的要求，而不只是地方政府的利益诉求行为。整个广西钦州保税港区设立的形成机制就是钦州设想上升为广西开放开发的平台，最后演变为国家发展战略的过程。

一、设立保税港区制度需求动因

钦州市尽管地处沿海地区，但是一直以来并没有发挥其沿海优势，它的发展仍以农业为主。东南沿海的经济发展经验对这个西南沿海城市的启示作用是巨大的，于是"以港兴城"的发展战略逐步形成并且日渐清晰，设立保税港区的设想就是这一战略的延续和具体体现。

（一）钦州发展港口的需求

钦州市地处西南沿海（具体见图 1），辖区 1.08 万平方公里，辖两县两区，海岸线520.8 公里，总人口 388 万人。钦州市尽管地处沿海，但是长期以来以农业为主，经济发展缓慢落后，与东南沿海同类地区发展差距巨大。早在 1919 年，孙中山在《建国方略》中就在钦州规划了南方第二大港，但这个构想一直没有能够付诸实践。钦州港拥有63 公里天然深水岸线，内湾深槽天然水深一般可以达到 −15 米至 −22 米，最深可达−28.5 米，具有回淤小、港池宽、潮差大、能避风的特点，是我国非常宝贵的天然深水良港资源。

1991 年 3 月，原钦州地区和县级钦州市作出了筹备建港的大胆决策，但是当时这一决策并没有得到国家港口布局的支持。改革开放之前，国家建设重点在防城港，而改革开放后，考虑到港口布局间隔因素，国家批建北海港，钦州位于两港之间，尽管拥有天然港口资源，却因为历史原因没有被纳入国家发展规划。在这种背景下，钦州为了改变自身的经济结构，实现工业化，还是决定依靠自身力量发展港口经济。1992 年，各沿海城市借邓小平南方讲话东风大力建设港口码头，钦州也迅速行动筹备建港。1992年 5 月 4 日，钦州城区举行万人捐款集资建港活动，发动当时近 300 万名钦州市民捐款，当时筹到了 2000 多万元资金。1992 年 8 月开始利用自筹资金建设钦州港第一期两个万吨级泊位，1994 年 1 月钦州港简易投产。2007 年 11 月，钦州港货物吞吐量突破千万吨大关，自此跨入千万吨大港行列。2011 年上半年，钦州保税港区 1♯、2♯泊位集装箱吞吐量达到 16 万标箱，跃居环北部湾港口首位。

（二）以港兴工战略

1996 年 6 月，广西壮族自治区政府批准设立省级开发区——钦州港经济技术开发

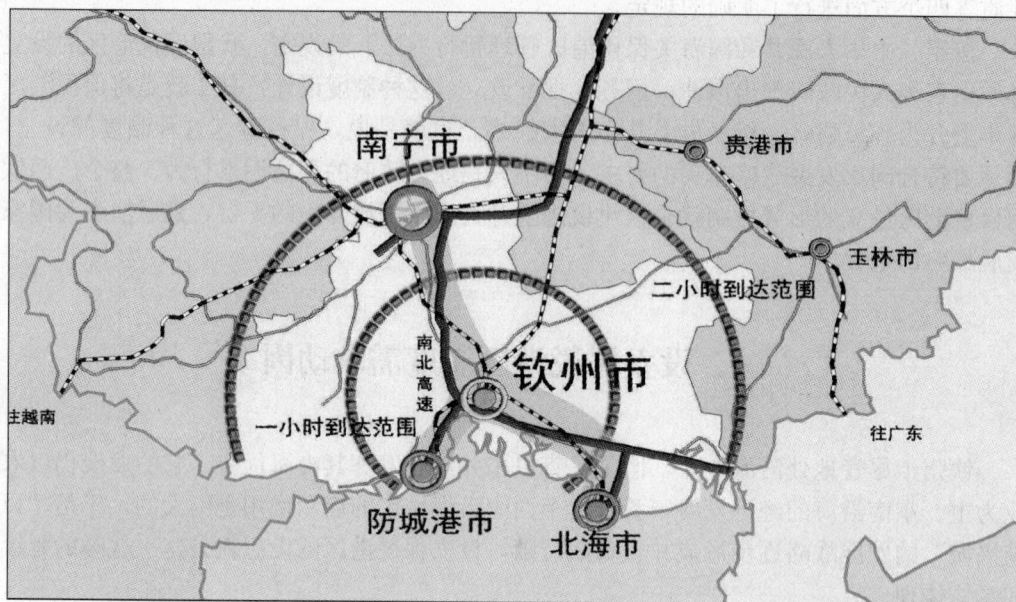

图 1　广西钦州市区位图

区，规划面积 10 平方公里。开发区管委会辖区陆域和海域面积共 89.2 平方公里。1997
年 6 月，钦州港获批作为国家一类口岸对外开放；2000 年，在《广西南北钦州防区域
经济规划纲要》中，钦州港被广西定位为临海工业港和广西大型临海工业园区，钦州市
被定位为临海工业城市。① 2003 年，钦州市提出了"以港兴市，以市促港，项目支撑，
开放带动，建设临海工业城市"的发展战略，大力发展以港口为依托大进大出的临海工
业。2006 年 3 月，钦州港经济技术开发区管委会代管钦南区犀牛脚镇的金鼓、鸡丁头、
鹿耳环三个村，辖区扩大到 151.97 平方公里，陆域 54.08 平方公里，海域 97.89 平方
公里，常住人口约 1.8 万人。经过十多年的建设，钦州港逐步形成了"一区多园"体
系，包括石化工业园、能源工业园、冶金工业园、粮油加工工业园、磷化工工业园等组
成部分，建立了以广西东油 100 万吨沥青厂为代表的石化基地，以钦州燃煤电厂为代表
的能源基地，以钦州大洋粮油 80 万吨大豆加工项目为代表的粮油加工基地，开发区临
海工业已初步朝规模化、集约化方向发展，钦州港港口和临港工业初具规模。钦州港在
这期间的发展过程中，没有得到自治区和国家的资金、项目或特殊政策等方面的支持，
属于钦州市依靠自己力量建设港口阶段。

　　2006 年，中石油准备在北部湾沿海布局 1000 万吨炼油项目，海南、北海、钦州、
防城港参与竞争该项目落地。钦州港当时刚刚完成港区商贸用地征地拆迁工作，能够提
供现成的土地，符合中石油项目开工用地要求，最终钦州市赢得该项目。随后，印尼金
光集团的金桂林浆纸一体化项目落户钦州港，该项目年产各类高档纸 310 万吨、浆 180
万吨，计划总投资人民币 410 亿元。期间总装机容量 320 万千瓦的钦州燃煤电厂等 25

---

　　① 广西壮族自治区政府：《广西南北钦州防区域经济规划纲要》，2000 年。

个工业项目落户钦州港工业区。这些项目及大地推动了钦州港的发展。当时全国房地产飞速发展，钦州港良好的前景成为极佳的开发题材，一些房地产开发商先后进驻钦州港，一批商贸、居住项目很快建成。

(三) 设立保税港区设想

随着港口和临港工业的发展，钦州市市委市政府在 2007 年年初提出落实"以钦州港区为主战场，扎实推进工业化进程"的思路，要求高起点编制"一区（钦州港工业区）两园（金光工业园、金谷工业园）"规划，并将当年钦州港迈进千万吨级港口确定为目标。① 为了更好地实现钦州市工业化进程，依托港口发展经济，实现以港兴城，钦州市委市政府寻找新的发展题材，上海、天津和大连设立保税港区的做法给予他们启示，且当时海南洋浦、宁波梅山等积极申请设立保税港区为钦州市提供了借鉴，关于在钦州港设立保税港区的设想就由此产生了。

2008 年年初，钦州市政府工作报告对此设想进行了具体的谋划，要求"全力抓好保税港区规划建设，配合自治区全力争取国家尽快批准设立钦州保税港区，进一步完善保税港区规划，成立保税港区规划建设协调机构，组建保税港区开发建设主体。加快推进保税港区两个 10 万吨级集装箱码头、一期 2.6 平方公里海域吹填及大榄坪二号路等基础设施建设。加快保税港区 7.4 平方公里海域报批工作，尽快完成保税港区内一期路网、监管设施和钦州港至保税港区铁路等项目的前期工作，力争上半年开工建设。"② 显然，在钦州保税港区设立获批前的准备工作中，钦州市采取了积极配合申请（设立程序要求省级政府申请设立）、主导保税港区规划建设工作的方式。这一举动清楚地表明，钦州市是将保税港区作为其将主管的一个经济功能区来设想的，在钦州市的构想中，保税港区或许和钦州港经济技术开发区一样，是它下属区域的一部分。

追溯广西钦州保税港区设立构想的渊源可以发现，设立初衷发端于推动钦州港和钦州市的发展，保税港区是当时钦州市发展战略中的一部分，它和钦州港一起，都是钦州市为了发展工业、改变落后面貌所作的努力和实践。设立钦州保税港区最初的需求来源不是广西发展开放型经济的需要，也不是国家产业转移的需要，而是钦州市寻求发展机遇，推进港口建设，带动实现工业化努力中的一种有益尝试。值得一提的是，钦州市的这种尝试一直是以钦州对保税港区的可控为假设前提的，即钦州保税港区的优惠政策功能的发挥，是要在钦州市的直接控制下为钦州市经济发展服务的。

二、钦州设想上升为广西开放开发的平台

2006 年 10 月，钦州市开始提出设立保税港区的设想。钦州市提出设立保税港区的初步设想后，迅速得到各方支持，尽管钦州市对保税港区的经济功能、作用和重要性并

① 钦州市人民政府：《钦州市 2007 年政府工作报告》，2007 年 3 月。
② 钦州市人民政府：《钦州市 2008 年政府工作报告》，2008 年 2 月。

没有一致的认识和意见，但有一点是可以确定的，那就是保税港区至少是一张极具宣传效应的名片，是对外开放的天然广告牌，对于地处沿海的钦州而言，保税港区对发展外向型经济可能存在巨大的潜在机遇。此外，由于钦州港开发还处在初期阶段，土地等要素的价格并不高，设立的保税港区即使难以充分发挥作用，其发展机会成本也不会太大。加之设立保税港区与港口发展战略不谋而合，所以尽管钦州市对保税港区的功能作用尚无足够的认识，但是各方还是在争取设立上很快取得了一致性意见。

钦州市委市政府迅速将他们在钦州港设立保税港区的设想向自治区党委政府的领导汇报，这一设想立即引起自治区领导的高度重视，其原因有以下几点：

一是广西积极谋求对外开放合作，尤其是针对东盟的合作，但收效不大。连续四次举办中国—东盟博览会和中国—东盟商务与投资峰会，据统计，先后有国家领导人 23 位、外国部长级贵宾 500 多位（次）、参展商和采购商 8.2 万名参展参会，但与表面热度相对应的是，广西对外开放合作的实际成效和其他地区尤其是东部省份比较并不显著，2002—2007 年实际利用外资 50.37 亿美元，年均增长 15.9%；外贸进出口总额 2002 年为 24.3 亿美元，2007 年增至 92.8 亿美元，年均增长 30.7%，其中出口年均增长 27.6%，从 14.1 亿美元增至 51.1 亿美元。[①] 广西需要能够切实扩大开发合作的重大举措。

二是广西积极承接国内产业转移，但成效不够理想。作为沿海沿边地区，广西一直想学习东部沿海尤其是广东发展外向型经济，尽管一再强调发展现代化大型组合港、临海工业园区，希望加强与泛珠、长三角、西南等国内经济区域的合作，大力招商引资，承接产业转移，但是由于底子太薄，发展乏力，效果欠佳。2002—2007 年实际引进外资 2462.5 亿元[②]，与西部其他地区相比成效并不理想。

三是广西尽力构建国际大通道，但作用不够明显。2002—2007 年建成南宁至百色、南宁至水任、南宁至友谊关高速公路并实现通车，洛湛铁路广西段、桂梧高速公路在建，高速公路总里程从 822 公里增至 1879 公里，沿海和内河港口总吞吐能力由 5320 万吨增至 10613 万吨，与 68 个国内外城市开通了航线航班[③]，积极打造西南地区出海通道，力图确立国际大通道地位。尽管取得了这些成就，但是广西在国际物流体系中并没有发挥太大作用。虽然腹地西南各省市货物出海取道广西出海里程最近，但是实际上这些货物还是主要从上海、广东等地港口出海。

显然，广西当时面临的选择和困难，决定了它必然会重视钦州设立被誉为开发程度最高、政策最优惠、有中国特色自由港的保税港区的设想。在广西看来，设立保税港区，可以作为广西开放开发的平台，可以作为吸引西部外向型产业转移的政策招牌，可以发展保税物流，畅通国际大通道。广西壮族自治区党委政府立即着手开展申请成立保税港区的工作。由此，钦州设立保税港区的设想迅速上升为广西开放开发的平台。

---

①②③　广西壮族自治区人民政府：《2008 年广西壮族自治区政府工作报告》，2008 年 2 月。

三、广西申请设立保税港区的体制设计

2008 年 5 月 29 日，国务院致函广西壮族自治区人民政府（国函〔2008〕48 号），同意设立广西钦州保税港区。正如前文所述，国务院关于保税港区的命名规则其实已经显示了广西钦州保税港区的体制基础：以广西壮族自治区为主，而非以钦州市为主进行管理。

在广西钦州保税港区获批设立前的 5 月 26 日，广西壮族自治区政府决定成立钦州保税港区建设领导小组①，组长由自治区党委常委、自治区常务副主席李金早担任，副组长两位，分别由自治区副主席、北部湾（广西）经济区管委会主任陈武和自治区副主席林念修担任，成员包括财政、国土、海关、税务等 14 个相关单位和部门的主要领导。领导小组下设办公室和钦州保税港区开发建设指挥部。

从该建设领导小组的体制结构来看，自治区将主导广西钦州保税港区的开发建设工作，钦州市仅仅是 14 个成员单位之一，因为地理位置就近的原因，领导小组下设机构之一——开发建设指挥部设在钦州市，实际承担具体的开发建设日常工作。在该体制格局下，北部湾办和钦州市两个成员比其他 12 个成员负担更多的责任，钦州市的工作重点在于执行方面。

在建设领导小组成立之前，为加强对钦州保税港区申报、规划、建设的统筹协调和推进工作，根据广西壮族自治区政府意见，2008 年 4 月 30 日，钦州市委办公室、市政府办公室发文成立钦州保税港区建设指挥部，钦州市委书记、市政府市长担任总指挥，副总指挥由常务副市长、副市长和钦州港经济开发区管委会主任担任，成员有市政府和政协副秘书长及发改委、钦州海关、建规委、财政局、国土资源局、海洋局、港口管理局、商务局、交通局、水利局、环保局、供电局、湾办、招商局的主要领导。指挥部的主要职责是配合自治区积极推进保税港区申报工作，对保税港区规划建设重大事项作出决策，审定保税港区规划建设各项工作方案，统筹协调、研究解决规划建设中的重大问题。指挥部下设综合处、招商处、工程建设处，各处成员从钦州市直相关部门、钦州港经济开发区管委会抽调，或者面向全国招聘。

钦州保税港区建设领导小组并不是在确立钦州保税港区设立的时候才开始产生的，在整个申请设立阶段，它其实已经存在，只是没有被明确，所有的领导和成员单位都在积极发挥作用，积极地与中央各部委进行对接，协调各个环节和解决各种问题。建设领导小组其实承担了钦州保税港区的设立筹备工作。

在筹备阶段直至获批设立，钦州保税港区建设领导小组所包含的自治区、钦州市两级筹备与建设体制设置还比较原始，仅仅是一些基本框架，但它似乎预示了广西钦州保税港区将是一个与钦州平级的经济功能区。建设领导小组更多地像一个协调结构，其他

---

① 广西壮族自治区人民政府办公厅：《广西壮族自治区人民政府办公厅关于成立钦州保税港区建设领导小组的通知》（桂政办发〔2008〕74 号），2008 年 5 月 26 日。

具体的结构还没有完全形成，尤其是开发建设方面，投资主体尚未明确，相关行政管理部门的职能也没有规定。

四、广西开放开发平台上升为国家战略布局

在申请设立保税港区的过程中，钦州保税港区迅速上升为广西开放开发的平台乃至全国的战略。广西壮族自治区人民政府经研究后即同海关总署等中央部委衔接，2007年7月，时任海关总署副署长的盛光组到钦州考察并同意自治区和钦州市对保税港区规划选址等设立方案。2007年8月9日，自治区人民政府向国务院正式申请设立钦州保税港区。

当时中国西部尚无保税港区设立。按照国际自由港一般设在海港的惯例，中国西部要布局保税港区，广西是唯一的选择。广西的申请恰逢国家着手谋划新一轮西部大开发的时机，我国的开发与开放往往是结合在一起的，而设立保税港区是扩大开放的最明显标志。为配合中央即将启动的新一轮西部大开发战略，在西部布局保税港区将是迟早的事情，因此，钦州的设想、广西的申请成了最好的触发因素。国务院将广西壮族自治区政府文件批转海关总署，由海关总署牵头分别征求海关总署会同国家发展改革委、财政部、国土资源部、住房城乡建设部、交通运输部、商务部、税务总局、工商总局、质检总局、国家外汇管理局等部门的意见。2008年1月16日，国家批准实施《广西北部湾经济区发展规划》，"支持北部湾经济区在符合条件的地区设立保税港区、综合保税区和保税物流中心，拓展出口加工区保税物流功能"①，作为国家支持广西北部湾经济区发展的四大政策之一。

上升为国家战略后的设立保税港区的举动，已经远远超越了钦州市的发展范围。国家将设立广西钦州保税港区作为深化西部大开发的重大战略布局举措，广西则将此设立作为广西扩大开放、北部湾经济区开放开发的平台，成功设立顺理成章。2008年4月18日，广西壮族自治区政府关于设立钦州保税港区的请示文件由海关总署组织有关部委会签完毕。2008年5月4日，海关总署形成关于设立钦州保税港区的请示文件，正式上报国务院。2008年5月29日，广西钦州保税港区正式获批设立，其最终结果超出了钦州市的预想，导致在钦州市行政区域内产生了一个同级别的行政区域。

广西钦州保税港区的整个设立体制如图2所示。

该图较为清楚地表明了国家、广西壮族自治区和钦州市三级在设立过程中的体制情况：

一是国家层面。整个广西钦州保税港区的设立过程涉及中央11个部门，包括最终入驻保税港区的海关、出入境检验检疫、海事等查验机构的中央领导机构，分别为海关总署、国家质检总局、交通运输部。其实入驻保税港区的查验机构还有边防检查，但是由于该机构除了新增设立之外，并无更多特殊监管内容，因此公安部和广西壮族自治区

①　国务院：《广西北部湾经济区发展规划》，2008年1月。

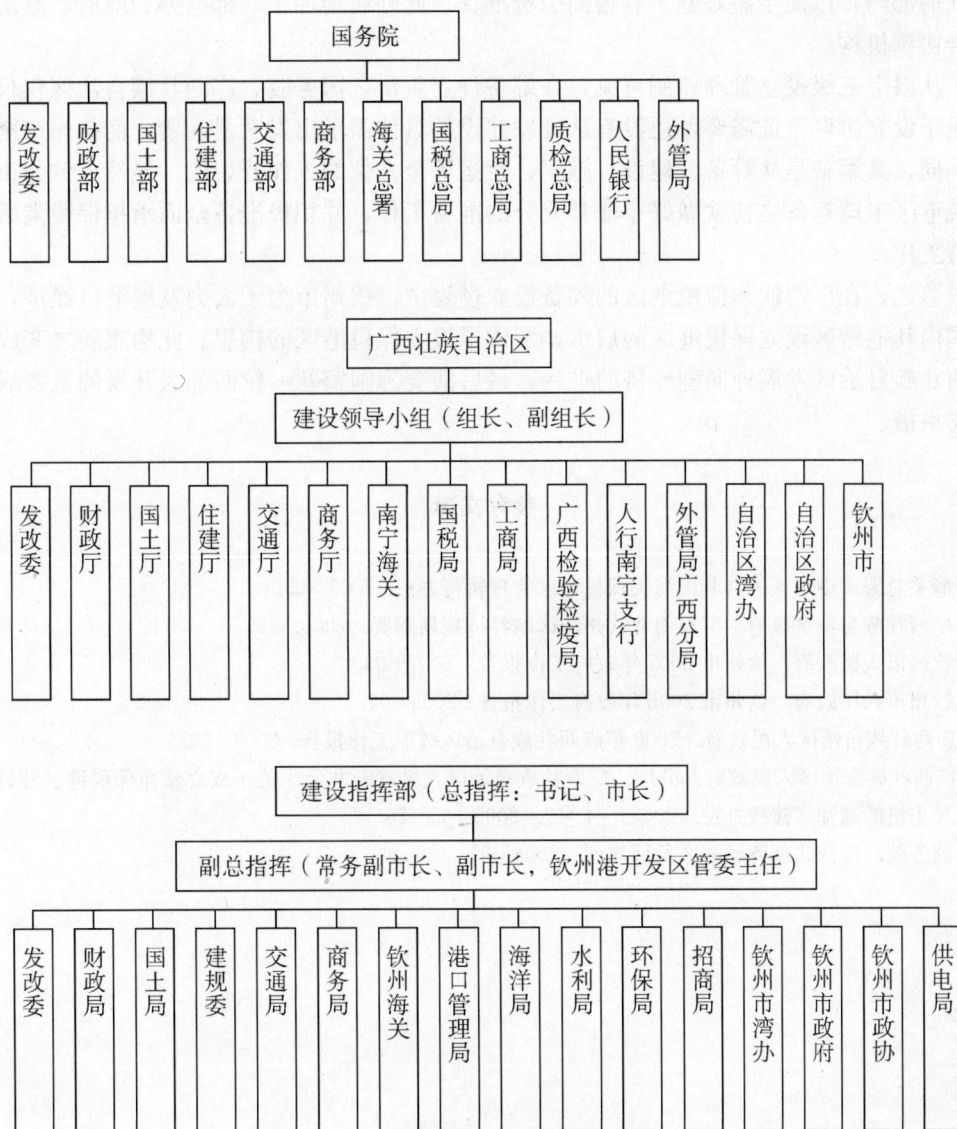

图 2　广西钦州保税港区筹备体制

公安厅均并没有在设立筹备中出现。

二是广西壮族自治区层面。自治区在申请筹备过程中，为了更好地与国家相关部委对接，自治区直属相关部委都参加了建设领导小组。除此以外，自治区还增加了北部湾办公室、自治区政府成员（副秘书长）这两个综合协调机构，以及广西钦州保税港区所在行政区域的钦州市。

三是钦州市层面。钦州市在申请筹备过程中，参与筹备的部委没有局限于与中央和自治区部门一一对应的关系，而是采取了有利于设立筹备工作的原则，把涉及相关工作的部门全部纳入建设指挥部，尤其是增加了港口管理局、供电局、招商局等业务功能非常强的部门，以便于做好施工和招商引资准备。此外还增加了北部湾办、政府、政协等综合协调机构。

从以上三级设立管理体制可见，在筹备设立阶段，国务院、广西壮族自治区仅仅是立足于设立协调论证需要，还没有从开发建设的具体需求出发考量问题。而钦州市则明显不同，其筹备是从筹备、建设、施工、营运等全方位的工作开始的。显然，钦州市在保税港区申请筹备之初就做好了非常充分的准备工作，并积极准备全面承担保税港区的所有工作。

总之，在广西钦州保税港区的筹备设立过程中，钦州市为了大力发展港口经济，受到国内其他地区设立保税港区的启示，形成了设立保税港区的构想。此构想随之变成了广西壮族自治区发展外向型经济的平台，最后演变为国家新一轮西部大开发的重要战略布局举措。

参考文献

[1] 海关总署. 中华人民共和国海关保税港区管理暂行办法. 2007—03.
[2] 广西壮族自治区政府. 广西南北钦州防区域经济规划纲要. 2000.
[3] 钦州市人民政府. 钦州市 2007 年政府工作报告. 2007—03.
[4] 钦州市人民政府. 钦州市 2008 年政府工作报告. 2008—02.
[5] 广西壮族自治区人民政府. 2008 年广西壮族自治区政府工作报告. 2008—02.
[6] 广西壮族自治区人民政府办公厅. 广西壮族自治区人民政府办公厅关于成立钦州保税港区建设领导小组的通知（桂政办发〔2008〕74 号）. 2008—05—26.
[7] 国务院. 广西北部湾经济区发展规划. 2008—01.

四川省花萼山自然保护区生态补偿机制研究

甘　欣

（四川大学建筑与环境学院　成都　610065）

摘　要：建立自然保护区是进行生物多样性保护和恢复生态服务功能的最重要的措施之一，而生态补偿机制在自然保护区建立中的作用是目前需要关注的问题。本研究力求探索补偿实践中较为合理的补偿标准、补偿主体、补偿对象及补偿方法等，初步构建花萼山自然保护区生态效益补偿机制的基本框架。

关键词：花萼山　自然保护区　生态补偿

前　言

由于受到自然条件特别是人为活动的影响，物种栖息地被破坏、生物多样性减少、生态功能下降，已经成为困扰世界各国社会经济可持续发展的重要生态环境问题之一。建立自然保护区是进行生物多样性保护和恢复生态服务功能的最重要的措施之一。自然保护区即是指"保护各种生态系统或自然环境，保护生物多样性，拯救濒临灭绝的野生生物，以及保护自然历史遗产而划定的特殊的自然区域"。世界自然保护联盟认为保护区是"通过法律及其他有效方式，特别用以保护和维护生物多样性、自然及文化资源的陆地和海洋"。伴随着自然保护区的发展，问题也随之产生，社区与自然保护区的矛盾就是其中之一，要解决这些矛盾，生态补偿是最有效的方法之一。生态补偿制度是以防止生态环境破坏、增强和促进生态系统良性发展为目的，以从事对生态环境产生或可能产生影响的生产、经营、开发、利用者为对象，以生态环境整治及恢复为主要内容，以经济调节为手段，以法律为保障的新型环境管理制度。

生态补偿制度概念可以分为广义和狭义两种。广义的生态补偿制度包括对污染环境的补偿和对生态功能的补偿。狭义的生态补偿制度则专指对生态功能或生态价值的补偿，包括对为保护和恢复生态环境及其功能而付出代价、做出牺牲的单位和个人进行经济补偿；对因开发利用土地、矿产、森林、草原、水、野生动植物等自然资源和自然景观而损害生态功能，或导致生态价值丧失的单位和个人收取经济补偿。《环境科学大辞典》将生态补偿（Natural Ecological Compensation）定义为"生物有机体、种群、群落或生态系统受到干扰时，所表现出来的缓和干扰、调节自身状态使生存得以维持的能力，或者可以看做生态负荷的还原能力"，或是自然生态系统对由于社会、经济活动造成的生态环境破坏所起的缓冲和补偿作用。但最一般的，则将生态补偿理解为一种资源环境保护。《中华人民共和国国民经济和社会发展第十一个五年规划纲要》中提出："按照谁开发谁保护、谁受益谁补偿的原则，建立生态补偿机制。"这是建设资源节约型、环境友好型社会，最终实现和谐社会目标的重要组成部分，也是我们建立生态补偿制度的出发点。

一、四川省自然保护区的现状

四川省的自然保护区自 1963 年以来，数量和面积都呈现出迅速上升的趋势，同时国家级的自然保护区也逐年增加，详见图 1。到 2007 年年底，四川省已有自然保护区 169 个，其中国家级自然保护区 22 个，面积 845 万公顷（如表 1 所示）。

表 1　四川省自然保护区数量与面积表

年　份	数量（个）	国家级	面积（万公顷）
1963	4	0	27.1938
1965	5	0	29.1938
1978	8	6	42.1938
1979	11	6	48.3652
1983	14	7	54.8626
1986	17	7	63.464
1987	19	7	66.2473
1993	32	8	103.593
1994	33	8	120.25
1995	44	10	252.79
1996	49	11	302.36
1997	51	11	306.16
1998	58	11	365.91
1999	60	11	367.15
2000	77	13	474
2001	91	13	605.49
2002	106	15	656.48
2003	120	17	696

年　份	数量（个）	国家级	面积（万公顷）
2004	131	18	762
2005	163	18	788.68
2006	167	20	890.79
2007	169	22	845

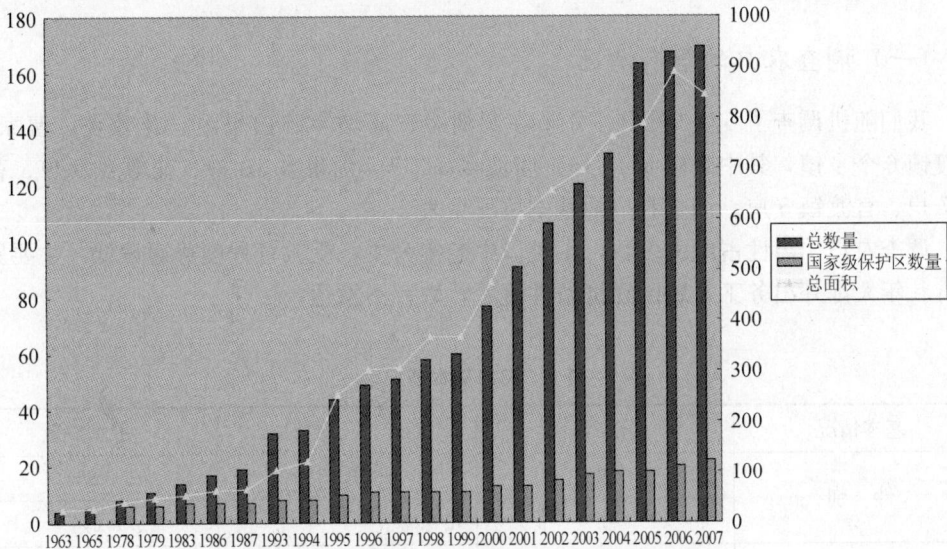

图1　四川省自然保护区发展趋势图

二、花萼山自然保护的现状与价值

　　四川省花萼山自然保护区位于四川省东北部达州市的万源市境内，地处大巴山南麓的川陕渝三省（市）交界处，约在东经108°00′~108°27′，北纬31°55′~32°12′之间，东接重庆市城口县，南连宣汉县，西抵巴中市的平昌、通江县，北邻陕西省镇巴、紫阳县，属于四川盆地东北部山地地貌类型。保护区涉及花萼、曹家、官渡、皮窝、白沙、庙坡、白果、茶垭、梨树、大竹和八台11个乡镇；东西向跨度323.90公里，南北向跨度294.72公里；总面积48203.39平方公里，其中核心区面积为11600.36平方公里，缓冲区面积为12987.79平方公里，实验区面积为23615.24平方公里。花萼山自然保护区建立于1996年，1998年10月通过省级自然保护区评审，1999年1月6日四川省人民政府以川府函〔1999〕2号文批准，成为自然生态系统类型的省级保护区。

　　四川省花萼山自然保护区恰恰地处长江中上游两大一级支流的发源地和分水岭，其自然生态系统的稳定性对嘉陵江和汉江流域乃至长江流域中下游地区的生态安全具有关键性影响，这是建立该国家级自然保护区的生态价值。保护区内经济动植物种类繁多，分布着许多现有栽培植物和家养动物的原种或近缘种，其中资源植物逾 1000 种，常见资源动物在 200 种以上，使该地区成为名副其实的生物遗传多样性的天然宝库，体现出在该地区建立国家级自然保护区的潜在的巨大经济价值。

三、花萼山自然保护区生态补偿意愿调查分析

（一）调查农户的基本情况

我们随机调查了 52 户农户，分布在梨树乡、庙坡乡、白果乡、花萼乡、曹家乡、官渡镇 6 个乡镇，其中梨树乡 10 户、庙坡乡 11 户、白果乡 10 户、花萼乡 9 户、曹家乡 7 户、官渡镇 5 户。调查农户的基本情况见表 2。

调查农户中男性占绝大多数，年龄以中老年为主，受教育程度普遍偏低，主要原因是青壮年大都外出务工，地区经济条件落后，教育不发达。

表 2　农户基本情况表

基本情况	分　组	户　数	占总户数
性　别	男	51	98%
	女	1	2%
年　龄	≤45 岁	15	29%
	45～65 岁	31	59%
	≥65	6	12%
受教育程度	文盲	2	4%
	小学	27	37%
	初中	19	51%
	高中	2	4%
	大专	2	4%
居住区域	核心区	31	59%
	缓冲区	16	31%
	实验区	5	10%

（二）设立保护区对农户的影响

在被调查的农户中，平均每户 5 人，最低人均年收入为 333.33 元，最高人均年收

入为 4000 元，平均人均年收入为 1805.3 元。其中庙坡乡人均年收入 2000 元，曹家乡人均年收入 2297.6 元，收入较高；花萼乡人均年收入 1593.5 元，官渡镇人均年收入 1565.7 元，收入较低。花萼乡与官渡镇相比庙坡乡和曹家乡更为贫困。调查农户人均收入情况见表 3。

表 3 农户收入情况表

人均收入情况（元）	户　数	占总户数
≤1500	25	48%
1500~3000	17	33%
≥3000	10	19%

（三）农户收入结构

在农户收入结构中，主要由种植业、养殖业和打工收入（这里的打工包括在当地企业打工和外出务工两部分，下同）三部分构成，其余的部分担任村干部的工资收入纳入打工收入考虑，另外由于保护区的设立，农户基本禁止了在保护区内从事挖药、砍伐等活动，因此该部分收入忽略。以前养殖业在农户收入结构中占主要部分，通过农户调查得知保护区设立以前 60% 的农户收入的主要部分或重要部分来自畜牧业，但设立保护区之后，对于猪、牛、羊等家畜都规定必须圈养，使得农户的养殖规模大大缩水。目前该部分收入只占到农户收入来源的 18%，种植业所占的比重仍然较大，39% 的农户收入来自种植业。

打工收入在农户收入结构中的比重比较明显。通过农户调查得知 43% 的农户收入的主要部分或重要部分来自打工，一方面由于该地区经济条件落后，没有合适的岗位；另一方面保护区的设立使得农户靠山吃山的生活方式难以为继，不得不外出打工。要解决保护区保护与农户收入提高这一矛盾，当地农户希望进行生态移民，特别是核心区的农户迫切希望搬出去发展。

（四）农户种植、养殖结构

农户的种植结构较为单一，主要种植玉米、土豆、水稻、红薯，还有少部分的农户种植核桃、板栗、松子、尖贝等，但数量占很少一部分。

养殖结构中猪的养殖占到了绝大多数，牛、羊因为保护区的设立不允许放养，所以不少农户放弃了养殖牛、羊，但还是有少部分农户将牛、羊进行圈养。家禽中鸡、鸭是多数农户选择的，但规模较小。

（五）农户能源结构

虽然全乡实现了通电，但由于当地获取薪柴较为方便，以及农户常年固有的生活方式养成的习惯，在当地能源结构中，薪柴占绝对比重，大约占到 90%，电力仅用来照

明。各乡镇电费在 0.45～0.65 元不等，承担不了电费在收入较低的乡镇成为阻碍其用
电的一个方面，但在收入相对高一些的乡镇，村民则认为当前电费是可以接受的，不用
电主要是由养殖家畜的方式决定的。至于用水情况，当地绝大多数农户使用管道从溪沟
或山泉水中抽取，还有少部分的农户得到政府补助，从微水工程中取水。但还是有一些
农户需要挑水，甚至到下半年还会缺水。

四、保护区建立对社区农户的影响

在被调查的 52 户农户中，48％的农户认为保护区的建立弊大于利，33％的农户认
为保护区的建立利大于弊，还有 19％的农户不能确定利与弊哪个对他们影响更大些。
其中后两者在谈到具体的利的同时都谈到保护区建立的弊的表现，这就说明被采访的
52 户农户都认为保护区的建立给他们带来了负面影响。总的来说，农户认为保护区建
立后带来的弊端主要表现在三个方面：一是不能砍伐树木、竹子，能获得的薪柴以及盖
房子、修围栏的木材减少；二是不能挖药，放牧范围受限，收入减少；三是野生动物大
量增多，黑熊吃牛羊，野猪吃庄稼，遭受一定损失。农户认为保护区建立后带来的利主
要表现在：保护了生态环境，保持了水土，空气变好，森林得到保护。

98％的农户认为保护区建立后其收入水平没有明显变化和呈下降趋势（其中无明显
变化的占 10％，下降的占 88％），2％的农户认为收入水平有一定提高。根据调查，收
入下降的主要原因是保护区设立后农户不能挖药、砍伐木材、野生动物吃牛羊，除此之
外还有禁猎、放牧范围受限。以下是对收入下降金额的统计，见表 4。

表 4　农户年收入下降情况表

年收入下降（元）	户　数	占总户数
无下降	7	13％
≤2000	8	15％
2000～8000	30	59％
≥8000	7	13％

收入提高是由于生态环境变好了，松果多了，通过打松果获得收益。由此可以看
出，保护区农户认为，保护区的设立对自然生态环境的保护有好处，但对农户的收入几
乎没有利益。由于收入下降的农户占绝大多数，我们对保护区内农户的受偿意愿做了调
查，85％的农户认为应当补偿，15％的农户认为没有补偿的需要。对于谁来支付补偿，
87％的农户认为该由设立自然保护区的国家来补偿，2％的农户认为应由当地政府来补
偿，8％的农户认为应由国家、政府和旅游者共同承担。由于该地区没有工业存在，因
此没有选择企业补偿的。

在补偿的方式上，71％的农户希望直接以现金的方式，9％的农户希望通过项目带

动（例如修公路、生态旅游等）来补偿，还有 20％的农户希望现金、物质、项目同时补偿。对补偿金额的期望的调查见表5。

表5　农户补偿意愿统计表

补偿金额（元）	户　数	占总户数
≤2000	14	27％
2000～6000	22	13％
6000～10000	8	15％
≥10000	8	15％

根据调查，54％的农户对补偿金额的期望是为了满足基本的生活需求，46％的农户则认为保护区的设立给他们带来了相应金额的经济损失，所以保护区应当补偿相应数额的钱。调查拿到相应补偿金额后的用途发现，51％的农户用于基本生活，21％的农户用于增加生产，用于教育和医疗的分别占 12％和 5％，另外 11％的农户表示还不知道用在哪一方面。

关于征地情况的调查，保护区内被征用土地共有 275.9 亩，平均每户 5.3 亩。52户农户中被征地的有 15 户，占 19％；未被征地的 37 户，占 71％；征地的用途有退耕还林等，对征用农户土地的补偿按照 230 元／亩的标准。

根据调查，94％的农户认为在保护区建立后，野生动物增多，存在野生动物扰民、侵犯群众利益的现象，主要表现在野猪吃庄稼。近年来，每户每年损失从 100 元到 4000 元不等，平均每户每年损失达 1089.4 元，其中损失 1000 元以下的占 70％，损失 1000 元到 2000 元的占 16％，占 14％的农户损失在 2000 元以上。

多数村民都认为保护区与社区的关系是相互协调、共同发展的关系，也有少数村民认为保护区和社区是管理与被管理的关系。

五、结　论

（1）对四川省花萼山自然保护区进行生态补偿极其必要。其原因在于：花萼山自然保护区经济文化水平相当落后，现有的森林保护政策制约了当地的经济发展，调查者对生态补偿认同度极高。

（2）对花萼山自然保护区进行生态补偿可行。其理由在于：受益者付费意愿较高，受偿者接受补偿后愿意承担相关义务与责任。

（3）根据意愿调研结果，初步确定补偿的主体主要包括各级政府、水电企业、水资源使用者和旅游者；补偿客体主要包括农村居民、农场职工、乡镇政府和市县政府；补偿形式主要包括现金补偿、贷款补偿、免费技能培训及提供就业机会。

（4）补偿标准：基于机会成本和农民受偿意愿两个因素，具体估算如下：保护区内居民多以种植水稻、玉米、土豆为主，以水稻进行计算，平均产量 6000 公斤/公顷左右，扣除化肥等物质成本和必要的活劳动等非物质成本，年纯收益在 6000～10500 元/公顷左右，机会成本取 880 元～1540 元/户·年。受偿意愿采用农户调查的方式获得。兼顾种植、养殖户收入差异，减少社区内部因收入差异引起的冲突，可以取补偿意愿的平均值，即 1000 元/户·年作为补偿标准确定的依据；可取其年纯收益的平均值，即 8250 元/平方公里作为补偿标准确定的依据之一。

（5）补偿方式及资金来源：补偿方式一般有"输血型"补偿和"造血型"补偿两种，即直接资金转移和资金转化为项目再转移。"输血型"补偿的方式及资金来源较为固定，主要有以下两种：①政府补贴，如设立专款专项的保护区生态补偿基金，将其纳入国家财政预算，由财政部门统一管理，国家每年将这部分资金补偿给保护区所在地；或将税收的剩余部分作为保护区发展基金，并减免保护区所在地的部分税收，如农业税、特产税等。②借助国内外基金，如世界环境基金（GEF）、世界自然基金会（WWF）等项目，用于保护湿地和发展可持续性的生态产业。"造血型"补偿的方式则较为多样化，如大力发展种苗、旅游、养殖等开发前景看好的产业，采取引进来、送出去的办法，创造良好的环境吸引人才，依照市场经济的运行方式发展产业，增强保护区发展的后劲。

参考文献

［1］中国生态补偿机制与政策研究课题组. 中国生态补偿机制与政策研究［M］. 北京：科学出版社，2007.

［2］甄霖，闵庆文，李文华，金羽，杨光梅. 海南省自然保护区生态补偿机制初探［J］. 资源科学，2006，11（28）6：10.

［3］四川省统计局，四川调查总队. 四川省统计年鉴［M］. 中国统计出版社. 2008.

［4］燕守广. 关于生态补偿概念的思考［J］. 环境与可持续发展，2009（3）：33—36.

［5］《环境科学大辞典》编委会. 环境科学大辞典［M］. 北京：中国环境科学出版社，1991.

［6］花萼山国家级自然保护区，http://www.huaeshan.gov.cn/docc/about.htm.

［7］戴轩宇，李升峰. 自然保护区生态补偿问题研究——江苏省大丰麋鹿国家级自然保护区案例分析［J］. 河南科学，2008.

［8］董学仁. 莲花山国家级自然保护区社区共建途径探讨［J］. 甘肃林业科技，2007.

西部生态移民迁入地选择与生态保护[①]

孟向京

(中国人民大学人口研究所 北京 100872)

摘 要：从 20 世纪 80 年代开始，为了扶贫开发和保护生态脆弱区的生态环境，中国政府在西部地区进行了一系列扶贫移民开发工程和生态移民工程，如 80 年代始于甘肃和宁夏的吊庄移民工程以及 90 年代后全面开展的退耕还林、还草、还牧工程等，这些工程为解除移民的贫困和缓解迁出地的生态危机起到了积极的作用。但在中国各地人口已经普遍超载的情况下，如何选择迁入地成了制约生态移民工程能否成功的瓶颈。我们在对甘肃省民勤县、宁夏月牙湖乡吊庄移民村、内蒙古鄂尔多斯地区以及青海三江源地区生态移民的调查中，都普遍发现了迁入地选择中存在的问题。由于选址不当，有些生态移民村已经出现了二次致贫，以及迁入地生态环境日趋恶化的现象。本文将根据我们对以上生态移民地区的调查结果，探讨生态移民迁入地选择的合理机制和标准，以期找到使生态移民更好地脱贫致富并不对迁入地的生态环境造成很大冲击的方法。我们的总体思路是，西部生态移民应该与中国的城市化进程结合起来，在条件允许的情况下，可以大胆尝试跨区域甚至跨省的迁移模式，使西部地区的生态问题得到彻底缓解。

关键词：生态移民 迁入地 生态保护

一、研究背景与意义

从 20 世纪 80 年代初宁夏和甘肃的吊庄移民开始，到 20 世纪末生态移民在全国范围内方兴未艾地全面展开，我国的生态移民已经走过了 20 多年的发展道路。生态移民旨在缓解生态极端恶劣地区的生态压力，同时也是帮助贫困地区人口脱贫致富的重要举措，因此，生态移民得到了我国各级政府的高度重视，也得到了学术界越来越多的关注。关于生态移民的必要性，已有许多学者作了分析，认为这是能够产生良好的社会、

---

① 本文受教育部人文社会科学规划基金"青海三江源地区生态移民工程对移民的影响研究"（项目编号：08JA840028）、教育部留学回国人员科研启动基金项目"青海省三江源地区生态移民效果评估"资助。

西部发展评论（2011）

经济和生态效益的重要举措（陈忠祥，1999；张同基等，1998；宁夏发改委，2005；侯东民，2002；焦克源，王瑞娟，2008）。他们认为生态移民最显著的效益是经济效益，表现在良好的移民投资效益、移民生产条件的根本改变、水利工程效益的倍增以及增强农业发展后劲等几个方面。而社会效益主要体现在生态移民在扶贫开发、民族繁荣、社会发展及人民思想观念转变等方面所产生的积极作用。生态移民不仅取得了扶贫和区域开发的双重成效，而且促进了少数民族的繁荣和发展，增强了社会的安定团结，并且使迁出地人民的思想观念发生了深刻变化，调整了社会内部结构，对减少地域之间的严重不平衡性、促进民族团结和社会进步起到了积极作用。在盛赞生态移民实施效果的同时，也有学者通过对生态移民的实地考察指出了其存在的问题，如张同基、桑敏兰针对早年吊庄移民的生存状况提出的移民返迁问题、迁入区生态环境失去保护、移民初期对迁出地生态环境的负面影响等问题（张同基，1998；桑敏兰，2005）。也有学者指出生态移民拟解决的迁出地生态问题仍存在，并对安置区产生了新的生态压力（李笑春等，2004；李宁，龚世俊，2003；尹秀娟等，2007；李锦，2008），以及迁入地容纳能力不足（尹秀娟等，2007），造成移民的后续生产和生活质量无法保证，同时也产生了"回迁"问题（陈国阶，2007；侯东民，2002）。生态移民是一个复杂的系统工程，其实施涉及迁入地、迁出地以及移民本身的方方面面，同时又是政府组织行为，因此对政府的管理能力以及制度和行政支持能力都是一个很大的考验。纵观我国生态移民过程中折射出来的方方面面的问题，我们认为迁入地的选择问题一直都是贯穿在生态移民过程始终并影响生态移民成败的一个关键要素。因此本文将主要探讨生态移民迁入地的选择问题，从目前生态移民不同迁入地类型及迁移效果作剖析，分析生态移民迁入地选择面临的困境并探讨可行的解决方案，以期对我国生态移民的实践有所启示。

二、目前生态移民迁入地选择中的问题与困境

20多年来，我国的生态移民安置方式也出现了多种类型。按照迁移距离有就近安置和跨县区安置两种模式，按照移民安置的集中程度有集中安置和插花安置两种形式，按照安置后产业的发展情况，有农业安置模式和城镇安置模式两种。另外，按照移民是自愿选择迁移还是被迫选择迁移可以分为自愿移民和非自愿移民两种模式（包智明，2006；张小明，赵常兴，2008）。

2005年我们曾在西部六省作了生态移民典型调查，我们选择的调查地点有陕北吴旗县、甘肃省民勤县、青海省格尔木市三江源移民村、新疆尉犁县、内蒙古鄂托克旗棋盘井镇，以及宁夏吊庄月牙湖移民点、红寺堡移民新区的生态移民。下面先就以上移民点的迁入地选择问题作一分析。

（一）跨县农业集体安置方式的宁夏月牙湖乡吊庄移民

吊庄移民是20世纪80年代我国生态移民和扶贫移民的最早形式和试验。该工程从1982年开始，首先在宁夏西海固地区和甘肃河西、定西试行，因而称之为"三西"农

业建设计划移民项目。从 1986 年开始，该项目在全国贫困地区大规模开展。

宁夏西海固地区是回族居住的宁南山区，自然条件非常恶劣，属于"十年九旱"之地。人均占有水资源量仅为全国平均值的 1/8。除干旱缺水外，其他如风沙、冰雹等自然灾害也频有发生。由于人地关系失衡，为了生存，当地农民多采用掠夺式开发方式，对草地、林地的破坏非常严重，而乱砍滥伐又导致水土流失严重，生态条件不断恶化，形成"越垦越穷、越穷越垦"的怪圈，成为全国自然条件最为恶劣、经济最为贫困的地区之一。在这样的背景下，实施生态移民成为缓解该地生态压力和摆脱贫困的一项必要举措。

由于宁夏农民具有传统的"吊庄"习惯，而初期的扶贫移民采用的也是两地兼顾的异地开发作为过渡形式，因此借用了吊庄的传统概念，这种扶贫模式被称为"吊庄移民"。宁夏的吊庄移民主要分为县内吊庄和县际吊庄两种方式。县际吊庄又可以分为两类。一类是集中安置的方式，即在川区划给山区迁出移民一块土地，集中安置移民；另一类是相对分散安置方式，即吊庄移民分散安置在人少地多的地带，被称为插户吊庄方式。县内吊庄移民主要是把县内山区贫困带的农民迁移到扬黄新灌区，兴修灌溉设施，开发水浇地，或者结合旱地开发水浇地。县内吊庄从 1980 年即开始，至 1999 年共建成 6 处县内吊庄移民基地，安置移民 7 万人，原地旱改水 8 万多人，因此县内吊庄共安置 15 万余人。县际迁移以集中安置为主。宁夏壮族自治区在黄灌区划拨大片荒地，由迁出县负责开发，从而形成了真正的县外吊庄。县际吊庄距离有的达 500 多公里，迁出费用明显高于县内吊庄。至 1999 年底，宁夏壮族自治区建成的县际吊庄移民共有 12 处，安置山区移民近 12 万。插户式吊庄共有 5 处，安置移民人数不到 2 万，相比于集体安置方式人数要少得多。

月牙湖乡距银川市 58 公里，面积 333 平方公里，辖 6 个行政村及林场和牧场，位于银川东北部黄河边上与内蒙古交界的地方，属于毛乌素沙漠、乌兰布和沙漠和腾格里沙漠的交界处。月牙湖吊庄于 1986 年开始兴建，1989 年正式移民搬迁（属于较早，但不是最早的移民吊庄）。最早移民共 6000 人，移民主要来自固原县不同的乡、村，迁移距离 300 多公里，属于县际远距离迁移。计划迁移 20000 人，但实际搬迁只有 6000 多人。2005 年总人口数为 6036 人。月牙湖乡同其他多数县际吊庄的形式一样，是到黄河灌区以开垦荒地的方式安置移民。在开发时间和规模上都具有一定的代表意义。

在与当地干部群众的座谈和深入访谈中，我们深切感受到月牙湖乡在迁入地选择问题上存在下面一些问题：

第一，迁入地选择没有科学的规划和论证。

在与当地干部的座谈中，他们不无遗憾地谈到，在勘查移民点的时候，由于交通不便，有的地方没有走到，就选了月牙湖这个地方。后来他们才发现，就在离月牙湖不远的地方，还有一个自然条件更好的地方，如果当初看到那个地方的话，肯定就选了那里做移民点了。如此随机和草率的选点方式让人扼腕。

第二，迁入地的环境脆弱性问题。

迁入地虽然有黄河水可以灌溉，但迁入地位于生态极度脆弱的沙漠地区。虽然从短期看，移民们经过 10 多年的努力，他们的确是在荒漠上创造了奇迹，把沙漠变成了绿洲，暂时解决了温饱问题，但在我们调查时，一系列的生态环境问题在月牙湖吊庄已经显现，黄河漫灌带来的土地盐碱化问题，已经使许多农民的生计受到了影响。同时由于人口自然增长过快，迁入地已经出现了人口超载的局面，人均耕地也已经由刚来时的 2 亩减少到 1.3 亩。原计划 20000 人的移民规模不得不缩小，月牙湖吊庄已经无力接受新的移民。

第三，迁入地的可持续发展问题。

从我们调查的结果来看，虽然大多数移民对迁移感到满意，但他们满意的理由仅仅是由于现在有了水浇地，吃饭可以不成问题了，也就是仅仅解决了温饱问题。但从长远发展来看，由于多数垦荒吊庄移民里城镇和其他居民区基本都处于隔离状态，经济发展模式又仅仅以农业为主，因而从长远来看，不具有发展的区位优势和自然优势，因此经济的进一步发展将会受到很大制约。

（二）就近安置的甘肃省民勤县和陕西省吴旗县移民

与宁夏吊庄移民主要采取集体迁往黄灌区的安置方式不同，其他省份的生态移民多数采取就近迁移的原则，这就使得他们其实还是被安排在贫困县的生态脆弱区内，很难找到真正适宜耕种的土地。因此，虽然表面上看起来缓解了迁出地的生态压力，但却把这种压力转嫁到了迁入地，并未从根本上解决生态移民的生存和发展问题。

我们在吴旗县调查时发现，生态移民只是从山上搬到山下的就近搬迁。吴旗县山区退耕后农民耕地减少近 90％，目前每个农民只有 2 亩薄地，据报道目前正常年景亩产仅为 150 公斤，而这些地区十年九旱，尽管目前国家与地方政府在扶贫、生态建设、生态移民，以及水利建设、水土流失治理等方面，不同来源的资金都在大量投入其贫困乡、村，但一旦撤去目前国家退耕补助款，很多农民的基本生活都没有任何保障。国家与地方政府在扶贫、生态建设、生态移民，以及水利建设、水土流失治理等方面的这些投入和努力实际处于一种综合困境，即扶植当地生产自救的潜力已经殆尽（侯东民等，2005）。

甘肃民勤县的生态移民的确搬离了缺水最严重的地区，但民勤县本身就是水资源极度匮乏的地区，因此，移民的县内搬迁，只是县域内生态压力的一种重新布局。迁往有水区的生态移民，同样会消耗县域内的总体水资源量，只能依靠抽取地下水的方式维持水资源供给，从而使地下水位不断下降，导致沙漠化，对绿洲造成的威胁并没有得到缓解。

（三）城镇安置方式的内蒙古鄂托克旗棋盘井镇移民

棋盘井镇的城镇安置模式是我们调查的几个移民点中比较成功的案例。棋盘井镇出产煤炭，是西部近年出现的典型的资源开发型新兴城镇之一，煤炭、电力业迅速发展。到 2005 年，棋盘井镇不仅吸收了 1 万多农牧区剩余劳动力到棋盘井地区就业，还吸纳了旗外 2 万多农牧区剩余劳动力，使流动人口达到 39904 人，占该镇总人口的 68.2％。这为鄂托克旗和周边地区转移剩余劳动力以及实行城镇安置形式的生态移民搬迁工作提供了良好的条件。移民后，移民基本已完全转向二、三产业，迅速实现增收。这与许多学者的研究结果是吻合的，依托城镇靠二、三产业发展的安置方式，是生态移民迁出地和安置类型的较好选择。

（四）整体搬迁的三江源生态移民

三江源生态移民工程是 21 世纪初最大的生态保护和建设工程，此工程启动于 2004 年，已先后建设了 86 个移民社区，安置生态移民 10579 户、49631 人。三江源生态移民采取整体搬迁的模式，主要安排在格尔木市附近以及玉树、果洛藏族自治州的交通较便利、经济较发达地区。三江源生态移民虽然类似于城镇安置模式，但由于移民全部为世世代代从事游牧生活的藏民，因此对融入城市生活和改变生产生活方式有很大困难。由于语言、生活方式、习俗的不同，移民的生产生活也出现了很多的困难，很多移民成了无业游民，只能依靠国家的补助生活。格尔木市生态移民村的地点虽然是格尔木近郊，但这里气候干燥，地理条件差，尤其是南郊土壤类型为盐碱土，无原生植被，盐壳使得树木成活率极低，造林树种单一；同时这里又是格尔木市水源地，不宜进行大规模造林，导致移民新村四周均为沙滩，无任何植被，给移民安置后的生产生活带来许多麻烦，也对世世代代生活在草原上的移民来说造成了心理和环境的不适。他们感觉自己成了既不是牧民，也不是农民和城镇居民的边缘人。

位于塔里木河流域的新疆尉犁县喀尔曲尕乡的生态移民点也建立在盐碱地上。2005 年我们在喀尔曲尕乡调查时，看到了当地群众对生态移民的两种截然不同的反应，年老的村民坚决反对迁移，他们希望居住在他们世世辈辈居住的土地上，而年轻人则很向往迁移，他们希望搬迁到经济更发达、交通更便利的地区。同三江源地区一样，这里的移民全部是维吾尔族。当地政府对迁移没有采取强迫命令的做法，而是让村民们自己选择。喀尔曲尕乡地处塔里木河的腹地，那里水青草绿，民风淳朴，古老的村镇充满了魅力。而第二天当我们站在建立在盐碱滩上的孤零零的已经初具规模的移民村时，心中竟有种想要流泪的感觉。时隔 4 年，不知那里是否已经成了一个新的村落？不知喀尔曲尕乡的老人们是否还在守护他们的家园？

西部生态移民多数是少数民族，因此在考虑保护生态环境的同时，还要考虑民族文化的保护问题。生态破坏了还不是无药可救，而一种文化、一种生活方式的消失可能是永远无法挽回的。

三、生态移民迁入地选择的限制性因素分析

综上所述，西部地区生态移民的迁入地选择除少数城镇安置较为成功外，其他的安置方式都只是暂时解决了迁出地的生态危机和移民的温饱问题，并没有从根本上解决移民的可持续发展问题和迁入地的生态不被破坏的问题。从长远看，这些迁移出来的生态移民很可能成为再次需要生态移民和扶贫开发的对象。这不能不引起我们的警醒和反思。生态移民迁入地选择的困境和限制性因素主要有以下几个方面。

（一）生态移民的迁出地选择目前缺乏科学的运作机制和标准

第一，从生态移民的定义来看，国内目前尚没有一个统一的认识。虽然多数学者认为生态移民是环境移民，是为了保护迁出地的生态环境，调整人口与资源环境关系而进行的移民（桑敏兰，2005；皮海峰，2004；刘学敏，2002），也有学者把生态移民称为生态难民或生存难民（于存海，2004），认为生态移民的目的是"为保护生态环境，将生态脆弱地区的生态超载人口移到生态人口承载能力相对高的区域或城镇、郊区从事农牧业和畜产品工业，且应不破坏迁入地的生态环境"（方兵，2001）。但对于什么地区的生态环境是不适合人类居住的，而哪些地区的生态人口承载能力又是高的，高到多少是可以接受迁来的生态移民等问题并没有给出具体的说明，这样在实际操作过程中容易给人模糊的感觉。

第二，迁入地和迁出地的生态环境保护和经济发展目标的关系如何处理？诚然，如以上有些学者的定义指出的，生态移民既要保护迁出地的生态环境，又不能"破坏迁入地的生态环境"，还要保证移出来的移民收入增加，不影响迁入地经济的发展，这样迁入地和迁出地皆大欢喜，生态效益和经济效益双赢的目标当然是最理想的，但在人口普遍已经超载，城乡人口压力同样巨大的中国，这样的目标能否实现就很值得考虑和探究。更多的时候可能还是一种相对的抉择，或者说是一种为了总体的发展而必须牺牲局部利益抑或说为了长远利益而必须为眼前利益付出代价的一种两难的抉择。迁入地和迁出地的利益也许并不一致，甚至有可能是矛盾的，因此才需要有政府的协调和组织。认识到这一点，才能够更慎重地对迁入地和迁出地的未来作出更好的筹谋。

第三，同地区之间的利益有可能发生冲突一样，保护环境和经济发展的目标也是多元的、复杂的。从长远来看，生态环境保护和经济发展的目标是一致的，但在短时期内，或某一个特定时期内，其目标也可能是冲突的，那么在处理两者之间的关系时，如何把握环境保护与经济发展两者之间的尺度，如何处理好长远利益与眼前利益之间的关系，也是非常复杂的问题。在目前的中国，恐怕也没有一个完美解决答案的问题，而只是一个现实如何选择的问题。这跟第一个问题也是相关的，即什么样的地区是不适合人类生存的，如何界定人口承载力的大小，以及生态移民移往何处去的问题。

（二）西部整体生态环境状况对迁入地选择的制约

无论是就近迁移还是宁夏的县际黄灌区整体迁移，生态移民迁入地选择所面临的事实是我国绝大部分土地都已人满为患，处于超载状态，尤其西部地区多数处于生态脆弱地带，因此想要实现既缓解迁出地生态危机又不对迁入地的生态环境形成新的压力的双赢设想难乎其难。国家2008年完成的四大人口功能区的划分，西部省区主要为限制区（主要是江河、风沙源头等不适宜人类居住地区以及国家限制开发的区域）和疏散区（主要包括西北干旱区、藏东南横断山区、云贵高原、黄土高原等临界适宜区）。因此，县内或者县际的农业安置方式，很多情况下只是生态压力的转嫁而已，并不能从根本上缓解西部生态环境的整体脆弱性。因此，生态移民迁入地的选择应该打破省际界限，鼓励西部生态脆弱区人口向东部聚集区迁移。

（三）西部人口状况的制约

西部地区的人口自然增长率高于东中部地区，人口文化教育水平又较东中部地区为低，而西部少数民族地区的出生率和文盲率又高于其他西部地区。过快的人口自然增长率不仅会加重迁入地的生态压力，而且也会重新吞噬掉迁出地生态环境改善的成果。因此，控制人口自然增长率和鼓励人口外迁应该成为双管齐下的开源节流的措施。同时，实行教育扶贫，提高人口的文化素质，应该是解决人口问题和生态问题的根本出路。

（四）改进生态移民迁入地选择的建议

第一，借鉴其他工程移民的经验，制定科学的迁出地选择机制和标准。

生态移民从性质上说属于工程移民的一种形式。工程移民无论在国内还是在国外都有成熟的经验，世界银行也有成熟的经验，因此可以拿来借鉴，从而制定一套可操作的规范的迁入地选择方法和规程。在找不到合适的迁入地的情况下，宁可暂缓实行，也不要仓促搬迁。

第二，打破地区界限，把生态移民迁入到东部承载能力相对较大的地区。

从生态移民的实践来看，迁入到城镇发展最为理想，但西部的城镇化水平较低，容纳力有限，因此应该结合全国的城镇化进程，把生态移民的输出与东部地区的发展结合起来，这样既可以为东部地区提供需要的劳动力，又可以真正缓解西部的生态压力。

第三，在迁入地选择的决策过程中让移民参与进来，改变由政府一手包揽的做法。

是否移民、如何移民、移到哪里，都是事关移民自身利益和权益的大事，因此应该在移民之始就让移民参与进来共同决定他们自己的命运。在可能的情况下，尽量减少非自愿移民的数量，采取政府引导的方式，让生态移民在最大程度上变成移民的自愿选择。尤其在少数民族移民问题上，要注意少数民族风俗文化的保护。

参考文献

[1] 包智明. 关于生态移民的定义、分类及若干问题 [J]. 中央民族大学学报（哲学社会科学版），2006（1）.

[2] 陈国阶. 我国生态移民的战略思考与建议 [J]. 决策咨询通讯，2007（5）.

[3] 陈忠祥，秦和国. 宁夏吊庄移民的效益分析 [J]. 宁夏大学学报（自然科学版），1999（1）：92-96.

[4] 方兵. 加大生态移民力度——切实保护西部生态环境 [J]. 广西经济管理干部学院学报，2001（4）：24-27.

[5] 李宁. 宁夏吊庄移民 [M]. 北京：民族出版社，2003.

[6] 刘学敏，陈静. 生态移民城镇化与产业发展 [J]. 中国特色社会主义研究，2002（2）：62-63.

[7] 侯东民. 草原人口生态压力持续增长态势与解决方法——经济诱导式生态移民工程的可行性分析 [J]. 中国人口科学，2002（4）.

[8] 侯东民，等. 西部六省生态移民调查报告. 中国人民大学"211"课题.

[9] 焦克源，王瑞娟. 少数民族地区生态移民效应分析——基于内蒙古李井滩的田野调查 [J]. 内蒙古社会科学（汉文版），2008（5）.

[10] 皮海峰. 小康社会与生态移民 [J]. 农村经济，2004（6）：58－60.

[11] 宁夏壮族自治区发改委. 生态移民理论与实践研究 [J]. 西北人口与发展论坛——宁夏课题集，2005.

[12] 桑敏兰. 宁夏生态移民与城镇化发展研究 [J]. 西北人口与发展论坛——宁夏课题集，2005.

[13] 王培先. 生态移民：小城镇建设与西部发展 [J]. 国土经济，2000（6）：25－26.

[14] 尹秀娟，罗亚萍. "三江源"生态移民与迁入地城镇化建设 [J]. 青海师范大学学报（哲学社会科学版），2007（2）.

[15] 于存海. 论西部生态贫困、生态移民与社区整合 [J]. 内蒙古社会科学，2004（1）：128－133.

[16] 张同基，范建荣，陶红. 前车之鉴：大战场移民开发的启示——对固原县大战场移民吊庄乡移民及环境与发展问题的考察报告 [J]. 宁夏社会科学，1998（1）：26－32.

[17] 张小明，赵常兴. 诱导式生态移民的决策过程和决策因素分析 [J]. 环境科学与管理，2008（5）.

[18] 邹淑燕，马正亮. 宁夏吊庄移民区建设若干问题探讨 [J]. 青海草业，2000（4），28－31.

西部地区资源枯竭型城市转型的困境与反思

——以甘肃省白银市为例

林柯 李晗

(兰州大学经济学院 兰州 730000)

摘 要：自20世纪80年代以来，由于西部地区众多资源型城市的矿产资源面临枯竭，其经济社会发展受到严重的影响，各资源枯竭型城市开始纷纷谋求城市转型。然而，无论是从理论的研究还是从各资源枯竭型城市转型的实践来看，仍然存在众多难以解决的问题。本文通过分析白银市转型的具体过程和做法，从其转型过程中所面临的地方政府与非地属国有大中型企业的关系、转型所需要的财力不足、失业与再就业、产业转型与技术进步、人才短缺与流失等五个方面的困境进行了深入的分析和反思，以期对其他资源枯竭型城市的转型提供一定的借鉴。

关键词：西部地区 资源枯竭型城市 转型困境 白银市

一、问题的由来

新中国成立以来，中国西部地区经济与社会获得了快速的发展。而这种快速的发展是建立在矿产资源大规模开发基础之上的，并由此形成了众多资源型城市。所谓资源型城市，是指因自然资源开发而兴起，并以资源开采为主导产业的城市。目前，中国西部地区资源型城市数量占全国的20.34%，资源保有储量占全国的50%以上。[①] 长期以来，资源型城市"在西部地区经济发展中不仅扮演着增长极的角色，而且对西部地区经济和社会发展起着举足轻重的作用"（张米尔，2001）。然而，经过30多年的大规模开发，西部地区的大多数矿产资源开始逐步趋于枯竭，各资源型城市的经济社会发展受到严重的制约。为此，自20世纪80年代以来，西部地区各资源枯竭型城市纷纷开始谋求转型。然而，20多年来，不仅各资源枯竭型城市的转型步履艰辛，收效甚微；而且更多的资源型城市开始步入资源枯竭阶段。西部地区资源枯竭型城市转型不仅迫在眉睫，

---

① 数据来源：根据我国资源型城市的界定与分类，国家计委宏观经济研究院课题组发表在《宏观经济研究》，2002年第11期上的数据计算所得。

而且通过转型实现可持续发展已成为西部地区乃至整个中国经济能否持续、健康、快速发展的重大问题。

资源枯竭型城市的现状及转型引起了国家的高度重视。2007 年 12 月，国务院出台了《国务院关于促进资源型城市可持续发展的若干意见》，2008 年 3 月，国家发改委把石嘴山、白银、个旧等 3 个西部资源型城市确定为首批资源枯竭城市。截止到 2009 年 3 月，国家已确定了 44 个资源枯竭型城市，并从财政转移支付、税收优惠及产业发展等方面对其转型给予了大力支持。与此同时，众多专家学者也就此问题进行了广泛的研究。对资源枯竭型城市所存在的问题，王六芳、奕华贺（2000）、由翌（2006）等学者认为，中国资源枯竭型城市的普遍问题是：资源枯竭，城市经济增长缓慢，产业结构单一、空间结构不合理，失业人员比重过大、就业压力大，生态环境破坏严重以及转型困难等。除上述问题外，张米尔、武春友（2001）、于立、孟韬、姜春海（2003）、刘庆华（2008）等人发现资源枯竭型城市还存在管理体制缺陷、科技创新困难、产权障碍、财力障碍、国有企业退出障碍、循环经济发展滞后、城市吸引力下降以及越演越烈的贫困等方面的问题。但大多数学者认为，资源枯竭型城市经济社会的发展出现衰退的根本原因并不在于资源枯竭，而是体制约束以及不完善的必然结果（孙淼、丁四保，2005）。

对于西部地区资源枯竭型城市所存在的问题，张米尔（2001）、高峰（2004）等人认为，西部地区资源枯竭型城市除资源型城市的共性问题外，还面临着交通条件差、水资源短缺、生态环境严酷、文化观念落后以及科技含量低和人才短缺等特殊制约因素，即区位偏离、体制障碍、资金匮乏、人才短缺、企业结构单一等问题。

针对上述问题，专家学者们提出了相应的政策建议与措施。绝大多数学者认为，首先国家应给予资源枯竭型城市一定力度的财政支持政策，优惠的产业扶持政策以及税收、土地、社会保障与再就业等方面的支持；其次，在转型实施过程中，还应发挥政府的主导作用。在转型的思路与方式上，刘家升（2005）、孙淼、丁四保（2005）等人提出，应从体制改革角度入手，通过建立有效的资源补偿机制、培育非公经济等方式逐步化解矛盾与障碍；王六芳、奕华贺（2000）提出，应引入全新替代产业，培育新的经济增长点，加大科技开发力度，以人力优势推进资源城市产业转型；张米尔、武春友（2001）提出，通过实施制度创新，挖掘制度变迁的利益以及改善投资环境，发挥区域比较优势等措施推进转型；安树伟、张杏梅（2005）亦认为产业转型需要科技支撑；在转型的模式方面，张东东（2006）认为，资源枯竭型城市产业转型的模式有产业替代模式、产业延伸模式和多角化模式。对于上述的政策性建议与措施，也有部分专家持有不同的观点。吴春莺（2006）认为，"目前理论界对资源型城市经济转型这一问题的研究有一般化和庸俗化以及'泛化'的倾向。对资源型城市经济转型相关领域需要进行再认识"；高新才（2006）等学者从白银市的实际出发，对其技术进步对资源枯竭城市就业的影响作了翔实的分析研究，认为技术进步给其就业带来的负效应更明显。吴奇修、陈晓红（2005）认为，国外资源型城市规模小、人口少，与我国西部地区资源型城市人口稠密、相关社会问题错综复杂形成对比，使国外资源型城市成功转型的经验对我国西部地区城市转型的借鉴意义十分有限。

就上述研究而言，众多专家学者就资源枯竭型城市存在的问题及其原因以及转型的对策等方面进行了一般性的广泛研究与探讨，但对于转型过程中存在的各种实际问题的研究尚不够深入，其结论与对策对资源枯竭型城市的实践借鉴意义有限。有鉴于此，本文拟以白银市为例，对资源枯竭型城市转型的困境进行深入的、理性的分析与反思。

二、白银市经济转型的背景与实践历程

（一）白银市经济社会发展的基本状况

白银市位于黄河上游的甘肃省中部干旱地区，区域总面积 1372 平方公里。白银市是我国重要的有色金属基地之一和甘肃省重要的能源化工基地，素以"铜城"闻名遐迩，是典型的依托矿产资源开发而兴起的资源型城市。经过 50 多年的开发与建设，白银市逐步形成了以铜、铅、锌等有色金属资源的采、选、冶、加工为主体，包括能源、化工、稀土、建材等产业在内的工业体系和集生产、科研、贸易一体化的发展格局。到 20 世纪 80 年代，已拥有白银有色金属（集团）有限责任公司（下简称白银公司）、银光化学工业公司、甘肃稀土公司等在内的 20 多家国有大中型骨干企业。50 年来，仅白银公司就累计为国家生产有色金属 500 多万吨，上缴国家利税 150 亿元，曾创造了连续 18 年有色金属铜产量居全国第一位的成绩，为我国的工业化建设作出了重要的贡献。截止到 2006 年年底，白银公司铜、铝、铅、锌等有色金属的年生产能力仍达 30 多万吨，占全省的一半左右。银光化学工业公司是我国目前最大的 TDI 生产厂家，年生产能力达 2 万吨。甘肃稀土公司年产氯化稀土近 3 万吨，居亚洲之首。2007 年，白银市国内生产总值（GDP）为 207.52 亿元，其中，第一产业产值 26.7 亿元，第二产业产值 115.32 亿元，第三产业产值 65.5 亿元，三次产业比重为 12.87：55.57：31.56；城镇居民可支配收入 10860 元，农民纯收入 2323 元。[①] 全市经济社会发展水平较 2002 年以来有所提高。

（二）白银市经济社会转型的背景

20 世纪 80 年代初，由于国家开始实施区域非均衡发展战略和市场化改革，白银市计划经济体制和国有经济的弊病逐渐显露出来，特别是 20 世纪 90 年代以来，受资源枯竭和体制转轨的双重制约，白银市由于新旧体制交替而形成的体制性、结构性、社会性矛盾日益突出。1999 年，白银有色金属公司资产负债率 114%，累计亏损 47 亿元。有色工业增加值占全部工业增加值比重从 1985 年的 59% 下降到 2004 年的 32%。全市工业增长率由 1996 年的 11.24% 下降到 1999 年建市以来的最低点 5.4%。经济总量增长由 1996 年的 11.57% 持续下降到 1999 年的 8.6%。1996 年到 1999 年，有色行业职工人数减少 1.32 万人，为企业从事配套生产和服务的家属职工也失去基本生活来源，全市有 4 万多国有职工下岗失业，全部职工人数由 1996 年的 20 万人减少到 2000 年的 16 万

---

① 数据来源：《白银市国民经济和社会发展统计公报》（2008 年）。

人左右。一些特殊企业连续多年欠发职工工资，有的企业欠发工资长达 108 个月之久。引起的社会和经济问题十分严重，加速经济转型迫在眉睫。

（三）白银市转型的实践历程

面对严峻的形势，自 20 世纪 90 年代后期开始，白银市委市政府就千方百计地探索和谋求可行的转型之路。经过近十年的探索，到 2001 年，白银市初步确定了以建设西陇海兰经济带兰州—白银核心经济区为目标，以中科院白银高技术产业园和西区开发区为载体，实施国家投资、地方筹资、招商引资、银行融资、启动民资并举的战略，以及依靠科技进步，采取"一手抓传统产业改革改制，一手抓接续产业培育发展"的措施，改革提升传统产业，全方位发展接续替代产业和现代加工制造业，并通过开放开发和项目带动推进资源枯竭型城市经济转型，实现可持续发展的思路。经过几年的努力，白银市在原有的以原材料开采以及初加工为主导产业的工业生产体系基础上，逐步形成了传统产业、新兴产业和高新技术产业竞相发展的多元化产业新格局。2004 年以来，白银市初步形成了如下八大特色产业：一是有色金属精深加工支柱产业，二是稀土新材料支柱产业，三是精细化工一体化支柱产业群，四是资源回收和再生利用产业，五是新能源和洁净能源产业，六是非金属矿产资源制品产业，七是农畜产品深加工产业，八是旅游文化产业。截至 2007 年年底，白银市第二产业得到了一定程度的恢复，转型初见成效（如表 1 所示）。

表1　2003—2008 年白银市产业发展概况一览表

		2003 年	2004 年	2005 年	2006 年	2007 年	2008 年
国民生产总值（亿元）		105.91	128.91	146.54	175.71	207.52	244.28
第一产业产值（亿元）		14.98	18.86	21.03	21.92	26.7	30.3
第二产业产值（亿元）		53.78	65.14	74.03	95.32	115.32	137.76
第三产业产值（亿元）		37.15	44.91	51.48	58.47	65.5	76.22
三次产业比例（%）	一产	14.14	14.63	14.35	12.48	12.87	12.4
	二产	50.78	50.53	50.52	54.25	55.57	56.4
	三产	35.08	38.84	35.13	33.27	31.56	31.2

资料来源：《白银市国民经济和社会发展统计公报》（2008）、《白银市统计年鉴》（2003—2008）。

随着经济的逐步恢复和发展，白银市社会也得到了有效的发展。2003—2007 年，全市城镇及农村居民人均消费支出分别从 4992 元和 1334 元增加至 8463 元和 2361 元，年均增长率分别为 12.8% 和 11.46%。城镇居民的基本养老、低保、医疗和失业、工伤、生育保险覆盖面不断扩大，农村也初步建立了失地农民和移民安置保障机制、农村养老保险及合作医疗保障制度。白银市的上述转型实践被誉为"白银模式"。

（四）白银市转型的经验总结

从白银市转型的实践来看，其转型的经验主要有以下几个方面：

（1）转型以"政府"为主导。自 20 世纪 90 年代以来，白银市委市政府就开始采取多种措施探索转型之路。2001 年，在白银市委市政府主导下，成立了转型工作领导小组，初步确定了城市发展思路与经济转型的定位和方向，并据此制定了城市转型总体方案、产业调整与发展规划、城市建设与发展规划以及相应的政策措施。在此基础上，市委市政府主要领导分工负责，除积极申请资金支持外，还组织和实施各项转型工作。可以说，政府的主导作用是白银市转型获得初步成效的关键。

（2）依靠科技创新，改造传统产业，培育和发展接续产业。从 2001 年到 2005 年，在产业转型和培育与发展接续替代产业方面，白银市一方面通过加大对传统产业的技术改造，将资源的初级加工向精深加工延伸；另一方面大力发展高新技术产业和新兴产业。其做法具体体现在如下四个方面：

一是提升传统主导产业。全市共实施重点技改项目 57 项，投入技改资金 35.6 亿元，市及市以下企业投入技改资金 13.6 亿元，使传统主导产业技术水平得到了有效的提升。

二是发展加工制造业。在原有产业和资源条件下，大力发展高精度有色金属加工材、干法氟化铝、会宁马铃薯精淀粉加工等一大批加工业项目。此外，还引进了卡森皮革、西藏碳酸锂及南京雨润等一批原材料和市场"两头在外"的企业，使产业结构不断丰富，层次不断提高。

三是通过广泛开展院地、院企科技合作，积极培育和发展高新技术产业。4 年来，先后与国内 173 家科研院所、大专院校及大型企业集团建立了科技合作关系，实施了包括中科院高科技产业园在内的合作项目 133 个，使其高科技产业发展初见成效。

四是依托特色资源发展新兴优势产业。除改造传统产业和发展高新技术产业外，白银市还积极利用相对丰富的水资源和煤炭资源，进一步扩大和加强能源产业；发挥白银市电池原材料高度集中的优势，发展碳酸锂、储氢合金粉、电池及氧化钴等新材料项目；利用特色农业资源和旅游资源，大力发展农畜产品加工业和旅游业。

上述措施不仅使白银市的产业结构得到了一定的改善，而且对原有矿产资源的依赖程度有所下降。

（3）借助外力，多元投资。为了有效地推进城市转型，白银市在不断强化基础设施建设、加大污染治理和环境改造工作、努力营造良好的投资环境的基础上，不仅通过积极参加各类经贸洽谈会大力招商引资，而且积极引导国有资本、信贷资本和民间资本共同投资项目建设，借助外力寻求转型与发展。2001 年到 2005 年，共签约招商引资项目 470 项，投资 200.13 亿元，争取国家财政转移支付 7900 万元/年，国债资金 13.08 亿元。在已完成的项目建设投资中，国家投资占 21.56%，信贷投资占 21.74%，企业及民间投资占 56.7%，逐渐形成了多元化投资的格局。

（4）完善基础设施建设，改善环境，重视社会保障。在转型的过程中，白银市还积极重视基础设施建设、环境改善与社会保障。2001 年以来，白银市共投资 50 多亿元建设基础设施，新增公路里程 350 多公里，建、改造城区道路 40 多条；同时，还展开了10 万吨城市供水工程、75 万平方米能力的城市集中供热工程、4 万吨污水处理工程等项目的建设；另外还兴建了一批体育、文化、卫生、教育和市场等公用事业建设项目，城市服务功能和环境得到了明显的改善。与此同时，白银市在转型中还注重解决就业、人居环境等民生问题。仅 2005 年，全市输出各类劳务人员 19.49 万人次，净增就业岗位 8046 个，下岗再就业 2797 人，安置"4050"人员再就业 874 人，为 16201 名企业离退休人员发放基本养老金 6383 万元，离退休人员基本养老金社会化发放率保持在 100％。

三、白银市经济社会转型所面临的问题

从白银市转型的实践来看，可以说取得了一定的成效，但深层次而言，仍然存在很多困难和难以在短期内解决的矛盾。白银市转型中所面临的问题主要体现在如下几个方面：

（1）地方政府与非地属国有大中型企业的关系协调困难。白银公司作为大型国有企业，长期以来一直隶属国家和省级政府管辖，企业的内部经营管理地方政府无权过问；同时，企业所创造的巨大效益地方政府和企业都无法享受，导致长期以来地方政府的财政收入和企业自我发展缺乏足够的资金。而且，随着白银市及周边有色资源逐渐枯竭，白银公司自身也面临严重的生存问题，不仅不能对地方经济建设作出贡献，而且其失业人员与企业办社会的诸多问题需要地方政府加以解决。但由于体制和管辖权限等诸多问题，企业与地方政府常常很难很好地协调。

（2）转型所需要的财力不足。根据国内外资源型城市转型经验可知，转型所依赖的基础设施建设、产业转型资金、环境治理资金、科技创新、下岗人员再就业培训、失业人员社会保障等问题的解决都需要大量的资金投入，但一是长期以来城市基础设施建设、社会保障及产业结构的优化与调整欠账太多，难以短期改变。二是白银市财政收入来源有限，转型中的巨额资金缺口成了制约白银市顺利转型的"瓶颈"。从表 2 可以看出，白银市财政收入和支出比例失调，仅有的财政收入也只能是"吃饭财政"。三是依靠国家的财政政策支持所获得的资金也是有限的，即使国家与地方有足够的资金，也无法转化为产业乃至企业直接的投入。四是在市场机制下，产业转型很难从信贷方面获得足够的资金，企业乃至整个产业发展所需的资金仍存在大量缺口。

表 2　2003—2008 年白银市一般预算财政收入与支出状况一览表（亿元）

	2003 年	2004 年	2005 年	2006 年	2007 年	2008 年
财政一般预算收入	3.66	4.25	4.71	5.59	7.04	8.51
财政一般预算支出	12.69	13.85	17.67	22.86	31.92	42.83

资料来源：《白银市统计年鉴》、《白银市国民经济和社会发展统计公报》（2003—2008）。

（3）失业与再就业难现象并存。资源枯竭型城市和其他城市相比，一方面，产业结构单一，经济增长点少，就业弹性小，吸纳劳动力能力弱；另一方面，既要承担深化改革、下岗分流而出现的大量富余劳动力，又要面对资源枯竭而出现的大量结构性失业。

虽然近年来白银市积极发展新兴产业和中小企业，但一是政府不能直接干涉企业内部经营管理；二是新兴产业的发展需要一个较长时期的过程，大量的富余劳动力就业问题短期内仍然很难解决。

（4）产业转型与技术进步两者的平衡点很难找到。近年来在转型的过程中，白银市虽然积极培育与形成了有色金属精深加工、稀土新材料、精细化工一体化、资源回收和再生利用、新能源和洁净能源、非金属矿产资源制品、农畜产品深加工及旅游文化等八大特色产业，但在上述八大产业中，除非金属矿产资源制品、农畜产品深加工及旅游文化三个产业外，其余五大产业均为高新技术产业。从世界各国实践发展过程来看，高新技术产业的培育与持续发展首先要依托连续不断的、较强的技术研发能力与水平；其次要依托高新技术的生产设施与设备；再次要依托成熟、完善的相关服务体系的支持。然而，就目前白银市的状况而言，一是技术人员不足；二是培养人才的高等教育与职业教育滞后；三是各类技术研究与推广机构较少。上述特色产业是高技术产业，未来的发展仍然存在很多困难。

（5）人才流失与短缺现象严重。以白银公司为例，50年来白银公司为国家经济建设输送了大批人才。公司先后为金川公司、江西铜业公司，甘肃省、白银市等有色金属工业和其他行业输送干部和工人17900多名，其中技术骨干1000多名。除此之外，非正常流动所流失的人才更加严重。同时，公司转型所需的现代经营管理型人才、市场开发人才、外资外贸人才、金融保险人才等所占比例过低。这对城市今后发展方向和方式的转变以及多种经营活动的展开均会产生一定的制约作用。如何留住现有人才，培训新型经营管理型优秀人才也是白银市面临的一个难题。

（6）其他方面的问题。一是资源枯竭严重阻碍企业发展。随着白银公司露天矿相继闭坑和与铜资源相关的7个二级单位进入破产程序，铜资源的自给率由100%下降到不足20%。远在市外的厂坝铅锌矿也因民间滥开滥采而转入井下，自给率只有40%。靖远煤业公司部分矿区资源也开始枯竭，宝积山和红会三矿已关闭申请破产。甘肃稀土公司原料受制于人，无法与同行企业在一个水平线上竞争。

二是巨额债务制约企业对生产的投入。资源的匮乏使白银公司达不到盈利的生产量，积年亏损47亿元，债转股前资产负债率114%。巨额债务又加大了企业的运营成本，形成恶性循环。甘肃稀土公司、靖远煤业公司和银光公司资产负债也都普遍较高。目前，全市国有及限额以上工业企业资产总额为239.8亿元，负债总额达195.8亿元。

三是社会包袱困扰着企业的正常经营。白银公司现有中小学和医院、公安、消防、环卫、报社、电视台及生活服务单位15个，非经营性资产5.4亿元，从业职工4260人，公司每年补贴1.3亿元。靖远煤业公司企业办社会每年支付费用也要8000多万元。白银市境内20多家大中型企业中，仅55所学校和13家医院的职工和离退休人员就有8672人。企业在职工工资和相关保障费用支付与生产及技术更新投入之间难以选择。

四、西部地区资源枯竭型城市转型困境的反思

白银市转型中出现的上述问题，既是白银转型和未来发展中面临的困境，也是西部资源枯竭型城市普遍存在的难以摆脱的困境。对此，我们需要进行客观和理性的思考。

第一，转型中面临的资金与产业调整的困境。在长期的计划经济体制下，国家没有考虑建立资源开发的补偿机制，而且市场化改革 30 年来，也未能建立资源开发的补偿机制，不仅导致资源型城市无法形成有效的积累，产业结构单一与滞后，而且导致经济与社会发展欠账过多，资源型城市的可持续发展缺乏后劲。国内外转型经验均表明：每一个资源枯竭型城市的转型均需要巨额的资金投入。这种巨额的资金投入不仅体现在产业转型与发展中，而且也体现在巨额的社会保障与城市基础设施建设等方面。德国鲁尔区在转型过程中，1966—1976 年十年间，为了实现煤矿产业集中改造，仅区内各市政府就拨款 150 亿马克（折合人民币 175 亿元）。但面对众多的资源枯竭型城市，一方面，目前国家没有足够的财力进行大规模的、足够的补偿；另一方面，即使给予足够的补偿，短期内也难以使资源枯竭型城市所面临的问题得到迅速解决，特别是居民收入、社会保障与产业调整之间的矛盾难以迅速解决。

第二，地理区位与交通基础设施建设的困境。国内的资源型城市绝大多数均地处偏僻，既非地理中心又非经济中心，与周边城市与地区距离较远。从转型较为成功的资源型城市来看，完善便利的交通运输网络是转型成功的必要条件。然而，目前大多数资源枯竭型城市的基础设施建设严重滞后，无法与周边地区与城市形成紧密的经济联系，其转型发展"独木难支"。

第三，产业调整与资源依托的困境。由于资源型城市是依托某种特定的资源而兴起的，当特定资源面临枯竭需要产业转型时，需要具备足够的相关资源支撑，但从目前国内资源枯竭型城市的实际来看，难以寻找转型发展所能依托的自然资源和产业。而非自然资源如技术、市场等方面的资源和产业，其培育和形成不仅需要具备一定的条件，而且需要经过长期的努力才有可能达到。

第四，技术与人才短缺的困境。包括白银市在内的大多数国内资源枯竭型城市，其转型都试图走高新技术产业发展之路。然而，发展高新技术产业不仅需要大量的、持续的资金投入，而且还需要一定的高新技术和足够的人才。鲁尔区为了发展高新技术产业，十分重视科技教育发展和科研成果转化，先后创办了波鸿鲁尔大学、多特蒙德大学、杜伊斯堡内河航运学院等一批高等院校培养技术人才，同时还建立了包括世界著名的马科斯—普朗克研究所和弗劳恩霍夫研究所等研究机构在内的 30 个技术研究中心和 15 个科研成果与技术转换服务机构为企业提供技术服务。而目前国内资源枯竭型城市不仅基本上没有高等院校，而且技术研究机构和科研成果转化机构也寥寥无几，如果这一状况得不到迅速有效的改变，其高新技术产业发展是无法实现的。

综上所述，西部地区的资源型城市，特别是资源枯竭型城市，由于历史、地理区位、体制等多方面的原因，其转型中所出现的困境是必然的，摆脱困境也是十分困难

的。因此，其转型必须从客观和现实的角度出发，在对其存在的问题进行客观、深入和理性的分析与思考的基础上，根据各自不同的状况，通过中央与地方政府在制度创新、财政支持与产业扶持等方面实行非常规化的政策与切实可行的措施，才有可能破解困境。

参考文献

[1] 孙淼，丁四保. 我国资源型城市衰退的体制原因分析 [J]. 经济地理，2005，25 (2).

[2] 刘家升. 建立资源型城市补偿机制的几点思考 [J]. 资源·产业，2005，7 (1).

[3] 刘庆华. 资源枯竭型城市的可持续发展 [J]. 环境与可持续发展，2008 (1).

[4] 由翌. 资源型城市经济转型的障碍及对策探讨 [J]. 科技信息，2006 (3).

[5] 张米尔，武春友. 资源型城市产业转型障碍与对策研究 [J]. 经济理论与经济管理，2001 (2).

[6] 于立，孟韬，姜春海. 资源枯竭型国有企业退出障碍与退出途径分析 [J]. 中国工业经济，2003 (10).

[7] 安树伟，张杏梅. 资源枯竭型城市产业转型的科技支撑 [J]. 资源·产业，2005，7 (6).

[8] 高新才，何苑. 资源枯竭型城市技术进步与就业的相关分析——基于甘肃省白银市的实证分析 [J]. 新疆财经，2006 (4).

[9] 张米尔. 西部资源型城市的产业转型研究 [J]. 中国软科学，2001 (8).

[10] 吴奇修，陈晓红. 资源型城市的转型与发展：一个文献综述 [J]. 江汉论坛，2005 (3).

[11] 王海飞. 资源枯竭型城市的战略定位及发展思路——对"白银现象"的思考 [J]. 兰州商学院学报，2008 (12).

[12] 李颖娟，赵文祥. 从阜新市看资源枯竭型城市劳动力转移新规律 [J]. 资源·产业，2005，7 (6).

[13] 张维达，王连忠. 东北资源枯竭型城市接续产业发展问题 [J]. 吉林大学社会科学学报，2005 (9).

[14] 钱勇，于左. 东北资源型城市产业转型难题与破解 [J]. 东北财经大学学报，2008 (1).

[15] 吴春莺，徐建中. 对资源型城市经济转型研究若干问题的再认识 [J]. 学术交流，2006 (3).

[16] 张秀生，陈先勇. 论中国资源型城市产业发展的现状、困境与对策 [J]. 经济评论，2001 (6).

[17] 赵晨. 我国资源枯竭型城市的反贫困之路 [J]. 中共郑州市委党校学报，2006 (5—6).

[18] 王六芳，奕华贺. 我国资源型城市产业转型问题初探 [J]. 技术经济与管理研究，2000 (6).

[19] 高峰，孙成权，张志强，张健. 西部资源型城市经济转型面临的挑战与机遇 [J]. 中国人口·资源与环境，2004，14 (4).

[20] 张东东. 中国资源型城市产业转型研究 [J]. 国土与自然资源研究，2006 (3).

[21] 姜春海. 资源枯竭型城市产业转型的财政政策扶持机制研究 [J]. 财经问题研究，2006 (6).

[22] 李维忠，张建军. 要高度重视资源枯竭型城市劳动力转移问题 [J]. 辽宁工程技术大学学报（社会科学版），2001 (3).

[23] 葛竟天. 从德国鲁尔工业区的经验看东北老工业区的改革 [J]. 财经问题研究，2005 (1).

[24] 戴学锋. 从国际经验看资源枯竭型城市如何转型 [J]. 今日中国论坛，2009 (2—3).

[25] 周克全. 我国资源枯竭型城市经济转型问题——以甘肃省白银市为例 [J]. 经济·管理，2006.

生态资源利用的地方政府行为分析

杨汉兵

(西华师范大学商学院 四川南充 637002)

摘 要：生态资源具有物质性产品和生态服务两种利用功能，两种功能与价值的利用存在冲突。在当前我国财政分权、生态服务价值实现和地方政府的政绩考核制度环境下，地方政府的理性选择倾向于将更多的生态资源配置于物质性产品的利用，而忽视其生态服务价值的利用，造成生态服务的过度损失，降低了生态资源利用的社会总福利水平。本文以两个方面现实中常见的典型案例实证检验了地方政府的行为逻辑。应改革和完善我国财政分权、生态服务价值实现和地方政府政绩考核制度，从而优化地方政府的行为，以实现生态资源利用的社会效用最大化。

关键词：生态资源利用 地方政府行为 理性选择 生态服务价值

改革开放 30 多年来，我国经济增长取得了举世瞩目的成就，铸就了世所公认的"中国奇迹"。然而，与此可喜成就相伴随的是，我国在经济发展过程中也面临一些严峻的问题。其中典型的问题之一就是我国经济增长过程中过度消耗了大量的生态资源，森林锐减、湿地萎缩、草原退化、耕地流失等现象非常普遍。这些生态资源的急剧减少和衰退导致由其提供的诸如涵养水源、调节气候、防风固沙、保持水土、维持生物多样性、景观娱乐等大量的生态服务功能严重损坏或丧失，由此产生的直接、间接经济社会损失和人民生存健康、舒适性景观等效用损失相当巨大，在某些区域甚至出现了严重的生态灾难和生态安全问题。这些生态服务效用损失的加总在边际上或许已经超过由利用生态资源的物质性产品功能实现的经济增长所带来的边际效用的增加，使得这种基于生态资源利用的经济增长对人类整体福利的边际净贡献或许已经为负，降低了社会基于生态资源利用而本应达到的社会总福利水平。同时，这也对经济增长本身的可持续性构成严重威胁。已有的关注生态资源利用问题的文献很多，但大都是从企业或农户的角度来分析导致生态资源利用问题的原因。这些研究成果均有一定的价值，但笔者认为其尚没有找到问题的根本原因，因为无论是企业还是农户行为的分析，其背后都或多或少有着地方政府的影子，地方政府理性行为选择结果所造成的制度环境是这些企业或农户行为选择的关键性约束条件。而我国地方政府在我国经济转型与发展过程中的地位和作用举足轻重，其在地方经济发展过程中（当然包括生态资源的利用过程）具有相当大的控制力和影响力。所谓的"发展型政府"、"公司型政府"等即是对此最好的表达。因此，从地方政府行为的角度分析我国生态资源利用过程及其问题，应该是一个更合理的视角，对于找出导致现实中生态资源利用非效率问题的根本原因，继而采取相关措施解决这种非效率问题，实现生态资源利用的社会效用最大化，具有非常重要的现实意义。

一、生态资源概念界定与地方政府行为假设

（一）生态资源概念的界定

当前学界对生态资源的概念界定很少，界定得比较多的是自然资源的概念。但笔者认为，将自然资源作为一个整体进行界定有笼统和模糊之嫌，因为自然资源不是铁板一块，其内部是有着结构性特征的，既包括单纯向人类提供物质性产品或要素的自然资源如矿产资源，也包括既可以提供物质性产品或要素，又能够提供诸如调节气候、涵养水源、防风固沙、维持生物多样性等生态调节性服务的资源如森林、湿地、草原、河流等。这是两种性质和功能不同的资源类型，应该分别进行研究，才更有针对性和科学性。基于此，作为本文研究对象的生态资源是专指那种既能够提供物质性产品或要素，也能够发挥生态调节性服务（简称生态服务）的资源，包括森林、湿地、草原、河流等，但不包括那种只提供物质性产品或要素的资源如煤、石油等矿产资源。这种生态资源具有两种用途或两种功能：物质性产品用途和生态服务用途。以森林为例，社会利用了森林的物质性产品功能如提供木材，就不能同时利用其生态服务功能如森林的涵养水源和调节气候的功能；相反，如果利用了森林调节气候的生态服务功能，就不能同时以砍伐木材的方式利用其物质性产品功能和价值。因此，社会必须在生态资源的两种用途的利用间进行选择。根据贝克尔（1995）的观点："凡是以多种用途为特征的资源稀缺情况下产生的资源分配与选择问题，均可以纳入经济学的范围，均可以用经济分析加以研究。"对生态资源的利用进行经济学的分析就有了充分的必要，生态资源利用的经济学分析就是要分析社会如何在生态资源的两种用途和功能的利用之间进行选择，以实现生态资源利用的社会效率——社会效用最大化。

（二）地方政府行为假设

在当前我国现实中，地方政府是一个独立的利益主体，其行为动机是追求自身效用的最大化。在我国，地方政府作为一个独立的利益主体不是历来就如此的，而是经历了一个复杂的演化过程。改革开放之前，我国实行的是计划经济体制，地方政府的职责只是不折不扣地执行中央政府的决策，没有自己独立的决策空间和权力，因此其不是一个独立的利益主体。改革开放之后，政府深刻意识到大一统的计划经济体制的严重弊端，过度集中导致地方和企业缺乏生产积极性，经济运行效率非常低。新中国成立 30 年来，人民生活水平没有改善，群众抱怨情绪也很严重，社会不稳定因素增加。在这种背景下，中央政府决定向地方和企业放权，以调动地方政府和企业发展生产的积极性，放权让利、财政包干制等都相继发生在这一时期。其主要做法是"分灶吃饭"和分税制改

革。我国分别于 1980 年和 1995 年进行了两次幅度较大的财政分权改革，使地方政府发展经济的积极性大大增加，有力地促进了各地的经济发展，大大增加了地方和中央财政收入，也增加了人民的收入和提高了人民的生活水平。特别是从 1994 年开始，中央开始实行分税制的财税体制改革，在合理划分中央与地方事权的基础上，明确中央与地方对应的财权，将税种划分为中央税、地方税、中央地方共享税，分别确定中央与地方的税收范围。这种财政分权的改革，使地方政府拥有了自己明确的财权和自主决策空间。由于拥有剩余控制权，地方政府就有很大的积极性发展本地经济，推动本地的市场化进程。从 1994 年分税制改革以来，地方分成的比例事实上是在下降的，但为什么地方政府的热情还不减反增呢？因此提出了一个解释中国经济增长奇迹的地方政府官员政治"晋升锦标赛"理论。并认为，作为政府官员，除了追求经济目标如财政收入外，还要追求政治目标、政治利益，甚至政治目标才是其主要追求的目标。对于政府官员来说，升迁是其最大的利益所在。我国是一个中央集权制国家，地方官员的政治升迁权力牢牢掌握在上级政府手中。改革开放以来，中国改革了对地方干部的考核评价方法，从改革开放前的政治挂帅转变到经济挂帅。这样就大大激励了地方政府追求本地经济发展，在一定程度上很好地解决了地方经济发展的动力问题。总而言之，中国地方政府之所以成为一个微观行为主体，源于中央政府向地方政府的分权（行政性分权），行政性分权使中国形成了一种分权性的经济体制，地方政府在事实上成为各自区域经济增长的主导者。

总之，在当前，我国地方政府既拥有大量的政治经济资源（土地、财政收入、行政审批权、公共行政权等）和地方性政策的制定权，即地方政府拥有追求自身政绩最大化的资源基础和权力基础，又具有自己独立的利益偏好（追求财政收入和经济增长最大化）。地方政府已具备了一个典型的经济人的属性。

二、地方政府关于生态资源利用的行为逻辑

地方政府关于生态资源利用的行为选择服从于、服务于其追求财政收入和经济增长最大化的政绩目标。现实中的生态资源利用的乱象和非效率问题，可以说在很大程度上是地方政府面对一定的约束条件和激励结构追求财政收入和经济增长最大化而内生选择的结果。

以下，我们用简单的函数模型来刻画地方政府在特定的约束条件和激励结构下关于生态资源利用的行为选择逻辑。地方政府关于生态资源利用的最优化问题是：选择其可以控制的变量（生态资源管理权与配置权、财政支出结构、政策制定权甚至是公共行政权等），最大化决定其政绩表现的财政收入和经济增长率。假设某地方政府拥有生态资源数量（其辖区内的总生态资源数量，包括国家所有由地方政府管理的与集体、私人所有的生态资源）为 Q，其可以有两种用途或利用方向：直接物质性产品和生态服务。两种利用方式存在竞争，不可兼得。面对这一数量既定的生态资源，地方政府将根据其效用最大化原则来决定其配置和利用的格局，而地方政府追求的目标是来自生态资源利用

的财政收入和经济增长最大化。假定用于直接物质性产品提供的生态资源数量为 Q_1，用于生态服务提供的生态资源数量为 Q_2，假定这两种利用方式（其中生态服务利用在存在相应的市场条件下，可以形成一个经济产业，如海南的三亚利用其高质量的生态服务开展生态旅游，形成了生态旅游产业集群，并开始打造国际旅游岛城市；如利用优美的森林景观生态服务建设商业房产，让生态服务融入房产效用中；利用优质的生态服务生产有机产品，如有机绿色食品等；利用优质的水生态服务进行酿酒等）均对地方政府的财政收入和经济增长目标有所贡献。地方政府的问题就是根据财政收入和经济增长最大化的目标，通过自己所掌握的直接或间接手段选择生态资源在两种利用方向上的配置数量 Q_1、Q_2。这样，地方政府追求源于生态资源利用的财政收入和经济增长（G）最大化的问题就可以表示为：

Max：　　$G = G(Q_1, Q_2)$

$s.t$　　$Q_1 + Q_2 = Q$

对此函数做技术性假定：$\frac{\partial G}{\partial Q_1} > 0$，$\frac{\partial G}{\partial Q_1^2} < 0$，$\frac{\partial G}{\partial Q_2} > 0$，$\frac{\partial^2 G}{\partial Q_2^2} < 0$，即生态资源的物质性产品利用对财政收入和经济增长有正贡献。随着对生态资源的物质性产品利用的增加，地方财政收入和经济增长也增加，但增加的幅度逐渐减小，物质性产品投入的增加对财政收入和经济增长贡献的增量是递减的，即物质性产品利用对财政收入和经济增长的边际贡献递减。生态资源的生态服务利用（在存在一定的生态服务市场和生态补偿制度的条件下）也可以为地方政府的经济增长和财政收入有正贡献。随着对生态资源的生态服务利用的增加，地方财政收入和经济增长也增加，但增加的幅度逐渐减小，即其对财政收入和经济增长贡献的增量边际贡献也是递减的。因为当最急迫、对需求者效用影响最大的生态服务得到满足了，继续增加的不是那么亟需和重要的生态服务需求带来的满足程度就逐渐减小，从而消费者的支付意愿和由此带来的财政收入和经济增长就会递减。根据这些假设，很容易得出地方政府基于生态资源利用实现经济增长和财政收入最大化的均衡条件是：$MG(Q_1) = MG(Q_2)$，其意思是：当生态资源在物质性产品利用和生态服务利用两者对地方政府带来的边际经济增长和财政收入相等时，生态资源的配置与利用在地方政府的角度上实现了最优。如果 $MG(Q_1) > MG(Q_2)$，生态资源的物质性产品利用提供的边际财政收入和经济增长贡献大于其生态服务利用对经济增长和财政收入的边际贡献，这时生态资源的配置还没有达到地方政府眼中的经济增长和财政收入最大化。作为理性"经济人"的地方政府，将可以通过其掌握的直接和间接经济政治手段引导生态资源转移到物质性产品的利用上来，以此增加总的财政收入和经济增长，直到两者的边际财政收入和经济增长贡献再次相等。比如在一定的制度环境下，某地生态资源的生态服务价值无法在市场上实现或实现不足，来自中央和其他地方政府的生态补偿机制又远远不够，此时生态资源的生态服务利用对地方政府的财政收入和经济增长贡献很小，甚至毫无贡献，有时候还存在负贡献。因为保护和增加生态资源、提供生态服务需要花费人力、物力、财力等成本，如我国《自然保护区条例》就明确规定自然保护区的管理费用纳入当地财政预算安排，这就使生态资源的生态服务利用不但不能增加地方财政收入和经济增长，反而还要倒贴已有的财政收入，给本来就捉襟见肘的地方财政增添负担。在这种激励结构下，作为理性"经济人"的地方政府，将会通过行政的、经济的各种手段将更多的生态资源配置到物质性产品的利用上，以增加财政收入和经济增长，从而将很少的生态资源配置到生态服务的利用上甚至根本就不提供任何生态服务，除非生态服务的严重缺失已经影响到地方的财政收入和经济发展，地方政府才会提供一点能促进地方财政收入增长和经济增长的生态服务，然而其水平远不能达到应有的社会最优数量。而我国当前的制度环境总体上说就大概如此，因此地方政府的生态资源利用行为就突出表现在将更多的生态资源配置到物质性产品的利用上。一些地方政府甚至不惜违法将生态资源低价甚至无价地转让给企业使用，以利于招商引资，而丝毫不顾当地居民的公共生态服务权利。近年来时常见诸报端的因招商引资重点企业肆意破坏生态资源及生态服务导致当地及周边居民遭受巨大损失的事例层出不穷。

三、地方政府关于生态资源利用行为的现实检验

上节中推导的地方政府关于生态资源利用的行为逻辑在现实中能够得到很好的检验。这里，笔者主要以两个现实中经常发生的典型案例来实证检验地方政府关于生态资源利用的行为逻辑。

（一）水电开发冒进，跑马圈水现象

近年来，为了增加地方财政收入和促进地方经济增长，一些地方政府打起了其区域内水资源的主意，无序开发上马了大量的水电工程，甚至对那些根本不符合条件的小水电企业无证开采大开绿灯，毫不顾及其对当地生态资源及其生态服务造成的破坏。那些水电开发企业在巨额利润的驱使下，更是丝毫不顾国家的相关法律法规，无序开发、跑马圈水。据有关部门统计，现在我国全国江河在建和规划将要建设的水电站装机总量近1.4亿千瓦，相当于8个三峡工程的装机规模。长期以来，关于水电建设的生态影响一直牵动着社会公众的敏感神经，水电建设和生态保护的两种势力形成了两大对立阵营，该建坝还是炸坝，一直处在相持不下的争论中。水电开发的确给企业带来了丰厚的利润，也增加了地方财政收入，促进了地方经济的增长，然而只考虑水资源生产功能的过度性水电开发，不顾河流的生态用水需求，必然会导致巨大的社会生态服务损失。

以刚发生泥石流地质灾害一年的舟曲为例。舟曲所在的白龙江流域长约600公里，几乎每隔10公里的河道就有一座水电站，河流完全断流。河道里只有石头，几乎是首尾相接。其实，从舟曲县招商局局长王建功的谈话中几可以看出地方政府大力发展小水电站背后的逻辑。王建功说："招商引资，发展水电，是全甘南州的发展大计。像这些带着小闪电符号的就是水电站。招商引进资金将近是67个亿，这些项目如果全部建起来，将极大地推动舟曲的经济发展。税收能达到将近两个亿。像舟曲这么贫困的地区，如果把水资源白白地浪费，不开发，舟曲会继续贫穷落后。假如这些水电站全部开发起来了，能收入两个亿，就可以发展其他产业，整个把当地的经济就带动了。在没有水电招商引资之前的2005年，全县财政收入刚过千万，招商引资6年后，今年上半年已经

完成 2700 万，全年财政收入预计将会达到 4929 万。其中 40％来自水电站营业税。在前几年的比重比 40％小一些，现在是逐年增长。每年大概以 10％左右的速度增长。"①

的确，水电开发给舟曲县地方财政带来了一年 2000 万元左右的税收，然而，因为一次八级特大泥石流而造成的灾害，中央和省级财政投入的重建资金就高达 50 亿 2000 万元。可见过度损害生态服务功能的水电开发导致的社会损失多么巨大，因此，像舟曲这种过度开发水电的水资源利用格局是没有效率的。

再如，闻名中外的国家级自然保护区神农架，也遭遇了跑马圈水的水电无序开发乱象。神农架现在有很多水电站，这些水电站筑坝拦水，造成了很多河段断流，也带来了生物多样性损失等多种生态服务损失。鱼镇紧邻神农架核心保护区，多处河道完全见不到河水，处于断流状态。这种触目惊心的无序开发现状引起了神农架农业局渔业监督管理站的担忧。据其调查，夹道河长 24 公里已建成电站 7 座，造成了 6 公里河水断流；香溪河主河道木鱼段 30.5 公里长的河流上建有大小电站 12 座，造成 10.5 公里河水断流，其余 20 公里河水流量很小。渔政监督管理站站长喻成介绍，神农架有野生鱼类 35 种，其中国家级保护的珍贵鱼类有娃娃鱼，省级保护的鱼类有齐口裂腹鱼、多鳞铲颌鱼、白甲鱼等。小水电站的过度开发对这些濒危鱼类的生存和繁衍来说无异于雪上加霜。让神农架的河水自由流淌，不要去改变它，不要为眼前的经济利益破坏国家级保护区长远的生态环境。②

（二）侵占河道搞工业化、城市化开发，水源地内建设楼盘

近年来，很多地方政府为了本地财政收入和经济增长，不顾当地及其他区域的生态服务损失和生态安全，对其辖区内所有生态资源大肆进行物质性产品的开发利用。有些地方乱占河道进行工业商业开发就是其中的典型之一。据《焦点访谈》栏目 2010 年 11 月 19 日的报道③，在湖北省黄冈市团风县的总路咀镇，有一条叫做总路咀的河，当地人长期靠其维持生活用水的需求。这条河是当地水库的泄洪通道之一，发挥着重要的防洪生态功能，同时还承担着周边地区的雨水保存和下泄功能，还发挥着对当地及周边地区重要的气候调节功能。然而，当地地方政府（县政府和镇政府）为了追求财政收入和经济增长，想方设法、费尽心机为其编造说辞，说这条河根本就不是河而是港，还违法开具建设用地规划许可证和洪水安全的复核结论，不顾我国《防洪法》关于禁止在河道内搞建设的规定，硬是将这条河摇身一变免费批给当地一家名叫浩天新型建材公司的私人企业进行商业街开发，将商业街直接修在河道中。商业街计划建设 250 套商铺，现在每套售价 30 多万元，这个房价在当地也算是比较高的。这样算下来，这个项目总共能卖 7500 多万元，可以大大增加当地政府的财政收入和经济增长。然而，从社会角度说，虽然这条河流是免费批给开发商的，好像这条河实际上真是免费的无价值的一样，然而这条河流从社会的角度看却并不是免费的，如前所述，它发挥着重要的洪水调蓄功能和

---

① 《聚焦水流困局之三：跑马圈水的背后》，中央电视台，《经济半小时》，2011 年 3 月 5 日。
② 《神农架遭遇小水电站跑马圈河之困》，新华网，2011 年 9 月 25 日。
③ 该案例资料根据《焦点访谈》2010 年 11 月 19 日的节目《河道怎能变商街》整理而成。

气候调节功能，当地居民对这条河流有着强烈的生态诉求，因此对这条河流的商业化开发有着巨大的生态服务损失的机会成本。损失的生态服务价值远超过其作为商铺利用的价值，因此地方政府对这条河流的开发利用行为是极度无效率的。无独有偶，也是《焦点访谈》栏目 2011 年 9 月 24 日的报道①，中华民族的母亲河黄河也遭遇了河道被侵占的厄运。近年来，随着黄河沿岸开发热的兴起，一些地方违规开发和乱占河道的现象日益严重，给黄河的防洪防汛带来了很大的隐患。位于黄河边的甘肃省兰州市的水车博览园就直接将自己的一大部分建在了黄河里，占用了黄河河道。而这种行为未经过当地水利部门的审批。在兰州，未经水利部门审批就在河道上建设的并不仅是这一家。位于黄河滩上的银滩湿地公园就占用了黄河河道 400 亩，其中的建筑和芦苇对行洪和河流生态产生了严重的影响。当地政府也是为了自己的财政收入和经济增长，给这些违法建设的项目大开绿灯。

此外，为了追求财政收入和经济增长，地方政府违法在国家禁止开发的重要水源地和自然保护区内开发商业楼盘的现象也很普遍。据《焦点访谈》栏目 2011 年 3 月 26 日报道②，湖南省长沙市在其市中心的重要结构性公共绿地湖南省森林植物园中搞起了房地产开发，打起了"我家住在植物园"的响亮广告。而湖南省森林植物园始建于 1985 年，集科研、科普、旅游于一体，被称为长沙的"城市绿肺"，1992 年被林业部命名为天际岭国家森林公园，占地 2000 多亩，拥有 3000 多个保护品种，118 种珍稀动物，森林覆盖率达 90%。可见其生态价值和生态地位十分重要。然而为了追求财政收入和经济增长，某些地方政府硬是违法将其转化成商业地产开发，对其生态服务功能造成严重的破坏。

四、结论与政策含义

通过本文的分析，笔者得出以下结论及相应的政策含义：

（1）在当前的财政分权、生态服务价值实现制度和政绩考核体制的局限下，地方政府倾向于将更多的生态资源配置在其物质性产品功能的利用上，造成生态资源生态服务功能和效用的过度损失，降低了生态资源利用的社会总福利水平。

（2）建立生态服务价值实现制度（建立生态服务市场与政府生态补偿机制），让生态服务的提供者能够获得机会成本补偿和社会平均利润率。

（3）改革地方政府的政绩考核机制，变单一的 GDP 增长率指标为涵盖经济、政治、文化、生态等多维度的综合性指标，并根据不同地方的资源禀赋和发展任务给予不同维度以不同的权重，在生态服务功能重要地区要加大地方政府的生态服务提供考核权重。

---

① 该案例资料根据《焦点访谈》2011 年 9 月 24 日的节目《被蚕食的母亲河》整理而成。

② 该案例资料根据《焦点访谈》2011 年 3 月 26 日的节目《我家住在植物园》整理而成。

参考文献

［1］贝克尔. 人类行为的经济分析［M］. 上海：上海人民出版社，1995.
［2］周黎安. 中国地方官员的晋升锦标赛模式研究［J］. 经济研究，2007（7）.
［3］沈坤荣，等. 经济发展方式转变的机理与路径［M］. 北京：人民出版社，2011.

西部民族地区公共服务的比较研究

方 茜[1] 王益谦[2]

(1. 四川省社会科学院 成都 610071；2. 四川大学西部开发研究院 成都 610065)

摘 要：本文从"一般公共服务"和"特殊公共服务"两个角度对西部民族地区公共服务发展状况进行了量化分析。分析显示，西部民族地区"一般公共服务"和"特殊公共服务"处于较低水平。在"一般公共服务"中表现较好的是医疗卫生、社会福利与基础教育，平均水平超过了全国；表现较差的是就业服务、社会保障、公共文化、公共安全、环境保护、基础设施和科学技术。其中，科学技术、社会保障和基础设施三个方面尤显不足。相比"一般公共服务"，"特殊公共服务"在民族地区内部非均衡发展更为严重，需要引起地方政府的高度重视。

关键词：民族地区 公共服务

一、引 言

西部大开发10年以来，民族地区公共服务取得了很大成就，公众获得的公共服务也越来越多、越来越好。但是，西部民族地区多是老少边穷地区，经济普遍欠发达。与东部和中部地区相比，经济实力和公共服务投入实力悬殊。民族地方政府面临着一个非常现实的问题：公众希望政府在不加重税费的前提下提供更多、更好、更公平、更完备的公共服务。也就是说，在有限的资源约束下，政府要为公众提供更为有效的服务，这就对西部民族地区公共服务供应部门的能力提出了更高的要求。"如何推进公共服务发展"、"如何提升公共服务效能"等诸多问题不断受到理论界和实践界的拷问，逐步提上民族地区政府"攻坚"的议程。

显而易见的是，要解决以上问题，学者抑或是官员都必须站在了解西部民族地区公共服务发展现状的台阶上，厘清当前存在的问题，摸索发展应突破的瓶颈，思考未来挺进的方向。本文的立意就在于此。希望通过对西部民族地区公共服务发展状况的量化分析，挖掘出一些有用的信息，为民族地区政府或是其他公共服务部门提供一些可供借鉴的结论或建议。

二、一般公共服务与特殊公共服务

公共服务是一个"投入→管理→产出"的系统循环过程。本研究将公共服务产出（服务内容）作为量化分析的基本要素。由于地理位置、自然环境、历史文化以及制度等各方面因素，民族地区在发展中呈现出有别于我国其他地区的一些重要特征，使其公共服务与其他地区，特别是东、中部地区相比，存在许多差异，学者们称之为民族地区公共服务的特性（地方性、民族性和特殊性）。本文以"民族地区公共服务能力解释结构模型"为基础，将西部民族地区公共服务分为两类：一是"一般公共服务"[①]，二是"特殊公共服务"。一般公共服务是指民族地区提供的与非民族地区相同的公共服务，包括就业服务、社会福利、环境保护、社会保障、基础设施、基础教育、医疗卫生、公共文化、公共安全，共计9项。特殊公共服务是指民族地区提供的本地区少数民族所需要的特殊公共服务，包括民族特殊用品供应、民族语言文字使用、民族文化弘扬，共计3项。其中，"民族特殊用品供应"是指对少数民族生产生活所需的特殊民族用品的生产和供应。"民族语言文字使用"是指在教育、出版、广播电视、公务活动等方面对少数民族语言文字的使用。"民族文化弘扬"是指对民族传统文学艺术、民族传统医药、民族传统体育、民族传统工艺技能、民族文物古迹的保护、传承和弘扬。

三、指标体系

针对上文提出的两大类共12个要素，我们设计了简单的指标体系，见图1。

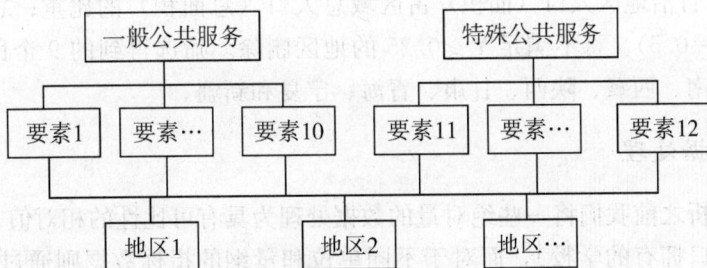

图1 西部民族地区公共服务层次结构图

研究伊始，我们确定了包含100多个指标的评价体系，但在数据的收集过程中发现许多指标根本无法获取。如有些指标非当前统计惯用指标，有些指标在量化上存在很大的难度。于是，根据指标选择的基本原则以及当前公共服务评估中比较成功的一些研究（如《中国政府公共服务：体制变迁与地区综合评价》），我们对指标进行了筛选，最终

---

① 此"一般公共服务"与各种统计年鉴在财政方面使用的"一般公共服务"意义不同。

确定使用 67 个指标对民族地区公共服务能力进行评价。[①]

四、数据采集及处理

（一）数据来源

本研究使用的数据为国家公开数据。主要数据来源为：《中国民族统计年鉴》、《中国统计年鉴》、《中国社会统计年鉴》、《中国劳动统计年鉴》、《中国卫生统计年鉴》、《中国县（市）社会经济统计年鉴》、《中国农村统计年鉴》、《中国科技统计年鉴》2007年度。

（二）地区选择

对民族地区的认定学者有不同意见。根据《中国民族统计年鉴》的统计口径，民族地区是指涵盖我国所有民族自治区，包含民族自治州和县的省，共 20 个地区。本文言及的西部民族地方是指西部 10 个地区中含有民族自治州和自治县的省。由于一些统计数据在民族年鉴中不可得，但分析又必不可少，因此，这些数据我们用民族自治地区所在地的省域数据来代替。考虑到以省域数据替代区域内民族自治地方的数据，需该民族自治地区的"人口"和"面积"指标在区域中所占比重较大，为此，我们对 20 个民族自治地区的这两个指标进行赋权、加总和排序，并根据专家意见以 0.25 为临界值进行筛选。计算公式为：

$$Y = \sum_{i=1}^{2} \lambda_i x_i, \sum \lambda_i = 1$$

式中，x_i 表示自治地区人口（面积）占区域总人口（总面积）的比重；λ_i 为对应指标权重（$\lambda_1 = \lambda_2 = 0.5$）。将不满足 $Y \geqslant 0.25$ 的地区删除。筛选得到的 9 个民族地区为四川、贵州、云南、西藏、陕西、甘肃、青海、宁夏和新疆。

（三）数据处理

在数据分析之前我们将一些绝对量的数据处理为具有可比性的相对值（如将学校数量化为每万人口拥有的学校），而对于不同单位和量纲的指标数据则通过标准化处理。数据标准化处理公式如下：

$$y_i = \frac{x_i - \min(x_i)}{\max(x_i) - \min(x_i)}$$

式中，x_i 是指标实际值，$\max(x_i)$ 是指标实际值的最大值，$\min(x_i)$ 是指标实际值的最小值，y_i 是指经过处理后的数据值。另外，在本文建立的公共服务能力评价指标体系中有极个别指标为逆指标，如城镇登记失业率、文盲人口占 15 岁及以上人口的比

---

① 限于文章篇幅，本文未罗列 67 个指标，有所需请与作者联系。

重、人口死亡率等。本文将逆指标正向化处理的公式为：

$$x_i' = 1/x_i$$

式中，x_i 是指标实际值，x_i' 是指标实际值正向化处理后的数据值。

五、分析结论

（一）一般公共服务

一般公共服务指标计算结果见表1。总体而言，西部民族地区一般公共服务表现较好的有3个方面，即医疗卫生、社会福利与基础教育，平均水平超过了全国；表现较差的有7个方面，即就业服务、社会保障、公共文化、公共安全、环境保护、基础设施和科学技术。其中，科学技术、社会保障和基础设施3个方面尤显不足，与全国差距较大。

表1　西部民族地区一般公共服务发展水平

地区	就业服务	社会福利	社会保障	基础教育	医疗卫生	公共文化	公共安全	环境保护	基础设施	科学技术
全国	1.3210	1.3742	4.3012	3.4590	2.7090	3.1960	2.0659	3.0028	4.1584	6.3107
海南	1.1998	1.0468	3.8504	5.3190	3.4096	2.3245	2.7320	4.4582	4.3474	1.5943
四川	0.7843	1.4420	2.3810	3.7396	2.1340	5.1268	2.4870	3.0922	3.3192	5.9483
贵州	1.0270	1.2607	0.7863	4.7205	1.6201	1.9161	0.8588	2.1453	1.8128	3.1376
云南	1.0643	1.1295	1.6072	3.1911	3.3553	2.9130	2.9140	3.2207	1.9129	3.4531
西藏	0.5397	2.0000	—	2.6340	2.4998	0.2644	1.2844	0.1822	3.4662	1.0000
甘肃	1.8274	1.1811	2.3242	3.8228	2.1148	2.7915	0.6938	1.4384	2.5431	3.4677
青海	2.0507	2.2676	3.2403	1.5712	2.3505	1.2728	0.8961	1.3853	4.6307	1.0316
宁夏	1.2202	1.1805	3.0240	3.6199	4.2236	1.5083	3.1357	2.3481	3.9613	2.1296
新疆	1.2333	1.5996	4.5215	3.1662	4.4765	4.2430	2.1777	2.1065	4.6120	2.5502

具体而言，从就业服务来看，西部民族地区中表现较好的是青海、甘肃、新疆，表现较差的是西藏、四川和贵州。除了甘肃和青海以外，其他7个地区公共服务水平都低于全国平均水平。从就业能力较差的地区来看，"每万人拥有的职介机构数"指标在地区排名很低，与其他地区相去甚远，亦低于全国平均水平。因此，提升地区职介机构数量与质量是改善民族地区公共服务就业能力的一个有效路径。从社会福利来看，表现较好的地区是青海、西藏和新疆，表现较差的地区是海南、云南和宁夏。除了新疆、青海、西藏和四川外，其他5个地区公共服务水平都低于全国平均水平。从社会保障来

看，表现较好的地区是新疆、海南和青海，表现较差的地区是贵州、云南和甘肃。除了新疆以外，其他 8 个地区公共服务水平都低于全国平均水平。[①] 从指标数据来看，民族地区养老保险、失业保险、工伤保险的覆盖率较低，9 个地区中仅新疆地区的 3 个指标高于全国平均水平，其他地区则明显低于全国平均水平。从基础教育来看，表现较好的地区是海南、贵州和甘肃，表现较差的地区是青海、西藏和新疆。除了云南、西藏、青海和新疆以外，其他 5 个地区公共服务水平高于全国平均水平。从医疗卫生来看，表现较好的地区是新疆、宁夏和海南，表现较差的地区是贵州、甘肃和四川。除四川、贵州、西藏和甘肃以外，其他 5 个地区公共服务水平高于全国平均水平。从公共文化来看，表现较好的地区是四川、新疆和云南，表现较差的地区是西藏、青海和宁夏。除四川、新疆外，其他 7 个地区公共服务水平都低于全国平均水平。从公共安全来看，表现较好的地区是宁夏、云南和海南，表现较差的地区是甘肃、贵州和青海。除贵州、西藏、甘肃和青海以外，其他 5 个地区公共服务水平都高于全国平均水平。从环境保护来看，表现较好的地区是海南、云南、四川，表现较差的地区是西藏、青海和甘肃。除海南、四川、云南外，其他 6 个地区公共服务水平都低于全国平均水平。从基础设施来看，表现较好的地区是青海、新疆和海南，表现较差的地区是贵州、云南和甘肃。除海南、青海和新疆外，其他 6 个地区公共服务水平都低于全国平均水平。从科学技术来看，表现较好的地区是四川、甘肃和云南，表现较差的地区是西藏、青海和海南。9 个地区公共服务水平均低于全国平均水平。

（二）特殊公共服务

特殊公共服务指标计算结果见表 2。总体而言，西部民族地区特殊公共服务表现较好的是民族语言文字使用，其均值较其他两项要大；表现较差的是民族特殊用品供应、民族文化弘扬。

具体而言，在民族特殊用品供应方面，西部民族地区中表现较好的是西藏、甘肃和青海，表现较差的是海南、贵州和宁夏。除西藏、甘肃和青海外，其他 6 个地区特殊公共服务水平都低于西部地区平均水平。在民族语言文字使用方面，表现较好的地区是新疆、四川和青海，表现较差的是宁夏、贵州和甘肃。除新疆外，其他 8 个地区特殊公共服务水平都低于西部地区平均水平。在民族文化弘扬方面，表现较好的地区是云南、西藏和青海，表现较差的是贵州、宁夏和海南。除云南和西藏外，其他 7 个地区特殊公共服务水平都低于西部地区平均水平。需要提及的是，西部民族地区特殊公共服务水平的地区差异很大，"民族特殊用品供应"最好的地区是最差地区的 100 倍；"民族语言文字使用"最好的地区是最差地区的 200 倍；"民族文化弘扬能力"最好的地区是最差地区的 60 余倍。

---

① 西藏地区数据不全，不在计算之列。

表2 特殊能力要素评价结果及排序

地 区	民族特殊用品供应	民族语言文字使用	民族文化弘扬
海南	0.0304	1.0486	0.1160
四川	0.5559	1.4339	0.2928
贵州	0.0334	0.4589	0.0310
云南	0.1183	1.3325	2.0610
西藏	2.7069	1.0476	0.6408
甘肃	1.5355	0.7487	0.4113
青海	1.2315	1.3850	0.4368
宁夏	0.0696	0.0331	0.1077
新疆	0.3424	6.5537	0.3291

六、改革建议

基于以上分析结论，笔者认为西部民族地区公共服务发展可从以下几个方面入手：

（1）西部民族地区公共服务水平偏低，持续、坚定地推进公共服务发展是民族地区未来 20 年的基本方向。

（2）大力推进西部民族地区科学技术、社会保障和基础设施三项公共服务的发展，缩小与全国平均水平的差距。有序推进西部民族地区就业服务、公共文化、公共安全、环境保护四项公共服务的发展，实现与全国平均水平持平的目标。

（3）促进西部民族地区特殊公共服务的发展，逐步缩小民族地区之间的差距。

（4）保持西部民族地区基础教育、医疗卫生和社会福利三方面的发展水平，稳定民族地区这三项公共服务的优势。

参考文献

[1] 薛梅，董锁成，李泽红，李斌. 民族地区生态经济发展模式研究 [J]. 生态经济，2008 (3).

[2] 王胜章. 民族自治地方政府公共服务建设思考 [J]. 思想战线，2006 (4).

[3] 方茜，张序. 民族地区公共服务能力解释结构模型研究 [J]. 改革与战略，2009 (4).

[4] 陈昌盛，蔡跃洲. 中国政府公共服务：体制变迁与地区综合评价 [M]. 北京：中国社会科学出版社，2007.

"全国援藏"：一种特殊区域开发方式

潘久艳

（西南民族大学经济学院　成都　610041）

摘　要：西藏和平解放以来，中央政府一直对西藏采取持续援助的政策，并创造性地形成了中央关心、全国援助的全国援藏机制。西藏发展与"全国援藏"息息相关。本文分析认为与国内外其他区域开发方式相比较，"全国援藏"非常特殊。援藏主体包括中央政府、其他省（市、自治区）等，援藏方式包括人力、物力、财力、项目等多种方式，并且援助制度不断完善，援藏力度不断加强，援藏规模不断扩大。"全国援藏"是中央政府、地方政府等多重力量的合力。国家目标和权威是"全国援藏"的主导力量，四次"中央西藏工作座谈会"是全国援藏治藏策略变化的体现。

关键词：全国援藏　区域开发　政策

地区经济发展不平衡是一个世界性的共性话题，世界上几乎所有的国家尤其是大国都面临着不同程度的区域发展问题，并采取了有针对性的区域发展战略，实施了因地制宜的区域发展政策。自西藏和平解放以来，在中央关心、全国支援下形成了"全国援藏"格局，集中全国人力、物力、财力全方位支持西藏经济社会的发展，取得了举世瞩目的成就和丰富的经验。"全国援藏"成为解决地区发展不平衡的一种区域发展战略，但与国内外区域发展实践和区域发展战略相比，"全国援藏"非常特殊。关于这一主题，靳薇研究了西藏和平解放后援藏项目社会经济效益（靳薇，2001，2005），卢秀璋和曾晋鲁分别研究了通过加大援藏力度以实现西藏经济社会的跨越式发展问题（卢秀璋，1999；曾晋鲁，2002），王清先、王清江以林芝地区为例研究了援藏建设、小康工程与制度创新之间的关系（2002），李曦辉研究了援藏与西藏经济社会 50 年变迁（李曦，2000）。本文拟研究"全国援藏"格局的形成基础、演化标志和"全国援藏"的特殊性等问题。

一、"全国援藏"格局的形成基础：政府的目标和中央的权威

（一）政府的目标

"稳定"和"发展"是西藏面临的两大主题。"全国援藏"格局的形成是围绕这两大

主题而展开的。

1."全国援藏"的经济目标：缩小与全国的差距，促进西藏经济从加快发展到跨越式发展

民族改革前，西藏经济长期处于停滞状态。民族改革后，西藏经济社会发展进入快速发展的阶段。由于历史、自然等方面的原因，西藏经济社会发展水平长期低于全国平均水平。

从发展实力现状分析，西藏与全国经济发展差距一直较大。从西藏 GDP 总量来看，如图 1 所示，从 1951 年的 1.29 亿元增长到 1980 年的 8.67 亿元、1995 年的 55.98 亿元，然后在 2005 年增长到 250.60 亿元。但从相对数看，除 1981 年外，西藏 GDP 占全国 GDP 的比重没有超出 0.2%，相当于内地一般县域经济的比重，与其地域和资源的占比很不相称。从变化趋势看，在 1995 年之前，该比值不断下降，由 1980 年的0.18%下降到 1995 年的 0.095%；在经历了 1995 年的低谷后，该比值呈现稳定的增长趋势，说明西藏经济在经历较长时期的高速持续增长后，规模总量得以相应的增长。从变化幅度看，1981 年、1985 年、2002 年西藏 GDP 占比有了相对大的增长，而这三年分别是三次西藏工作会议召开后的第二年，全国援藏力度加大所产生的直接效应。

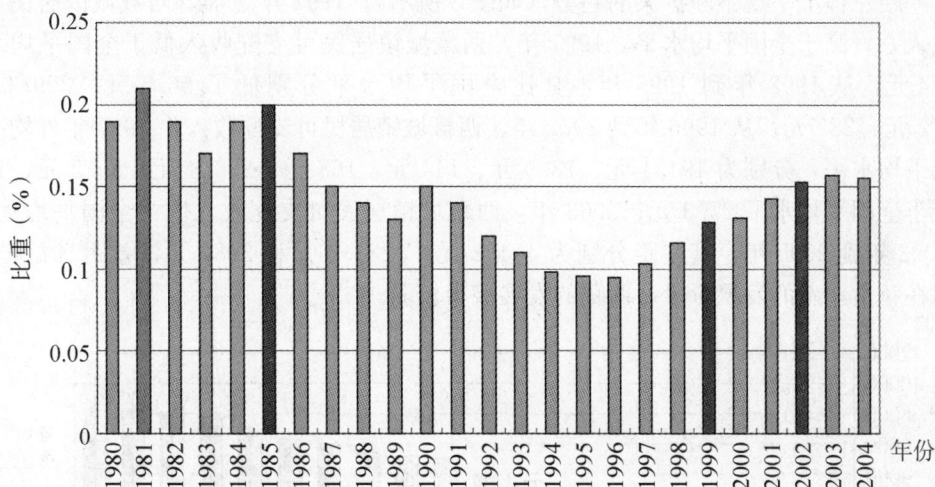

图 1　西藏 GDP 与全国 GDP 比值变化趋势图

资料来源：根据中华人民共和国统计局编：《中国统计年鉴》（2006）（中国统计出版社，2006 年版）及西藏自治区统计局编：《西藏统计年鉴》（2006）（中国统计出版社，2006 年版）相关数据整理。下面数据同。

从人均 GDP 差距来看，如图 2 所示，西藏与全国的绝对差距经历了从高于到低于全国平均水平，并且差距有日益扩大的趋势。西藏与全国的相对差距经历了先扩大后逐渐缩小的变化，1986 年以前高于全国平均水平，但 1986 年以后一直低于全国平均水平，1986 年西藏人均 GDP 低于全国 114 元，占全国人均 GDP 的 88.06%；1995 年西藏人均 GDP 与全国的差距扩大到 2502 元，占全国人均 GDP 的 48.45%；2002 年西藏人均 GDP 与全国的差距为 2527 元，占全国人均 GDP 的 64.34%；到 2004 年，西藏人

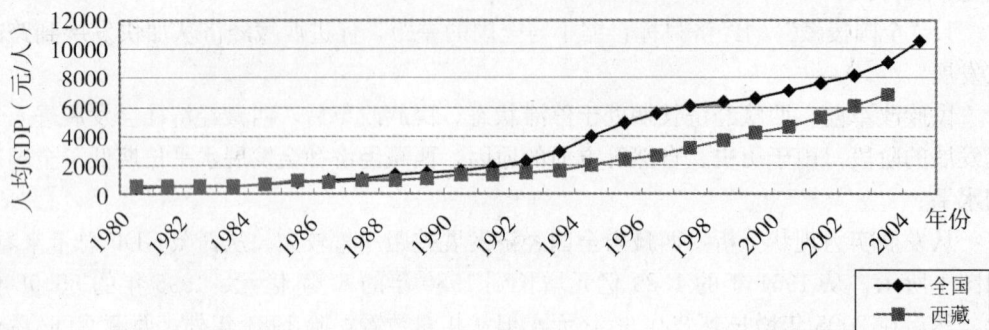

图 2　西藏与全国人民 GDP

均 GDP 与全国的差距为 2782 元，占全国人均 GDP 的 73.66％。

　　从人民生活水平分析，西藏城乡收入与全国差距较大，且二元结构明显。首先，城镇居民人均可支配收入差距较大且不断扩大的趋势明显。西藏城镇居民可支配收入与全国平均水平相比，经历了高于全国、低于全国、高于全国、低于全国的徘徊发展历程，并且差距总体上呈现不断扩大的趋势（如图 3 所示）。1991 年之前，西藏城镇居民可支配收入一直高于全国平均水平，1991 年，西藏城镇居民可支配收入低于全国平均水平 294.4 元，从 1992 年到 1995 年，其比全国平均水平分别低了 56.5 元、229.4 元、166.2 元、283 元；从 1996 年到 2002 年，西藏城镇居民可支配收入除 1997 年外均高于全国平均水平，分别为 194.1 元、13.9 元、144 元、168 元、259.4 元、59.2 元，1997 年低于全国平均水平 25.3 元；2003 年，西藏城镇居民可支配收入低于全国平均水平，从 2003 年到 2005 年，其差距分别为 414.2 元、1221.6 元和 2082 元，差距日益扩大，说明在新世纪新的发展阶段，西藏的发展潜力较弱。

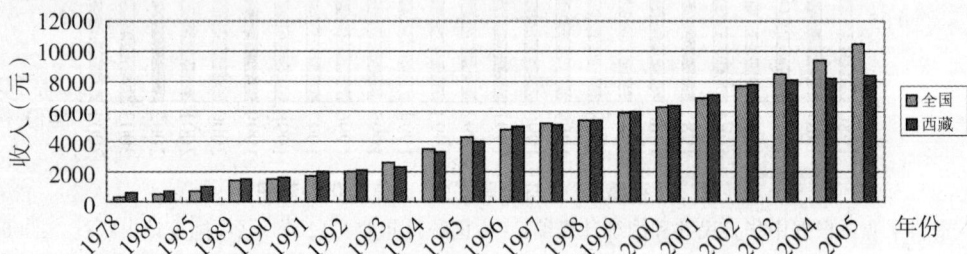

图 3　全国与西藏城镇居民人均可支配收入情况

　　其次，农牧民人均纯收入存在较大差距，且不断扩大的趋势明显。自改革开放以来，西藏农牧民人均纯收入与全国农村居民家庭人均纯收入相比，经历了高于全国平均水平到低于全国平均水平的发展历程，并且差距呈不断扩大的趋势。1978 年改革开放之初，西藏农牧民人均纯收入高于全国平均水平 41.4 元，高 30.99 个百分点，之后由于国家于 1980 年、1984 年分别召开了第一、第二次"中央西藏工作座谈会"，针对农牧区的发展实行了"两个不变"、减免农业税等多项优惠政策，西藏农牧民收入稳步上升，在 1989 年之前，西藏农牧民人均纯收入一直高于全国平均水平。1989 年后，西藏农牧民人均纯收入一直低于全国平均水平。从绝对数看，西藏农牧民人均纯收入与全国平均水平的差距一直在稳步扩大，从 1989 年的 46.5 元增加到 2005 年的 1176.9 元；从相对数来看，西藏农牧民人均纯收入与全国平均水平的差距先不断扩大，后有缩小的趋势，但总体差距还是较大。

再次，城乡二元收入结构差距明显。西藏城乡居民收入差距远高于全国平均水平。从纵向来看，自 20 世纪 90 年代以来，西藏农村居民人均纯收入和城镇居民可支配收入都有不同程度的增长，但后者的增速快于前者。城乡居民的收入差距在不断扩大，1991 年为 3.2：1，1996 年变为 5.2：1，此后虽有所缩小，但缩小幅度不大，到 2005 年，仍为 4.1：1。从"八五"到"十五"期间，西藏城镇居民可支配收入增长速度比农民人均纯收入高 4 个百分点。从横向来看，西藏城乡收入差距一直远远高于全国平均水平（如图 4 所示）。1991 年全国城乡收入比为 2.4：1，而同期西藏为 3.2：1。全国城乡收入比最高仅为 3.2：1，而西藏最高为 5.2：1。

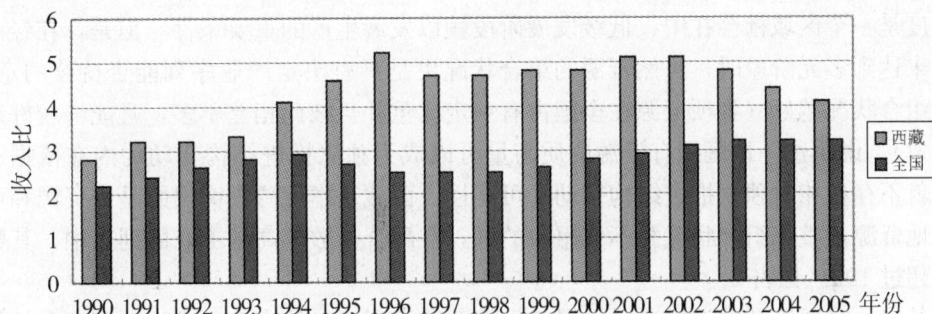

图 4　西藏与全国城乡收入比

从社会发展分析，西藏社会发展严重滞后。从人类发展指数来看，西藏是中国人类发展水平最低的省区。1997 年西藏平均人口预期寿命为 59.6 岁，比全国平均水平低 10 岁；成人识字率为 45.9%，比全国平均水平低 37 个百分点；总入学率为 38.5%，比全国平均水平低 38.5 个百分点；真实人均 GDP 为 1795 美元，比全国平均水平低 1335 美元；人类发展指数在全国位居第 31 位，这表明西藏无论在全国还是在西部均是人类发展水平最低的地区。

西藏的教育、医疗卫生、生活基础设施等公共服务水平低于全国平均水平，见表1。1998 年西藏自治区文盲、半文盲人口占 15 岁以上人口比重为 59.97%，不仅在西部地区 12 个省（市、自治区）是最高的，而且在全国也是最高的，高出全国平均水平 44.19 个百分点；平均受教育年限为 3.34 年，在西部地区仅高于陕西省，低于全国平均水平 3.75 年；拥有的医院床位数每 1000 人为 2.57 张，虽高于全国平均水平的 2.40 张，但低于西部地区几个少数民族自治区如新疆、内蒙古；医生数量每 1000 人为 2.07 人，虽高于全国平均的 1.05 人，但低于内蒙古和新疆这两个少数民族自治区；农村改水受益人口比重仅为 18.5%，不仅是西部最低的省区，也是全国最低的省区，与全国平均水平相差 72.1 个百分点；农村现用自来水人口仅 11.9%，是全国最低的，低于全国 38.5 个百分点。

表 1　西藏与全国公共服务水平比较（1997 年）

地区	文盲、半文盲占 15 岁以上人口比重（%）	平均受教育年限（年）	医院床位数量（张/千人口）	医生数量（人/千人口）	农村改水受益人口比重（%）	农村引用自来水人口比重（%）	改厕占农户总数比例（%）
西藏	59.97	3.34	2.57	2.07	18.50	11.90	—
全国	15.78	7.09	2.40	1.65	90.60	50.40	35.00

　　资料来源：杨明洪：《论西藏进入长江上游经济带》，载《西南民族大学学报》（哲学社会科学版），2002 年第 1 期。

　　从发展潜力看，西藏自身经济开发难度较大。首先，西藏资源丰度高，但资源组合状况较差。西藏自然资源丰富，其自然资源总丰度、人均优势度均为全国第一。自然资源丰度是一个区域社会在中、低级发展阶段赖以发展生产的重要条件。但是，在经济结构尚未达到多元阶段时，自然资源的组合状况更是具有决定产业序列能否持续的意义。资源组合状况越好（各项资源在全国占有一定比重并且彼此相差不多，且能够较好地搭配开发），说明这一地区拥有资源的质与量可以成为独立推进结构变动的内在依据；反之，就不存在相对独立推进结构变动的可能性。西藏基本资源较突出的是水资源和可利用土地资源，整体组合状况并不如想象的好，在配合指数越高越不好的列表中，其数值竟然超过 105。见表 2。

　　其次，交通等基础设施滞后发展加大了西藏资源开发的成本。虽然在国家和其他省市的大力援助下，西藏的基础设施有了很大改善，但其"瓶颈"制约仍然严重，对西藏丰富资源的开发难以形成有力支撑。西藏是全国最晚通铁路的省份，在 2006 年 7 月前，区内运输方式主要以公路为主，公路运距长、等级低、路况差、断头路多、病害严重、养护费用和建设成本高。目前，全区还有 26% 的乡不通公路，墨脱县是全国唯一不通公路的县。[①] 境内仅有三个对外航空港（贡嘎、昌都和林芝机场[②]），运力明显偏弱。缺电是制约西藏经济社会发展的主要因素之一，人均装机容量和年发电量分别仅为全国平均水平的 57% 和 27%，还有 60% 的乡、80% 的农牧民用不上电。一方面，区内市场狭窄，经济社会发育程度低。西藏 80% 以上的人口为农牧民，广大农牧区仍然处于一种半自给状态。区内市场狭小，缺乏产业成长的必要空间。另一方面，西藏远离经济中心，不可能成为蛛网式的经济联系网络，能流、物流、信息流严重受阻，这就决定了西藏与内地的经济联系必然是单向的输入关系；在区域内部，地广人稀、居住分散、经济密度和城镇密度低，这就决定了区内之间的经济关联度也低，经济联系通道不畅。

---

　　① 令人可喜的是，在援藏干部的推动下，墨脱公路列入了"十一五"规划，这将彻底改变该地区经济社会发展状态。

　　② 林芝机场是西藏第三个民用机场，于 2006 年 9 月 1 日通航，该项目总投资 7.8 亿元，是西藏自治区重点工程之一。机场飞行区等级为 4C 级，设计年运送旅客量 12 万人次。

表 2 全国各省区基本资源配合指数表

类别分组	省 份	配合指数	类别分组	省 份	配合指数
配合指数 50 以下，各项资源配合较好的地区	安徽	34	配合指 80 以上，各项资源配合很不协调的地区	广东	76
	新疆	42		河北	79
	贵州	43		福建	83
	云南	45		广西	83
	四川	47.5		浙江	92
配合指数 50~80，各项资源配合较协调的地区	甘肃	51		陕西	93
	江西	55		内蒙古	105
	湖南	56		西藏	106
	黑龙江	56		青海	107
	河南	63		江苏	117
	吉林	65		辽宁	121
	湖北	67		陕西	129
	山东	70		宁夏	151

注：本表未列入三个直辖市、海南省和台湾地区。

资料来源：孙勇：《西藏：非典型二元结构下的发展改革》，中国藏学出版社，2000 年版。

　　此外，教育、科技落后，所需建设人才严重匮乏，人口整体素质偏低，这在很大程度上影响了西藏丰富资源的开发，以及经济发展的速度和质量。同时，反分裂斗争仍将长期存在，西藏经济社会发展面临复杂、尖锐的反分裂斗争。[①] 西藏特殊的自然地理因素、经济因素、政治因素对西藏资源开发、经济发展的影响将集中体现在区域发展成本高于内地任何地区，投资因为高成本导致的比较劣势或为避免商业风险而远离这一地区就成为一种必然的选择。[②]

　　与其他国家一样，除了实现收入再分配目标，缓解区域不平衡之外，中国还赋予全国援藏政策以多重目标，如通过工业化实现迅速的增长和工业化，利用援藏资金提高商品质量和技术水平，配合产业政策促进结构调整，这是典型的"国家积极主义"的思想。

[①] 杨荫凯：《实施七大战略，促进自治区经济的快速发展》，http://www.sdpc.gov.cn。
[②] 有关学者从宏观角度对西藏区域发展成本进行了核算，得出以下基本结论：从总体上看，西藏经济发展成本一直高于全国平均水平和其他经济区域的平均水平，约为全国平均水平的 150%~170%；从空间上看，西藏经济发展的成本也高于东部、中部和西部地区；从产业结构上看，西藏各产业的发展成本与全国平均水平和各经济带的差异（2000 年），第一产业大致在 130%~140%、第二产业在 130%~160%、第三产业在 210%~230%。见郭凤芝：《区域成本差异对西藏经济的影响———一个宏观的研究视角》，载《中国藏学》，2004 年第 3 期。

2. "全国援藏"的政治目标：反对分裂主义，促进西藏社会局势从基本稳定到长治久安

自 13 世纪西藏被纳入中原王朝的统治范围之后，藏民族就成为中华民族不可分割的一部分。由于西藏地处边疆地区，区内国境线长，以少数民族为主体，历代统治者都十分注重西藏对国家统一的重要性。正是由于西藏在巩固国防与维持国家统一中具有特殊地位，新中国成立以来西藏的发展一直受到中央政府与国内其他地区的关注。

从地缘政治来看，西藏的南部与西部分别与缅甸、印度、不丹、锡金、尼泊尔、克什米尔等国家与地区接壤，边境线长达 3824 公里，占全国陆地边境线的 1/6 以上，居全国第三，扼我国与南亚次大陆联系之要冲。从地缘条件看，西藏北部与新疆相邻，北部与东北部与青海相接，东部与东南部分别与四川、云南相接，历史上与西北与西南其他地区往来密切。从边境贸易来看，西藏与我国相邻国家和地区之间有着悠久的经济、文化交往历史，传统的民间贸易互市点有 200 多个，现已开放 8 个边境口岸，其中樟木与普兰为国家二级口岸。西藏自治区有 5 个地区 21 个县位于沿边地区。[1] 可见，西藏对整个国家的稳定、协调发展以及其他地区的发展均会产生很大影响。

从反分裂的斗争形势来看，长期以来，国际敌对势力及达赖集团以西藏为工具，多次制造"藏独"事端，试图达到分裂祖国、破坏民族团结的目的。只有通过"全国援藏"促进西藏经济社会快速发展，不断完善基础设施，人民安居乐业，用实践证明西藏的发展离不开祖国大家庭，才能有效地反击国际敌对势力的破坏活动。近年来，达赖集团的分裂活动进一步向农牧区深透，影响和干扰了西藏发展与稳定的大局，针对"藏独"的斗争仍将是长期艰巨的任务。

从民族关系来看，西藏是中国藏族最主要的分布区域之一，集中了中国藏族人口的45.62%。除世居的藏族外，还居住有汉、门巴、珞巴、回、纳西等 37 个民族。其中，藏族人口最多，占全区总人口的 95.69%，汉、门巴、珞巴、回、纳西等主要聚居民族人口相对较少，分别只占 3.54%、0.35%、0.11%、0.04%和 0.06%，而其他少数民族仅占 0.21%。只有通过"全国援藏"促进西藏发展，加速西藏的现代化进程，才能真正缩小乃至消除民族间事实上的不平等，从而妥善处理并解决好民族间利益摩擦、宗教纠纷等问题，切实巩固民族团结，促进各项建设措施、政策的落实和经济的良好运行，确保西藏自身乃至中国社会的长期稳定和持续发展。

(二) 中央的权威

中央的权威在"全国援藏"格局的形成中起着决定性的作用。如前所述，西藏在中国区域发展中具有重要的战略地位，它肩负着国家统一、民族团结、政治稳定、生态保护、可持续发展等多重任务。正如第三次"中央西藏工作座谈会"所指出的那样："西藏的工作在国家的全部工作中居于重要的战略地位，西藏的稳定，涉及国家的稳定；西藏的发展，涉及国家的发展；西藏的安全，涉及国家的安全"；并强调"绝不能让西藏从祖国分裂出去，也绝不能让西藏长期处于落后状态"。

---

[1] 张可云：《论西藏自治区在全国经济社会发展中的地位》，载《西藏研究》，1998 年第 3 期。

面对西藏经济社会发展基础薄弱，并处于极端复杂的国际环境的现状，自西藏和平解放以来，中央政府要做的事就是，发挥自己的权威，采取一切措施支持西藏的发展。这突出地表现在以下两个方面：

第一，中央号召和鼓励其他省市实行对口支援。从第一次西藏工作会议（1981年）以来就逐步形成了以中央各部委和对口支援省（市、自治区）为主的对口支援西藏体系。对口支援西藏是中央"全国支援西藏"，"先富帮后富、发达省市要支援少数民族地区发展"指导思想的具体实践。而对口支援政策的实质是中央有计划地安排东部发达省（市、自治区）的经济文化导入西藏，向西藏倾斜、扩散。参与对口援助的省市区，把对西藏的援助看成是中央交办的政治任务，并成立相应的工作部门负责此项工作。有的省市将对口援助市县的发展纳入本省市的发展规划和目标，以不同的方式，对西藏受援地提出了长远支援的规划和设想。有的将对口支援地区作为本省市的一个特殊地区，纳入本省市的"九五"计划和2010年发展规划统筹安排。[①]

第二，中央通过财力的调整支持西藏发展。一方面，通过中央财政参与其他富庶省份的一部分社会产品的分配；另一方面，通过实施税收优惠政策支持西藏发展。它的直接目的和直接效果是减轻了纳税人的税收负担，对纳税人来说实际上是政府给予的一种无偿援助或补贴。中央对西藏的补贴作为平衡地方财政收入差距的转移性支付，从中央政府的角度看，支付是无偿的；从西藏看，则意味着财政收入的增加。西藏由于经济发展先天条件不足，投资环境较差，投资回报率低，工业产值比重小，对其他产业联动力弱等，从而导致税基窄、税源少，西藏地方财政收不抵支，主要依靠中央财政补贴来平衡收支，维持地方经济的运行发展。而国家为了实现特定的社会经济目标而作出的税收牺牲，其实质是政府"放弃"一部分税收收入和财政收入。

总之，与全国平均水平相比，西藏经济社会发展水平相对滞后，并有进一步扩大的趋势；同时，从自身发展潜力来看，西藏很难实现区域经济的良性发展。中央权威的发挥就成为"全国援藏"形成的必要基础。

二、"全国援藏"格局的演化标志：中央西藏工作座谈会

在计划经济时期，物资平衡制度、严格紧张的线性规划和投入产出控制以及纵向的协调与控制使地方政府失去了自决权，并且通过命令式的手段迫使地方政府贯彻中央政府的全国援藏政策，在这种情况下，只能采取"撒胡椒面"式的"全国援藏"方式。

改革开放后，随着中国经济中"市场"成分的迅速提高，地方政府的自主性逐步提高，地方经济实力逐步增强，计划性得以削弱，但宏观调控、产业政策等市场手段开始启动并反映了国家在"全国援藏"发展规划中的总体意图，更多地强调增强西藏自我发展能力。因为从政治传统上讲，中央政府始终将"引导"地区经济和社会发展作为己任，对完全由市场发挥作用所导致的失衡表示担忧，历史经验也证明了这一点。1980

---

① 陈奎元：《第三次西藏会议带来新的春天》，http://news.cnpc.com.cn/system/2008/09/21/001200523.shtml.

年、1984 年、1994 年、2001 年分别召开了四次中央西藏工作座谈会。从四次中央西藏工作座谈会的发展历程，可以看出"全国援藏"对西藏治藏策略的改变（参见表 3）。

表 3　中央西藏工作座谈会情况一览表

内容	第一次（1980）	第二次（1984）	第三次（1994）	第四次（2001）
指导思想	从西藏实际情况出发，千方百计医治"文化大革命"造成的创伤，提高各族人民的物质生活水平和文化科学水平，建设边疆，巩固边防，有计划、有步骤地使西藏兴旺发达、繁荣富裕起来	今后相当长的时期内的主要任务是大力开发能源，发展交通运输业；进一步放宽政策，促进农牧林业和民族手工业发展；努力办好教育事业，发展和繁荣文化艺术；对外开放，对内加强交流	围绕西藏的发展和稳定两件大事，研究新情况，解决新问题，进一步明确加强西藏工作的指导思想，落实加快发展和维护稳定的各项措施，努力开创西藏工作的新局面	总结第三次中央西藏工作座谈会以来西藏工作的成绩和经验，分析 21 世纪初西藏工作面临的形势和任务，研究进一步做好西藏工作的一些重大问题，促进西藏实现跨越式发展和长治久安
标志性文件	中央转发关于《西藏工作座谈会纪要的通知》，即中发〔1980〕31 号文件	中央转发关于《西藏工作座谈会纪要的通知》，即中发〔1984〕6 号文件	中央转发关于《西藏工作座谈会纪要的通知》，即中发〔1994〕8 文件	中央转发关于《西藏工作座谈会纪要的通知》，即中发〔2001〕8 文件
主要政策	中央为西藏制定八项方针，办好六件大事，着重点在农牧区；采取了一系列发展经济、治穷致富的休养生息的政策：一是最大限度地下放生产经营自主权；二是免征农牧业税，取消一切形式的派购任务；三是废除一切形式的摊派用工，减轻群众负担；四是调剂职工、居民必需的供应	以经济建设为中心，加快西藏的经济发展：一是继续免征农业税到 1990 年；二是更大限度下放生产经营自主权；三是对县区中小学实行"三包"政策；四是加强对内对外经济协作和联系	7 个方面 31 条：一是在财政税收政策方面，中央对西藏实行"核定基数、定额递增、专项扶持"的财政补贴政策，税收实行"税制一致，适当变通，从轻从减"的政策；二是继续实行优惠的贷款利率和保险政策；三是重点投资和支持西藏的大中型骨干和社会发展项目；四是实行"放宽政策、扩大开放、加快发展"的政策	进一步加大对西藏的建设资金投入和实行优惠政策的力度，继续加强对口支援；考虑到西藏的特殊情况，西藏的重点建设项目资金主要由国家来承担
项目	——	43 项工程	62 项工程	117 项工程
制度变迁特点	全国集中人力、物力、财力支援西藏发展	以经济建设为中心，着重抓农牧业生产，"43 项"工程改善了西藏的基础设施	确定了"分片负责、对口支援、定期轮换"的援藏方式，全国 15 个省市（后增加重庆市）对口支援西藏 7 个地市，中央各部委对口支援西藏自治各部门	对口支援西藏工作在现有的基础上再延续 10 年，将西藏尚未建立对口支援关系的 29 个县，以不同的方式全部纳入对口支援范围

资料来源：根据http://www.tibetinfor.com.cn/zhengfu/menu_lcgzhy.htm 相关资料整理。

1980年召开第一次中央西藏工作座谈会，提出西藏工作的目标是恢复经济，尽快使西藏兴旺发达、繁荣富裕起来。在经济发展政策方面，一方面通过各种优惠政策，如减免农业税、最大限度下放生产经营权等一系列发展经济、治穷致富的休养生息政策来发展农牧业；另一方面通过集中全国有限的人力、物力、财力来支援西藏发展交通、电力等基础设施。

1984年召开第二次中央西藏工作座谈会，提出西藏工作的目标是进一步放宽政策，让西藏人民尽快富裕起来，重点在农牧区。因此，在经济发展政策上，实行以家庭经营为主，以市场调节为辅的生产经营政策；逐步从封闭式经济转变为开放式经济；在家庭经营责任制上实行"两个长期不变"的政策，即"土地归户使用、自主经营长期不变"和"牲畜归户、私有私养、自主经营长期不变"。同时九省市援建了西藏发展迫切需要的43项工程。总体上看，两次中央西藏工作座谈会期间，"全国援藏"主要是集中全国人力、物力、财力支援西藏发展。

1994年召开第三次中央西藏工作座谈会，提出了"一个中心、三个确保"（以经济建设为中心，确保西藏经济的发展，确保社会的全面进步和长治久安，确保人民生活水平的不断提高）的发展目标；根据西藏的具体情况，给予一系列优惠政策和扶持措施，并在财政税收、金融、投融资、外贸等8个方面给予西藏新的优惠政策；确定为西藏安排62个建设项目，并确定了"分片负责、对口支援、定期轮换"对口援藏方式。通过这次会议，全国援藏形成了以干部为纽带，以项目为龙头，以资金为依托的稳定的对口援藏机制。

2001年召开第四次中央西藏工作座谈会，提出西藏工作的目标是"一个中心、两个促进"（即集中力量解决事关西藏发展稳定全局的重大问题，促进西藏经济从加快发展到跨越式发展，促进西藏社会局势从基本稳定到长治久安）。发展政策上要进一步加大对西藏的建设资金投入和实行优惠政策的力度，确定了国家直接投资的建设项目117个。同时，对口支援广度、深度进一步拓宽，对口支援西藏工作在现有的基础上再延续10年，将西藏尚未建立对口支援关系的29个县，以不同的方式全部纳入对口支援范围。这次会议之后，西藏的72个县和双湖特别行政区都全部纳入了对口支援的范围。

从4次中央西藏工作座谈会的发展目标及政策演变过程我们可以看出，随着国家经济社会形势的发展，全国援藏由最初的以人力、物力、财力为主且无连续性逐渐向以干部为纽带，以项目为龙头，以资金为依托的稳定的对口援藏机制转变，说明国家对西藏的发展思路正在由面的发展向点的发展转变，由扶贫式援助向开发式援助转变。

三、"全国援藏"：区域开发方式的特殊性

世界各国对区域发展都十分重视，结合本国经济发展的要求及各地区的特点，分别采取了因地制宜的区域发展政策，制定了相应的区域开发战略和地区发展规划。如美国著名的田纳西河流域开发及阿巴拉契亚地区改造、日本的四次综合开发计划等。但与国内外区域政策相比，西藏特殊的战略位置、发展较为滞后的经济社会条件，决定了全国

援藏的特殊性。

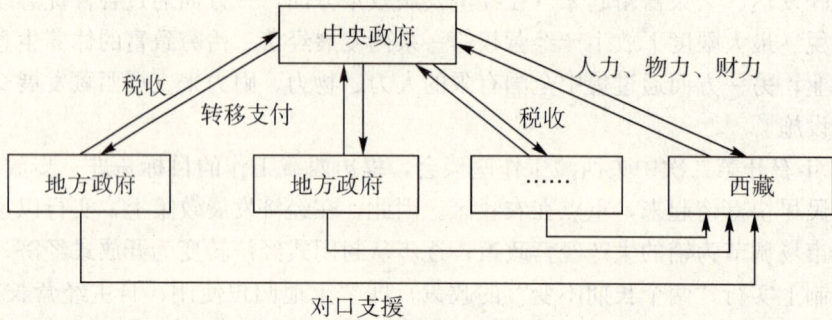

（一）援藏主体的多元化

国内外支援相对落后地区发展的经验显示，一般都是中央政府通过财政转移支付、专项补助等方式划拨资金，解决相对落后地区发展中的交通、教育等瓶颈问题，培育经济增长极，促进区域形成自我发展能力，促进区域自我良性循环的发展机制。在这个过程中，援助主体主要是中央政府。但在"全国援藏"中，援助主体不仅有中央政府，还有中央各部委，甚至包括援藏省（市、自治区）及国有大型企业。"全国援藏"援助主体由 20 世纪 50 年代最初的以中央政府援助为主体、其他省（市、自治区）为辅，逐步扩大到第二次西藏工作会议期间由 9 省市及相关国家部门援建 43 项工程。第三次西藏工作会议期间 15 个省市区、国家 40 多个部委形成定期轮换的对口援藏机制，并且由 15 个省市、13 个部委援建 62 项工程，第四次西藏工作会议期间 23 个省市区、国家 40 个部委及 15 户国家大型企业及行业内系统对口援藏，全国援建 117 项工程。可见，"全国援藏"主体经历了由点向面，由以中央政府为主到中央政府、援藏省（市、自治区）、中央各部委、企业对口援藏，由不完善到逐步完善，从而形成稳定发展机制的历程。

表 4　分阶段"全国援藏"的主体和方式一览表

阶　段	援助主体	援助方式
改革开放前（1951—1980）	中央政府、全国支援	财力、物力、人力，以面为主
第一次西藏工作会议后（1981—1984）	中央政府、全国支援	财力、物力、人力、政策，以面为主
第二次西藏工作会议后（1985—1994）	中央政府、全国支援；北京、上海等 9 省市及国家相关部门援建 43 项工程	财力、物力、人力、政策、项目，以面为主
第三次西藏工作会议后（1995—2001）	15 个省（市、自治区）、中央国家机关 40 多个部委对口援藏 44 县；13 个部委、29 个省、6 个计划单列市援建 62 项工程	财力、物力、人力、政策、技术、项目、管理、对口援藏，点面结合

阶　段	援助主体	援助方式
第四次西藏工作会议后（2002—）	23 个省（市、自治区）、15 个省市区（市、自治区）、中央国家机关 40 多个部委、15 户国家大型企业对口援藏 73 县及双湖特别行政区，全国行业系统内援藏；13 个部委、29 个省、6 个计划单列市援建 117 项工程	财力、物力、人力、政策、技术、项目、管理、对口援藏，点面结合

资料来源：根据"全国援藏"相关资料整理。

（二）援藏方式的多样性

从援助方式角度比较，国内外中央政府援助相对落后地区发展一般采用财政、金融等优惠政策为相对落后区域提供资金支持，从而促进区域的发展。在"全国援藏"中，中央政府不仅采取了财政、金融等政策为西藏发展提供持续的资金支持，同时还提供人力、物力以及项目、技术等支援，并于 1994 年第三次中央西藏工作座谈会上形成了"分片负责、对口支援、定期轮换"的对口支援西藏政策，形成了中央支持与对口支援有机结合的"全国援藏"发展格局。从第二次西藏工作座谈会开始，国家分别对西藏援建了"43 项"工程、"62 项"工程、"117 项"工程，共计约 366 亿元；截至 2004 年 6 月，对口援藏省（市、自治区）援建了 646 个项目，中央各部委 140 个项目，共计 42.2 亿元。[①] 在对口援建项目中，援建单位还提供相关的技术、管理支持。此外，从西藏 20 世纪 50 年代的知识分子支边，到现在国家制定政策鼓励内地干部、科技人员支援民族地区以及 1995 年后选派对口援藏干部，据不完全统计，国家共派出 12 万多人次支援西藏建设。[②]

（三）援助时效的长期性

自西藏和平解放以来，全国援藏从青康、川藏公路建设就开始了，一直持续至今。1994 年第三次中央西藏工作座谈会明确了"一个中心，两件大事，三个确定"的新时期西藏工作指导方针，作出了"分片负责、对口支援、定期轮换"支援西藏的重要决策，形成了中央关心、全国支援的"全国援藏"的稳定机制。中央第四次中央西藏工作座谈会将对口援藏工作在原定 10 年的基础上再延长 10 年，同时进一步加大援藏力度，扩大对口支援范围，使西藏 72 县及双湖特别行政区全部纳入对口援助。兄弟省市根据对口援助地区的实际情况，实施了有针对性的援助项目，如对口支援林芝地区的广东、福建两省 1994—2004 年 10 年来共投入援藏资金近 14 亿元，建设项目达 638 个[③]，这些资金项目促进了区域经济的跨越式发展。据不完全统计，1952 年至 2004 年，仅中央财

---

① 王安民：《援藏，我们共同的事业》，载《中国西藏》，2005 年第 4 期。
② 乔元忠主编：《全国支援西藏》，西藏人民出版社，2001 年版。
③ 根据笔者 2004 年 8 月到西藏自治区林芝地区行政公署调研资料所得。

政补助累计达 971.57 亿元①，而同期西藏地方财政收入累计仅 63.91 亿元。可见，全国援藏是西藏发展的持续动力，并且从发展趋势看，援藏机制不断完善，援藏力度不断加强，援藏规模不断扩大。

（四）援藏空间的连续性

从地域空间角度看，西藏自治区的援藏和其他藏区的援藏是一个连续体。对西藏自治区的援藏指援藏主体给予的人力、物力、财力援助最终落实到西藏的"一市六区"，如"43"项、"62"项、"117 项"工程等都是属于西藏境内的援藏。对其他藏区的援藏主要指的是援藏主体给予的各种援助落实的地域空间在西藏区域外，有两种表现形式：一种是在除西藏以外的其他藏区，如云南、四川、甘肃、青海等藏区得到的对口支援；另一种是在非藏区的地域范围，如全国各地的西藏中学、西藏班，北京市西藏饭店，中国藏医院，成都市给予西藏自治区职工住房修建的土地等优惠政策。

无论怎样，"全国援藏"在空间上是一个连续体。这突出地表现在以下两个方面：一是中央强调对西藏自治区的援助，同时也重视对其他藏区的援助，从来没有顾此失彼的政策。客观上，由于西藏自治区是省级民族自治地方，其他则是市县级民族自治地方，在落实中央政策时，西藏自治区与其他藏区权限的不同客观上造成了具体政策上的差异，但没有本质差异，均体现了中央和其他地区对藏区的照顾。因此，"全国援藏"在区域空间上是连续的。二是很多援助延伸到藏区以外的地区，如成都市、北京市、上海市等很多大城市接纳了大量的藏民就业、就学，并形成若干个藏民社区。事实上，一些援藏项目及有关藏学的学术机构也处于藏区以外的大中城市。在内地，藏民都得到了很大的照顾。

四、"全国援藏"：效果的基本评价

（一）推动了西藏整体经济的发展

无论从 GDP 总量还是人均 GDP 来看，都有了很大的提高。1952 年和平解放以来，历经不同的历史时期，西藏 GDP 总量由 1.32 亿元增加到 2007 年的 342.19 亿元。以不变价格计算，2007 年的 GDP 是 1952 年的 57 倍。伴随着总量增长，人均 GDP 也由 1951 年的 114 元增加到 2007 年的 12109 元。1996 年以来，西藏国内生产总值连续 12 年高于全国，最高年份 2001 年高于全国 4.5 个百分点。从生产总值增长速度来看，西藏 GDP 增长速度加快，经济发展表现出了良好的发展态势，见图 5。西藏 GDP 总量占全国比重在经历了 1995 年的低谷后，该比值呈现稳定的增长趋势，说明西藏经济在经历较长时期的高速持续增长后，规模总量得以相应的增长。其变化幅度在 1981 年、1985 年、2002 年有了相对大的增长，而这三年分别是三次西藏工作座谈会召开后的第

---

① 由于统计资料的限制，我们无法准确获得历年"全国援藏"资金数额，但是中央财政补助是"全国援藏"资金的重要组成部分，我们以此数额说明援藏资金的变化趋势。

二年，是全国援藏力度加大所产生的直接效应。

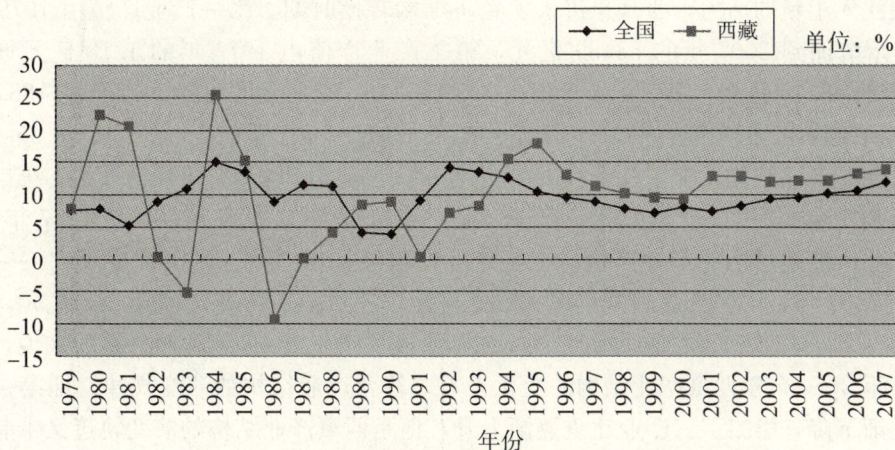

图 5　历年西藏与全国 GDP 增长率（1979—2007）

从人均国内生产总值差距来看，在绝对差距上，西藏经济发展经历了从高于到低于全国平均水平的历程，并且差距有日益扩大的趋势；在相对差距上，西藏经济发展与全国差距先扩大后逐渐缩小，见图 6。1986 年以前西藏人均 GDP 高于全国平均水平，但1986 年以后，西藏人均 GDP 一直低于全国人均 GDP。1986 年西藏人均 GDP 低于全国114 元，占全国人均 GDP 的 88.06%；1995 年西藏人均 GDP 与全国的差距扩大到 2502元，占全国人均 GDP 的 48.45%；2002 年西藏人均 GDP 与全国的差距为 2527 元，占全国人均 GDP 的 64.34%；到 2004 年，西藏人均 GDP 与全国的差距为 2782 元，占全国人均 GDP 的 73.66%。2007 年，西藏人均 GDP 与全国的差距为 6825 元，占全国人均 GDP 的 63.95%。

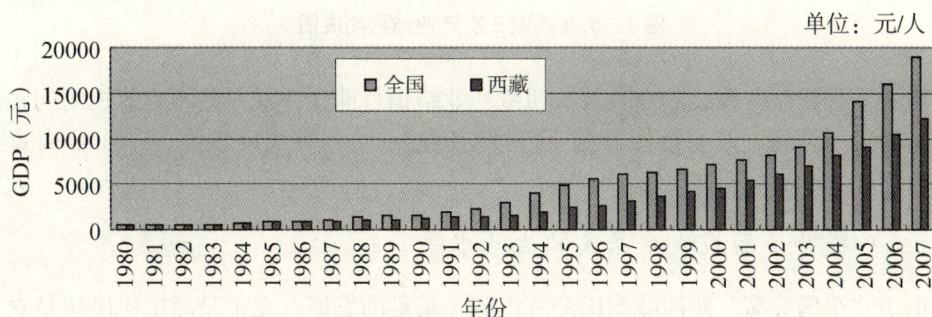

图 6　西藏与全国人均 GDP

但是由于西藏基础薄弱，所以从 GDP 总量及人均 GDP 看，西藏仍实力较弱，与全国存在较大差距。

（二）加速了西藏经济结构转换

1951 年西藏三次产业的比重为 97.7：0：2.3，为典型的农业社会。1978 年该比例

西部发展评论（2011）

关系为 50.7：27.7：21.6，为下坡型结构。西藏工作座谈会后，政策环境的变化为产业发展注入了新的活力，西藏也进入了经济结构转换时期。第一产业产值由 1979 年的 3.5 亿元增加到 2007 年的 54.89 亿元，第二产业产值由 1979 年的 1.78 亿元增加到 2007 年的 98.48 亿元，第三产业产值由 1979 年的 1.78 亿元增加到 2007 年的 188.82 亿元。产值结构由 1979 年的 47.9：27.7：24.4 增加到 2007 年的 16.0：28.8：55.2。在这一时期，产业结构发生了几个较大的变化：一是自 20 世纪 80 年代初开始，第二产业的产值和比重低于第一产业和第三产业，且一直持续到 21 世纪初；二是 1997 年开始，第三产业产值超过第一产业产值，三次产业产值结构由"一三二"变成了"三一二"；三是在 2003 年，第二产业产值实现 47.99 亿元，超过第一产业产值 40.62 亿元，比重达到 26：22，三次产业结构再由"三一二"变成了"三二一"（图 7）。总的来说，从和平解放至今 50 余年西藏产业结构的变化来看，符合产业结构的演变规律，即第一产业比重逐渐下降，第二、三产业比重逐渐上升，但是西藏产业结构的演变轨迹又带有很大的特殊性。

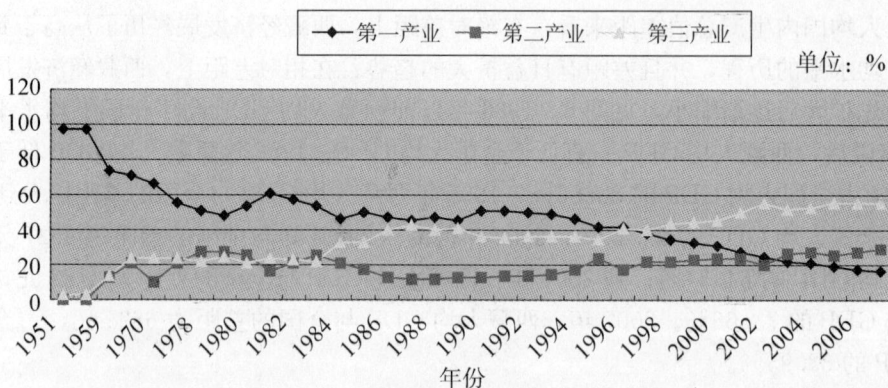

图 7　历年西藏三次产业结构构成图

由于基础异常薄弱、起点较低，西藏产业结构目前还存在一些不容忽视的问题，如产业结构仍不合理、产业结构与就业结构不匹配、结构偏离度较高、产业结构效益较差等。

（三）提升了西藏城乡居民的生活水平

由于"全国援藏"使西藏国民经济得到了长足的发展，无论是城市居民还是农业劳动者都从中得到了实惠，增加了收入。从 1978 年到 2007 年，西藏农村居民人均纯收入由 175 元增加到了 2788 元，30 年增加了 30 倍；西藏城镇居民的人均收入由 565 元增加到了 11131 元，同期，城镇居民的人均收入增加了 20 倍。同时，西藏居民住房等生活条件大幅度改善。国家用援藏资金扶持建立了许多建材企业，形成了国家、集体、个人一起办建材的局面，使得广大人民群众改善居住条件的愿望随时可以实现。截止到 2007 年，西藏农村居民人均住房面积已达到 21.7 平方米，城镇居民的人均居住面积也已达 32.7 平方米。

援藏项目的建设为西藏广大劳动者提供了充分的就业机会，使得劳动者的收入水平迅速提高，这就为劳动者购买耐用消费品创造了经济条件。当然，城市居民获得收入的渠道就更畅通一些，城市居民的就业率高达 52.63%。即便是不直接参与援藏建设的广大人民群众，也可以在援藏工作进程中获得收益。由于援藏工作的开展，四面八方的信息不断流入西藏这片古老的土地，使信息这种新的生产要素在西藏建设中发挥了巨大的作用，成了实实在在的新的生产力。同时，由于援藏过程中有一部分内地劳动者来西藏帮助建设援藏项目，这些劳动者带来的生活方式也对脱胎于封建农奴制社会的西藏各族群众产生了巨大的影响。对于现代化的生活用品逐步认识并积极接受，这种变化在耐用消费品的消费方面表现得尤为突出。据拉萨市统计局调查，2007 年年末，自治区每百户拥有洗衣机 8.58 台，电冰箱 10.13 台，彩色电视机 53.91 台，影碟机 71.25 台。这样高的耐用消费品拥有率与内地相比也是毫不逊色的，而这一局面的出现是与大规模的援藏建设所带来的劳动者思想观念的变化密不可分的。

（四）加快了西藏基础设施建设的步伐

在全国大力援助下，西藏夯实了能源、交通、通讯等基础设施。我们以通讯和交通为例来进行说明。

1. 通讯方面

1979 年，西藏自治区 6 个地市仍有两个地区 51 个县不通长途电话，22 个县没有市话，大部分县以短波为主要通讯手段，维持最简单的无线电通信联系。经过 30 年的建设，特别是第二、第三次西藏工作座谈会确定的相关援建项目建设，西藏邮电通讯事业实现了跨越式发展。兰州—西宁—拉萨光缆、拉萨至日喀则、山南、林芝、昌都光缆均已贯通，共建长途光缆 5318 公里，光缆通达 6 个地市 51 个县 25 个乡镇。建成覆盖所有地县的 77 座 VSAT/TES 卫星通信地面站和 5 座 IDR 卫星通信地面站，形成了区内卫星通信骨干网。开通了国际国内长途电话，全区所有县进入全国长途自动交换网，实现了县县通电话的目标。数字微波一点多址农话系统在 25 县建成投入使用，实现全区 33.6% 的乡镇通电话。目前，西藏形成了以拉萨为中心，覆盖全区，由光缆、卫星传输，集程控交换、卫星通信、数字通信、移动通信于一体，达到当代先进水平的通信网络。由于援藏资金、技术、人才的注入，西藏邮电通信面貌发生了巨大变化。邮电通信业成为西藏发展最快的行业之一，在很大程度上改变了人民的生活方式，促进了地方经济社会事业的发展。

2. 交通方面

自 1985 年来，青藏公路砂石路面改造工程竣工，二级黑色路面全线贯通起，西藏公路"黑色化"的序幕被拉开。1986 年至 1999 年先后维修、整治了川藏公路、中尼公路、黑昌公路、昌邦公路和新藏公路大部分路面的桥涵，新增黑色路面为青藏线 1160 公里、川藏 420 公里、中尼公路 270 公里、邦昌公路 130 公里、拉泽公路 200 公里，通车能力和通车里程大大提高。至 2000 年，全区公路里程达 2.25 万公里，形成以拉萨为中心、五条进出藏国道（109、317、318、214、219）为骨架，以 14 条区（省）道、70 多条边防公路为基础的公路网络。基本实现县县通公路（墨脱县仍未通公路），80% 以上的乡通公路。① 2001 年投资 120 亿元的青藏铁路开工建设，2006 年 7 月正式开通，结束了西藏没有铁路的历史。至此，西藏形成公路、铁路、航空、管道多元化的立体交通网络体系。

（五）促进了西藏社会的全面进步

"全国援藏"不仅使西藏广大人民群众的生活质量得以提高，还使其生活效果得以改善，社会发育程度不断提高。一方面，医疗卫生设施完善，人口寿命大幅度延长。自援藏工作开始实施以来，中央政府历来把建设医疗卫生设施放在重要的地位，并进行了高强度大规模的建设。自和平解放起，西藏医疗卫生事业的发展由国家全包，实行全社会福利医疗，这在全国是独一无二的。仅两次大庆期间，全国援建了 8 个大型医疗项目。到 2000 年年底，西藏全区卫生事业机构已由 1965 年自治区成立时的 193 个增加到 1237 个，增长了 5 倍多，病床床位达 6348 张，专业卫生队伍达 8948 人，每千人拥有病床数和卫生技术人员数高于全国平均水平。西藏农村合作医疗覆盖率达到 80%，受益人员占农村总人口的 55%，人口预期寿命由 20 世纪 50 年代的 35.5 岁增加到 67 岁。西藏医疗设施和医疗条件的完善是和援藏建设密不可分的，在援藏过程中建设的一大批医疗项目对西藏各族人民群众的身体健康和寿命延长起到了非常重要的作用。

同时，劳动者受教育程度大幅度提高。在和平解放前的旧西藏，劳动者及其子女是无权接受教育的，那时，西藏的文盲人口超过总人口的 95%。自 20 世纪 50 年代开始在西藏建立拉萨小学，到后来的拉萨中学，如今，援藏的教育项目遍地开花，仅第三次西藏工作座谈会以来，上海对口援助日喀则地区的教育项目就达 24 个之多。一个涵盖普通教育、幼儿教育、成人教育、职业教育、特殊教育的比较完整的教育体系已经形成。这些援藏教育项目的建成对西藏劳动者文化水平的提高产生了积极的促进作用。1995 年 10 月 1 日零时对 1‰ 的人口抽样调查表明，西藏每 10 万人中接受过各种层次文化教育的人数分别为：接受大学以上教育的 785 人，比 1990 年人口普查上升 211 人；接受高中教育的 2695 人，比 1990 年人口普查上升 573 人；接受初中教育的 4100 人，比 1990 年人口普查上升 250 人；接受小学教育的 23172 人，比 1990 年人口普查上升 4575 人。全区文盲人口为 95.6 万人，与 1990 年第四次人口普查相比，文盲人口占总人口的比重由 44.4% 下降到 40%。上述数字说明，近年来的援藏教育建设，在提高西藏人口的教育水平方面起到了积极的促进作用，使各族群众顺利进入小康生活进程。

（六）诱发西藏"依赖型经济"的形成

为了让西藏跟内地经济社会同步发展，国家及援藏省市区持续不断地对西藏进行人力、物力及财力等各方面的援助。这种援助的客观结果在很大程度上诱发了西藏"依赖型经济"的形成：一方面，西藏始终依赖内地提供的能源、原料和商品以维持生产和消费，而且这种依赖性越来越大；另一方面，西藏经济发展一直缺乏自我发展能力，主要依靠国家财政补助及援藏省市区的援助进行运转。

---

① 潘久艳：《交通与西藏经济发展实证研究》，载《贵州民族研究》，2005 年第 6 期。

这种"依赖型经济"带来了一些不可忽视的问题：一是全国援藏资金大多投入城市，一方面恶化了西藏的城乡二元差距，另一方面造成援藏资金使用的低效率和浪费。二是全国援藏资金偏重于基础设施建设，对西藏人力资源的开发投入偏少，在一定程度上忽视了西藏经济发展的后劲。三是由于每期援藏干部时间过短，易造成"短、平、快"的形象工程及援藏干部的双重管理，造成援藏资金没有发挥最大和最充分效用等。

当然，我们已经看到，政府为克服上述问题做出了种种努力：一是将援助向广大农牧区延伸，努力改善农牧民的基本生产和生活条件；二是将援助向教育和卫生方面大力倾斜，努力改善广大农牧区的教育和医疗卫生条件；三是进一步完善援藏制度，努力提高资金的使用效率。总之，如何优化产业结构，破解西藏二元结构，缩小城乡二元差距，改善社会发育程度，改善援藏资金效益，增强"造血功能"培育，促进西藏经济社会跨越式发展已经成为"全国援藏"进一步关注的重点。

五、简单的结论

在集中主义和权威主义占主导地位的中国政治体制中，党和政府的目标、国家利益和社会价值观念对"全国援藏"政策具有最重要的影响。本文的分析表明，实现政治安全、经济发展、社会稳定、民族团结和可持续发展，维护中华人民共和国领土的完整和经济社会的一体化发展等基本理念，是中国政府一直集中全国人力、物力、财力支援西藏发展的决策出发点，也决定了"全国援藏"与国内外区域开发方式的不同。最高决策层继承了一整套计划经济时代的思想衣钵，但这些传统的观念和指导原则随着经济改革总体意识形态的演变而经历着深刻的变化，突出表现在4次中央西藏工作座谈会发展目标及政策变化上，特别是1994年第三次中央西藏工作座谈会后确定由15省市区对口支援西藏的1市6区。

"国家主义"的"全国援藏"政策的权威性是不容挑战的，它的实施也是强制性的，但其经济绩效却处在许多争论之中。国家不顾经济规律，通过计划等行政手段集中全国人力、物力、财力支援西藏的经济社会发展，有利于减少西藏与内陆地区发展的差距，有利于国家稳定和民族团结，有利于全国的健康发展。但总的来说，"全国援藏"指导原则给西藏国民经济带来的是低效率、非竞争性、福利损失，而且在中国逐步融入全球经济一体化过程中会受到越来越大的外部挑战。上述基本理念是意识形态作用在"全国援藏"政治经济学中的产物，为了实现有中国特色的社会主义市场经济的最终目标，需要进行改变和修正。

参考文献

[1] 乔元忠，主编. 全国支援西藏 [M]. 拉萨：西藏人民出版社，2002.

[2] 靳薇. 和平解放后援藏项目社会经济效益研究 [J]. 西南民族大学学报（哲学社会科学版），2005（2）.

西部发展评论 (2011)

[3] 王安民. 援藏, 我们共同的事业 [J]. 中国西藏, 2005 (4).

[4] 中华人民共和国统计局编: 中国统计年鉴 (2006). 北京: 中国统计出版社, 2006.

[5] 西藏自治区统计局编: 西藏统计年鉴 (2006). 北京: 中国统计出版社, 2006.

[6] 杨明洪. 论西藏进入长江上游经济带 [J]. 西南民族大学学报 (哲学社会科学版), 2002 (1).

[7] 郭凤芝. 区域成本差异对西藏经济的影响——一个宏观的研究视角 [J]. 中国藏学, 2004 (3).

[8] 潘久艳. 交通与西藏经济社会发展实证研究 [J]. 贵州民族研究, 2005 (6).

[9] 杨明洪. 西藏经济跨越式发展: 治藏诉求与政策回应 [J]. 中国藏学, 2006 (2).

[10] 胡鞍钢, 温军. 西藏现代化的道路选择问题 [J]. 中国藏学, 2001 (2).

[11] 靳薇. 和平解放后援藏项目社会经济效益研究 [J]. 西南民族大学学报 (哲学社会科学版), 2005 (2).

[12] 曾晋鲁. 加大援藏力度, 实现西藏经济社会的跨越式发展 [J]. 西藏科技, 2002 (7).

[13] 马世骄. 科技援藏工作在西藏开发中的地位和作用 [J]. 西藏科技, 2002 (9).

[14] 靳薇. 西藏援建项目的社会评价与期望 [J]. 民族研究, 2000 (1).

[15] 赵承, 石永红, 等. 新援藏办法的成功实践 [J]. 瞭望新闻周刊, 1999 (1).

[16] 王清先, 王清江. 援藏建设、小康工程与制度创新——来自林芝地区的报告与启示 [J]. 西藏研究, 2002 (1).

[17] 卢秀璋. 援藏, 推动西藏快速发展 [J]. 中国西藏, 2005 (2).

[18] 王安民. 援藏, 我们共同的事业 [J]. 中国西藏, 2005 (4).

[19] 李曦辉. 援藏与西藏经济社会 50 年变迁 [J]. 中央民族大学学报 (哲学社会科学版), 2000 (5).

西部大开发以来民族地区的经济发展及未来展望[①]

郑长德

（西南民族大学经济学院　四川成都　610041）

摘　要：本文分析了民族地区在西部大开发战略实施十年来在经济发展方面取得的成就，认为西部大开发战略实施以来，民族地区经济持续平稳快速增长，经济结构不断得到优化，城乡居民生活持续改进。同时指出，相对于全国平均水平和东部发达地区，民族地区的经济发展还处于比较滞后的状态，民族地区经济发展的任务还很艰巨。当前和今后一个时期，必须继续全面深入推进西部大开发战略，坚持以改革开放为动力，加快转变经济发展方式，进一步处理好经济追赶和社会发展、生态环境建设的关系，在努力实现经济高速持续增长的同时，要特别注意通过经济增长创造就业机会与其他发展机会，特别强调发展机会的平等，实现和谐发展和共享型发展。

关键词：西部大开发　民族地区　经济发展　和谐发展　共享型发展

1999 年启动的新一轮西部大开发战略，为民族地区的经济发展带来了新的重大的发展机遇。实际上，考虑到西部地区是我国少数民族集中分布地区，因此西部大开发本质上是民族地区的大开发。西部大开发战略实施十年来，民族地区充分利用中央政府的西部大开发相关政策和国家支持民族地区发展的相关政策措施，不断提高自生能力，经济发展取得了显著的成就。[②]

一、经济持续平稳快速增长

1999 年以来，民族地区国民经济不仅增长速度快，而且持续时间长、稳定性好。据统计，1999 年民族八省区地区生产总值不到 8000 亿元，到 2009 年超过 34000 亿元，

① ［基金项目］2009 年度国家社科基金重大招标项目"新形势下推动民族地区经济社会全面发展的若干重大问题研究"（项目编号 09ZD011）的阶段性成果。

② 本文的数据和图表是作者根据《新中国五十五年统计资料汇编》、《新中国 60 年》、《中国统计年鉴》（2006—2009）及各地区 2009 年国民经济和社会发展统计公报公布的数据计算绘制。

按可比价格计算，年均增长超过11％，远高于同期全国9.86％的增长率。表1列出了各民族省区1978—2009年、1978—1999年和1998—2009年三个时期的地区生产总值的年均增长率，可以看出除新疆外，西部大开发以来，地区生产总值的年均增长率都大大加快。尤其是内蒙古，1999—2009年地区生产总值年均增长率高达16.83％，且自2002年以来内蒙古连续八年增速居全国第一。图1绘出了民族地区作为一个整体1978年以来生产总值的年增长率与全国的比较，明显可以看出西部大开发战略实施以来民族地区经济增长速度显著快于全国平均水平。表2列出了民族地区各省区1999—2009年各年的地区生产总值增长率。

表1 民族地区分时期地区生产总值年均增长率（％）

地区 年份	内蒙古	广西	贵州	云南	西藏	青海	宁夏	新疆	全国
1978—2009	12.27	10.05	9.52	9.85	10.28	8.58	9.75	10.35	9.76
1978—1999	10.15	9.27	9.02	9.79	9.40	7.15	8.96	10.46	9.72
1999—2009	16.83	11.72	10.58	9.97	12.16	11.64	11.45	10.11	9.86

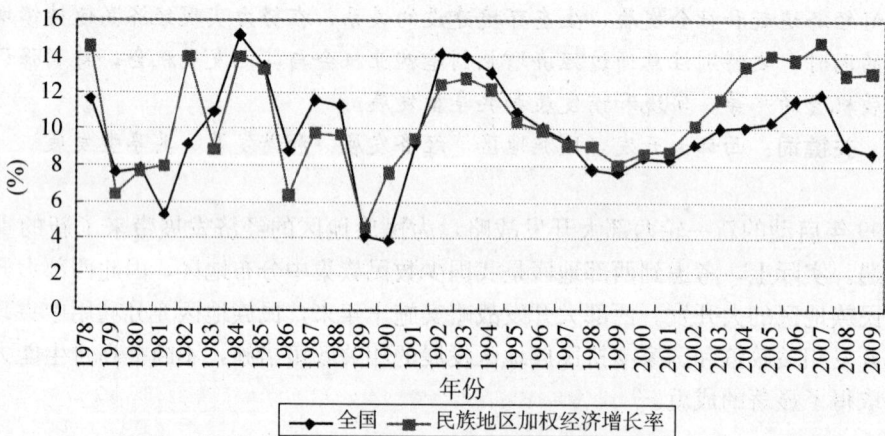

图1 民族地区生产总值年增长率（与全国平均水平比较）

表2 西部大开发以来民族地区生产总值年增长率（％）

地区 年份	内蒙古	广西	贵州	云南	西藏	青海	宁夏	新疆	全国
1999	8.8	8	8.8	7.3	12.3	8.1	9.1	7.4	7.6
2000	10.8	7.9	8.4	7.5	10.4	8.9	10.2	8.7	8.4
2001	10.7	8.3	8.8	6.8	12.7	11.7	10.1	8.6	8.3

地区 年份	内蒙古	广西	贵州	云南	西藏	青海	宁夏	新疆	全国
2002	13.2	10.6	9.1	9	12.9	12.1	10.2	8.2	9.1
2003	17.6	10.2	10.1	8.8	12	11.9	12.7	11.2	10
2004	20.9	11.8	11.4	11.3	12.1	12.3	11.2	11.4	10.1
2005	23.8	13.2	11.6	9	12.1	12.2	10.9	10.9	10.4
2006	19	13.6	11.6	11.9	13.3	12.2	12.7	11	11.6
2007	19.1	15.1	13.7	12.5	14	12.5	12.7	12.2	11.9
2008	17.2	12.8	10.2	11	10.1	12.7	12.2	11	9
2009	16.9	13.9	11	12.1	12.1	10.1	11.6	8	8.7

西部大开发以来，民族地区的经济增长不仅是持续的，而且增长的波动性不大，平稳性好。图2绘出了民族八省区和全国生产总值增长率在不同时段的变异系数，显然，1999—2009年各地区生产总值增长率的变异系数均大大小于其他两个时期，这说明最近10年里，民族地区的增长起伏不大，增长是平稳的。

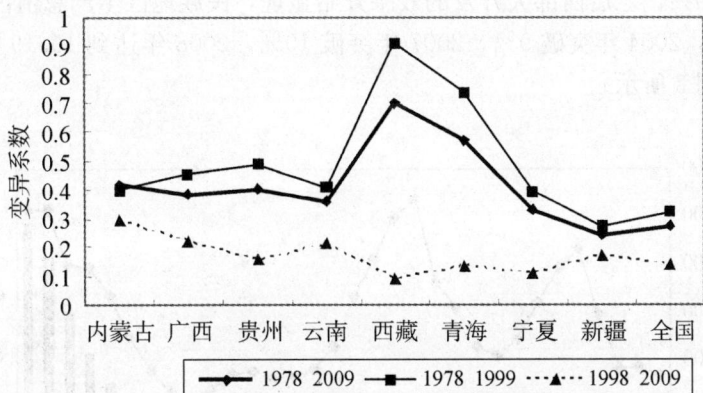

图2　不同时期民族地区经济增长率变异系数比较

经济的快速平稳增长，其结果是民族地区经济总量和人均水平均实现了历史性的大跨越，为今后的进一步发展奠定了坚实的基础。首先，各地区经济规模都有了跨越式的发展，例如内蒙古的地区生产总值从1999年的1300多亿元增加到2009年的9000多亿元，2010年肯定会突破10000亿元，成为民族地区第一个经济总量破万亿元的省区；西藏从1999年的100亿元增加到2009年的430多亿元，贵州省从1999年不到1000亿元增加到2009年的近4000亿元，其他地区经济规模增长情况如表3所示。

表 3　西部大开发以来民族地区经济规模的变化（单位：亿元）

地区 年份	内蒙古	广西	贵州	云南	西藏	青海	宁夏	新疆
1999	1379.31	1971.41	937.50	1899.82	105.98	239.38	264.58	1163.17
2000	1539.12	2080.04	1029.92	2011.19	117.80	263.68	295.02	1363.56
2001	1713.81	2279.34	1133.27	2138.31	139.16	300.13	337.44	1491.60
2002	1940.94	2523.73	1243.43	2312.82	162.04	340.65	377.16	1612.65
2003	2388.38	2821.11	1426.34	2556.02	189.09	390.20	445.36	1886.35
2004	3041.07	3433.50	1677.80	3081.91	220.34	466.10	537.16	2209.09
2005	3895.55	4075.75	1979.06	3472.89	251.21	543.32	606.10	2604.19
2006	4841.82	4828.51	2270.89	3981.31	291.01	639.50	710.76	3045.26
2007	6091.12	5955.65	2741.90	4741.31	342.19	783.61	889.20	3523.16
2008	7761.80	7171.58	3333.40	5700.10	395.91	961.53	1098.51	4203.41
2009	9275.80	7700.36	3887.00	6168.00	437.00	1081.27	1334.60	4270.00

从民族地区生产总值占全国 GDP 的比重看，1999 年为 8.88％，2000 年是 8.77％，2001 年为 8.69％，之后西部大开发的效果开始显现，民族地区生产总值占全国 GDP 的比重逐年提高，2004 年突破 9％，2007 年突破 10％，2008 年达到 10.19％，2009 年为 10.18％（如图 3 所示）。

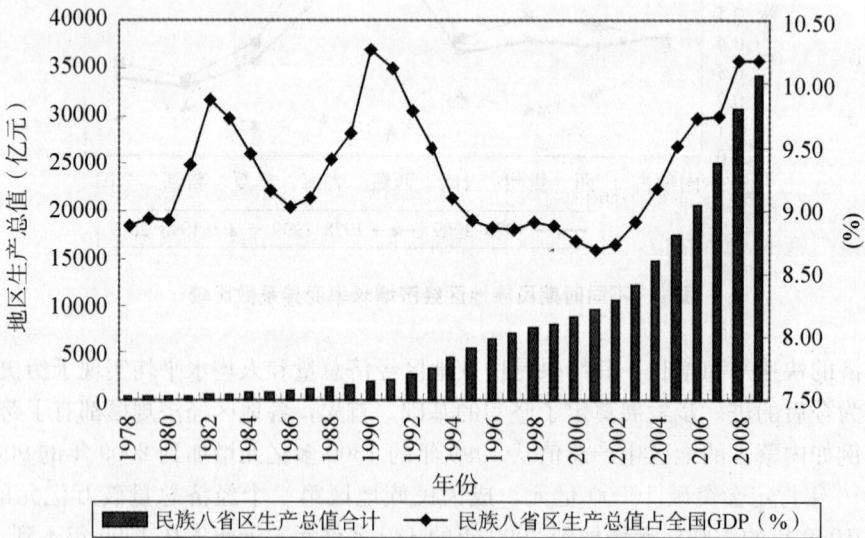

图 3　民族八省区生产总值及占全国 GDP 的比重

从人均生产总值看，各地区人均生产总值都有了大幅度提升，民族地区整体步入了人均 GDP 1000~3000 美元的发展阶段。如表 4 所示,1999 年内蒙古人均地区生产总值低于全国平均水平,2008 年则高出全国平均水平近 10000 元。2008 年与 1999 年相较,广西人均地区生产总值净增 10000 多元,贵州净增 6000 多元,云南净增 8000 多元,西藏净增 9600 多元,青海、宁夏和新疆净增 13000 多元。

表4　西部大开发以来民族地区人均地区生产总值的变化（元）

年份\地区	全国	内蒙古	广西	贵州	云南	西藏	青海	宁夏	新疆
1999	6796	5861	4444	2545	4558	4180	4662	4900	6443
2000	7858	6502	4652	2759	4770	4572	5087	5376	7372
2001	8622	7216	5058	3000	5015	5324	5735	6039	7945
2002	9398	8162	5558	3257	5366	6117	6426	6647	8457
2003	10542	10039	6169	3701	5870	6893	7277	7734	9828
2004	12336	12767	7461	4317	7012	8103	8606	9199	11337
2005	14053	16331	8788	5052	7835	9114	10045	10239	13108
2006	16165	20264	10296	5759	8970	10430	11724	11847	15000
2007	19524	25393	12555	6915	10540	12109	14257	14649	16950
2008	22698	32214	14966	8824	12587	13861	17389	17892	19893

二、经济结构优化迈出重要的步伐

经济发展不仅反映产出量的增加,更重要的是经济结构的演进。而基本的经济结构变化是生产结构和就业结构的变化。1999 年以来,随着西部大开发战略的逐步落实,各项政策措施的不断到位,民族地区经济结构调整出现了明显的积极变化。

第一,从地区生产总值在三次产业间的分布看,1998 年民族地区第一、二、三产业的产值比重为 26.55∶37.99∶35.46,到 2008 年变化为 16.02∶47.29∶36.69。第一产业产值比重进一步下降,第二产业比重上升较快,第三产业相对稳定(如图 4 所示)。历史地看,民族地区的产业结构变化在 20 世纪 90 年代初是一个很重要的分界线,自那以后民族地区第一产业产值比重稳定地低于第二产业和第三产业,目前民族地区第二产业和第三产业提供了近 85% 的生产总值。从第二产业和第三产业增加值在生产总值中的份额看,进入 21 世纪以来的近 10 年中,民族地区的生产结构正处于一个新的大规模变化时期。

第二,生产结构的变化、现代产业的发展和传统产业的地位的下降,必然会导致劳动力在部门间的重新配置,引起就业结构的变化,这种变化的一个基本趋势是:随着经

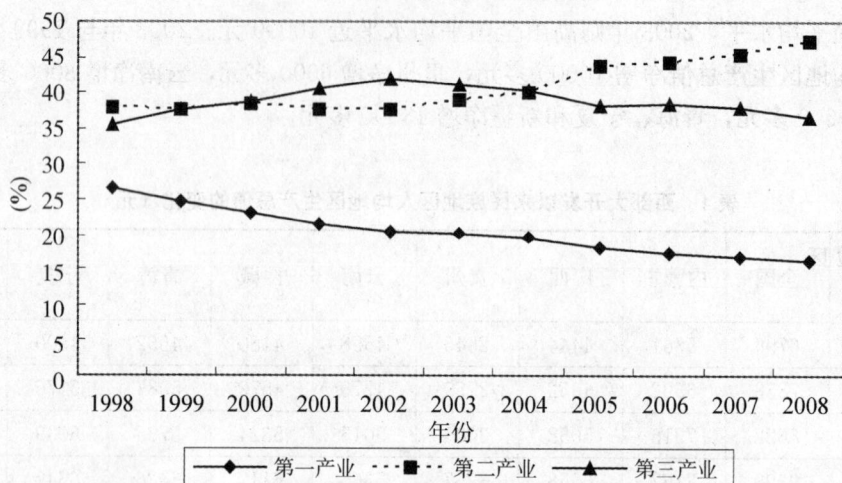

图 4　西部大开发以来民族地区产值结构的变化

济发展，劳动力逐渐由农业部门向非农业部门转移，第二产业和第三产业成为劳动力就业的主要领域。民族地区劳动力就业结构的变化是符合这一基本趋势的（如图 5 所示）。1978 年以前主要是向第二产业即工业部门转移，1978 年后主要向第三产业转移，1978年民族地区各产业劳动力份额为 79.41：11.41：9.17，1998 年为 66.89：13.26：19.85，到 2007 年各产业就业份额比例为 56.03：15.18：28.80。不过，今天民族地区大多数劳动力仍然集中于农业部门，农业劳动力占的比重仍高达 50%，个别地区达60%，其比重远大于第二产业和第三产业，比全国平均水平和东部沿海地区高许多。

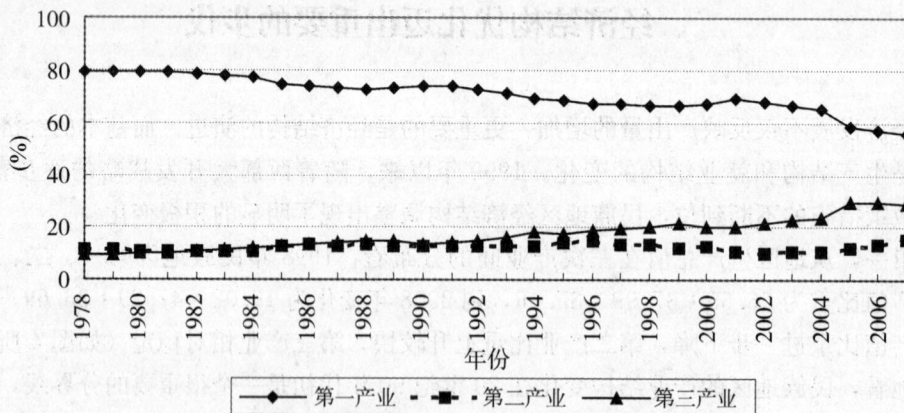

图 5　民族地区就业结构的演变

　　第三，产值结构和就业结构的变化，特别是就业结构的变化，使民族地区城市化水平快速提高。2008 年与 2000 年比较，内蒙古、广西、云南、宁夏等地城市化水平提高10 个百分点左右。

三、自我发展能力增强，城乡居民生活水平显著提高

发展成果通过国民收入的初次分配和再分配，最终反映在政府、企业和城乡居民收入的增长上。西部大开发战略实施以来，伴随着国民经济的高速增长，民族地区政府、企业、居民的收入均有了快速的增长。

（一）国民收入的初次分配

在国民收入初次分配阶段，各部门按要素分配，通过分析初次分配可以得到要素分配关系。所以，国民经济核算的初次分配探讨的内容包含要素分配。本节利用《中国国内生产总值核算历史资料 1952—2004》及《中国统计年鉴》中提供的各地区收入生产总值构成项目数据，分析民族地区国民收入的要素分配结构。

表 5 显示了 1993—2007 年民族地区生产总值的要素收入结构。可以看出，劳动者报酬比例在下降，由 1993 年的 55.19％下降到 2007 年的 42.70％，固定资产折旧变化不大，大体维持 14％的水平，生产税净额由 1993 年的 10.87％增加到 14.11％，营业盈余由 1993 年的 19.06％上升到 2007 年的 29.07％。因此，劳动收入份额自 1993 年以来处于不断下降的状态，而资本收入份额则处于不断上升的态势。

表 5　民族地区收入法生产总值构成（％）

	劳动者报酬	固定资产折旧	生产税净额	营业盈余
1993	55.19	14.87	10.87	19.06
1994	55.93	14.76	10.59	18.72
1995	57.85	13.73	11.27	17.15
1996	56.80	14.12	12.12	16.96
1997	56.83	14.93	12.48	15.76
1998	56.12	14.93	13.08	15.86
1999	55.73	14.60	13.98	15.69
2000	52.34	15.39	14.41	17.86
2001	52.23	14.68	15.17	17.92
2002	51.25	14.85	15.59	18.32
2003	50.43	13.91	14.97	20.68
2004	46.66	13.30	14.05	25.98
2005	46.43	14.35	13.22	26.01
2006	44.18	13.79	14.04	27.98
2007	42.70	14.12	14.11	29.07

如果不考虑生产税金额，把营业盈余和固定资产折旧合并，就得到国民收入在劳动

和资本间的分配关系。如图6所示，可以看到，2003年以后，民族地区劳动收入份额下降的趋势显著，到2007年低于50%。

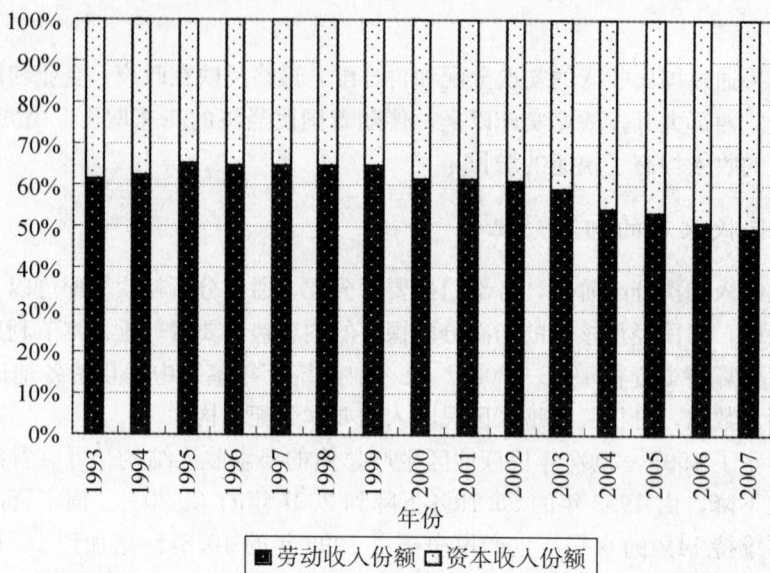

图6　民族地区劳动收入份额与资本收入份额的变化

综合上述分析，可以得到这样的判断，改革开放以来，民族地区经济增长取得了显著的成绩，社会各部门、各阶层都分享了经济增长的成果，但这种成果的分享是不平衡的，资本所有者、政府部门是改革发展红利的主要分享者，劳动者、城乡居民所分享的改革发展成果尽管绝对量在增加，但相对比重却在下降。

（二）地方财政收支增速快，自我发展能力增强

西部大开发以来，随着国民经济的快速增长，民族地区地方财政收入呈现出快速增长的态势。1998年八个民族省区地方财政一般预算收入530.47亿元，2008年达到2685.41亿元，年均增长率为17.60%，大大快于地区生产总值的年均增长率。特别是内蒙古增长最快，2008年比1998年净增加7.38倍；而且财政收入增加量一年多于一年，增长出现螺旋上升之势，其中2007年增长最快，比2006年增长了33.62%。同期民族地区财政一般预算支出由1110.3亿元增加到7385.07亿元，年均增长率为20.86%。各地区地方财政一般预算收入和支出的增长情况如图7所示。

财政收入的快速增长，提高了地方政府调控经济的能力，加强了经济和社会发展中的薄弱环节，切实加大了对落后地区和低收入群体的转移支付力度，加快了脱贫致富的步伐，有效地保障了经济社会的稳定协调发展。

（三）城乡居民收入有了大幅度提升

西部大开发以来，民族地区城乡居民收入步入了增长的快车道。图8绘出了民族地

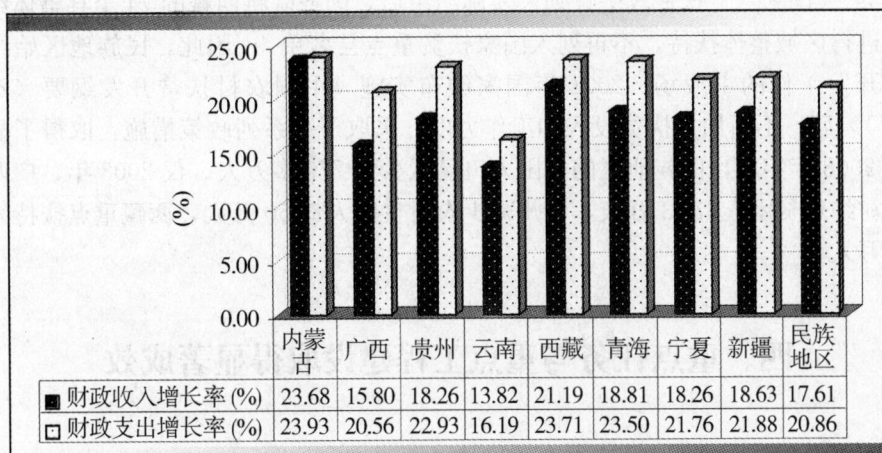

	内蒙古	广西	贵州	云南	西藏	青海	宁夏	新疆	民族地区
■ 财政收入增长率(%)	23.68	15.80	18.26	13.82	21.19	18.81	18.26	18.63	17.61
□ 财政支出增长率(%)	23.93	20.56	22.93	16.19	23.71	23.50	21.76	21.88	20.86

图7　1998—2008年民族地区财政收支增长率

区城镇居民人均可支配收入、农村居民人均纯收入、人均地区生产总值和以城乡人口为权重计算的民族地区居民加权人均收入的增长情况，可以看出，1998—2008年与以前比较，民族地区各项收入指标增长明显加速。

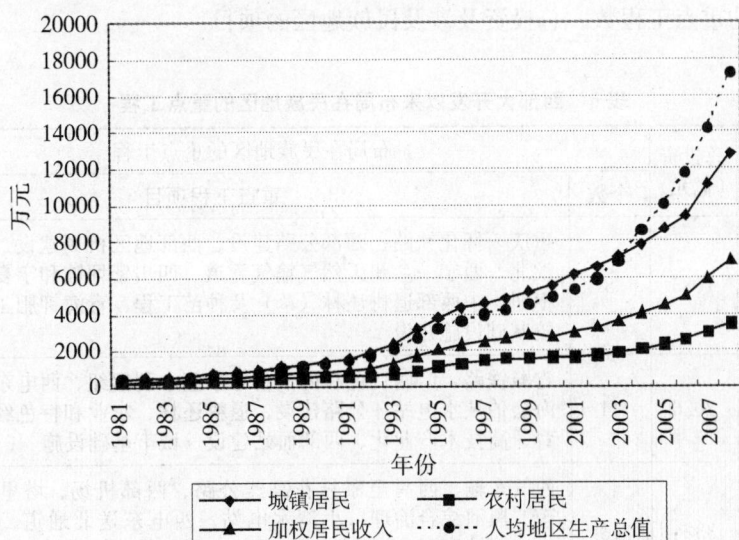

图8　民族地区居民收入的增长

（四）反贫困取得显著成效

民族地区是中国贫困人口最集中、贫困程度最深的地方。据统计，新时期592个国家扶贫开发工作重点县中，广西28个，贵州50个，云南73个，青海15个，宁夏8个，新疆27个，这几个省市区合计201个，占全国的34%。另外，西藏原列有5个国家贫困县，《国家八七扶贫攻坚计划》实施结束后，国务院将西藏的74个县整体纳入扶贫计划进行区域整体扶持，不再列入国家扶贫重点县名单。① 因此，民族地区始终是国家扶贫开发工作的主战场。2001年国家颁布实施《中国农村扶贫开发纲要（2001—2010年）》后，不断加大扶贫投入和工作力度，采取了一系列政策措施，取得了显著成效。到2008年年底，民族地区的贫困人口已减少到770多万人。仅2008年，广西全年减少农村绝对贫困人口13万人，贵州减少农村贫困人口50万人，西藏重点扶持人口减少3.9万人。

四、重点任务与重点工程建设取得显著成效

实施西部大开发战略以来，国家紧紧围绕基础设施建设、生态建设和环境保护、产业结构调整、发展科技教育等重点任务，通过规划指导、政策扶持、项目安排等加大了对西部民族地区的支持力度。据统计，2000—2009年，国家累计安排新开工西部大开发重点工程120项，总投资超过2.2万亿元，其中，有96项涉及民族地区，占重点工程总数的80%。这些重点工程的开工建设，对贯彻落实西部大开发战略，推进民族地区经济社会发展，改善群众生产生活条件发挥了重要作用。表6列出了2000—2009年各年新开工的重点工程数、总投资及涉及民族地区的项目。

表6　西部大开发以来布局在民族地区的重点工程

年份	重点工程个数	总投资（亿元）	布局在民族地区的重点工程	
			个数	重点工程项目
2000	10	1085	8	重庆—怀化铁路、西部公路建设、西部地区机场建设、柴达木盆地涩北—西宁—兰州天然气输气管道、四川紫坪铺和宁夏沙坡头水利枢纽、中西部退耕还林（草）及种苗工程、青海钾肥工程、西部高校基础设施建设
2001	12	2026	11	青藏铁路、广西百色和内蒙古尼尔基水利枢纽、西电东送工程、青海公伯峡水电站、公路建设、退耕还林、农业和特色经济、西部教育、高技术产业化、西部血站建设、城市基础设施
2002	14	3324	13	西气东输、西昌至攀枝花高速公路、西部机场、塔里木河综合治理、黑河综合治理、小湾水电站、西电东送北通道、涩北气田开发、三峡库区水污染治理、通地（州）县沥青道路、乡镇通电、行政村通广播电视、退耕还林
2003	14	1308	10	四川大渡河瀑布沟水电站、内蒙古包头至磴口公路、西藏和新疆城市基础设施、中西部农村中心学校计算机网络信息站及远程教育、县际公路、退耕还林、退牧还草、农村饮水、农村能源、生态移民和易地扶贫

---

① 国务院扶贫办，http://www.cpad.gov.cn/，2006—11—19。

年份	重点工程个数	总投资（亿元）	布局在民族地区的重点工程	
			个数	重点工程项目
2004	10	769	9	西部干线公路、大理至丽江铁路、西部支线机场建设工程、贵州盘南电厂西电东送工程、西部重点煤矿工程、西部地区农村基础设施建设、西部特色产业发展项目、西部地区"两基"攻坚、西部地区农村卫生设施
2005	10	1360	7	雅安至泸沽高速公路、西部地区干支线机场、内蒙古伊敏电厂二期工程、西部地区重点煤矿工程、新疆独山子石化改扩建工程、农村饮水安全工程、农村教育卫生事业发展
2006	12	1654	10	太原至中卫（银川）铁路工程；西部公路建设（含贵州都匀至新寨、宁夏中宁至盐池、新疆赛里木湖至果子沟）；西部支线机场建设（榆林、赤峰机场迁建，河池、腾冲、康定机场新建）；西部地区重点煤矿工程（含内蒙古胜利一号露天煤矿和宁夏梅花井煤矿）；西部水电站建设（含向家坝，糯扎渡，景洪水电站建设）；云南青山嘴水库工程；退耕还林配套基本口粮田建设；新疆罗布泊120万吨钾肥工程；内蒙古40万吨氧化铝工程；西部教育、卫生等社会事业项目（含农村寄宿制学校、农村中小学远程教育、县级医疗机构、乡镇卫生院，省级化学中毒、核辐射救治基地建设等）
2007	10	1516	9	新建大理至瑞丽、奎屯至北屯铁路；包头至西安、西宁至格尔木铁路扩能改造；天水至定西、都匀至新寨公路建设；昆明机场迁建工程；西部支线机场建设；大岗山和积石峡水电站建设；广西、四川千万吨级炼油项目；内蒙古黄玉川煤矿和酸刺沟煤矿千万吨级重点煤矿工程；西部地区教育、卫生等社会事业项目
2008	10	4361	8	新建贵阳至广州、兰州至重庆、喀什至和田铁路；四川万源至达州、贵州水口至都匀等高速公路建设工程；通乡油路改造工程；西部支线机场建设；云南阿海、四川长河坝水电站建设；内蒙古布尔台、陕西凉水井煤矿工程；西气东输二线工程；西部地区社会事业建设项目
2009	18	4689	11	成都至兰州铁路；重庆至贵阳铁路；昆明至南宁铁路；广通至大理铁路；丽江至香格里拉铁路；兰州至乌鲁木齐铁路增建第二线；四川大渡河泸定、云南澜沧江功果桥水电站；广西鱼梁、老口航运枢纽；西部支线机场；无电地区电力建设
合计	120	22092	96	

资料来源：根据国家发改委网站（http://www.ndrc.gov.cn）相关资料整理。

　　纵观这些重点工程，可以看出，主要集中于基础设施建设、生态建设和环境保护、产业结构调整、发展科技教育等方面，这也是这一阶段西部大开发的重点任务。

　　（1）基础设施建设：在这些重点工程中，交通、水利、能源、通信、市政等基础设施建设占了很大比例，特别是青藏铁路、西气东输、西电东送、国道主干线西部路段和大型水利枢纽等一批重点工程的建成，极大地改变了民族地区基础设施薄弱的局面。到"十一五"末，西部民族地区的国道主干线和省际干线公路网将形成，它们与铁路、民用航空运输一道，构成西部民族地区的交通运输网络的基础结构。水利设施建设成绩斐然，广西百色、四川紫坪铺、宁夏沙坡头、内蒙古尼尔基等大型水利枢纽相继建成产生效益。除了这些重点工程外，国家还实施了油路到县、送电到乡，使城乡基础设施条件得到全面改善。

（2）生态环境保护和建设：加强生态环境保护和建设是西部大开发的根本和切入点。2000 年以来，国家在西部民族地区相继启动了退耕还林、天然林保护、退牧还草、京津风沙源治理等一批重点生态建设工程，成效明显。水土流失减少，风沙危害减轻，长江上游、黄河中上游等重点流域生态环境明显改善，国家西部生态安全屏障得到巩固。截至 2008 年年底，累计营造 4.03 亿亩，其中退耕地造林 1.39 亿亩，占同期全国造林总面积的 52%，工程区森林覆盖率提高 3 个百分点。退牧还草工程累计安排草原围栏建设任务 5.97 亿亩，其中禁牧 2.87 亿亩、休牧 2.97 亿亩，配套安排重度退化草原补播改良任务 1.22 亿亩。三峡库区及其上游、丹江口库区及其上游水质保持稳定，黄河中上游水污染防治取得积极进展，滇池水质恶化趋势得到控制。重点污染源治理不断加强，节能减排取得重要进展，循环经济试点建设积极推进。主要污染物排放量有所下降。

（3）产业结构调整：实施西部大开发，调整产业结构是关键。目前，这一地区已初步形成能源、有色金属等生产基地。商品粮、优质棉、糖料、烟草、名酒、瓜果、畜牧产品等产品的生产加工正在全国进一步发挥独特优势。此外，高新技术和旅游文化产业也已渐成规模。

（4）基本公共服务：西部大开发战略实施以来，中央财政不断加大对西部民族地区教育、卫生、文化等社会事业的支持力度。"两基"攻坚计划如期完成，全民受教育水平显著提高。"两免一补"政策率先在西部地区推行，约 5000 万学生受益。双语教学在新疆、西藏全面展开，少数民族教学质量不断提高。重点科研院所、高等院校、国家工程实验室、国家工程中心和企业技术中心等建设步伐加快，重点地区科技创新体系日益完善。城乡医疗服务体系迅速发展，服务水平和质量明显提升。疾病预防控制体系和突发公共卫生事件医疗救治体系全面建成。农村三级卫生服务网络建设取得重大进展，建成乡镇卫生院 16440 个，村卫生室近 18 万个。公共文化服务网络不断完善，西新工程、广播电视村村通工程、中央广播电视无线覆盖工程全面推进，广播综合覆盖率达到96%，电视覆盖率达到 97%。以社会保障制度为重点的社会保障体系不断完善，覆盖范围逐渐扩大。农村基本养老保险、农民工养老保险改革有序开展。

五、民族地区经济发展中存在的主要问题及政策完善方向

实施西部大开发战略以来，民族地区的经济发展确实取得了重大的成就，但相对于全国平均水平和东部发达地区，民族地区的经济发展还处于比较滞后的状态。

（一）发展不足，自我发展能力不强，是民族地区经济社会发展的突出问题

目前，民族地区的经济依然是国家内部的欠发达经济。发展不足、自我发展能力不强，是民族地区经济社会发展中的突出问题。一方面，目前民族地区人均地区生产总值不高，按世界银行的标准看，民族地区的经济依然是低收入经济。例如，2008 年全国民族自治地方人均地区生产总值 2293 美元，低于全国平均水平（3268 美元），更低于沿海发达地区（5358 美元）。2007 年，在 120 个自治县中，2007 年人均地区生产总值高于 1000 美元的有 54 个，66 个自治县人均地区生产总值不足 1000 美元。另一方面，民族地区自我发展能力不强。根据现代经济增长理论，资本、劳动力、技术进步及制度创新是现代经济发展的重要驱动因素。民族地区由于税基弱，地方财政长期入不敷出，同时区内的居民储蓄、企业储蓄有限，加之资本外流，促动发展的区内资本供给不足，对外依赖程度高。从劳动力供给看，民族地区劳动力平均技能水平偏低，影响了劳动生产率的提高。民族地区内部的技术进步和制度创新，因多方面因素的影响，动力不足。因此，民族地区的内源发展动力不足，目前民族地区的发展总体上是由外部投资驱动的发展。

（二）与全国尤其是东部地区发展差距快速扩大的趋势虽有所扭转，但"扩大中的缺口"尚未得到根本改变

民族地区国土面积占全国陆地面积的 58.74%，人口占全国的 14.37%，而地区生产总值占全国的比例在西部大开发战略实施以来虽有所提高（2008 年为 10.19%），但与 1990 年的 10.27% 相比，依然有所下降。又如，1981 年民族地区城镇居民人口可支配收入平均为 477 元，是全国平均水平的 95.35%，到 2008 年民族地区城镇居民人均可支配收入平均达到 12760 元，是全国平均水平的 80.86%；1981 年民族地区农村居民家庭人均纯收入 219 元，是全国平均水平的 98.23%，而到了 2008 年民族地区农村居民家庭人均纯收入为 3458 元，只相当于全国平均水平的 72.64%。

（三）高资源消耗、外源推动的粗放型经济发展方式

民族地区在经济发展方式方面是高资源消耗、外源推动的粗放型经济发展方式，具有如下特征[①]：

就民族地区经济发展的基本特征而言，从产业结构看，民族地区产业结构特征以低端初级工业特别是资源型工业为主，第二产业和第三产业成为民族地区经济增长的最重要推动力。

从需求结构看，民族地区的总需求特征为以国有经济投资需求拉动为主。目前民族地区的经济基本上属于内向型经济，经济增长主要是内需推动的，其中尤以投资和消费的推动作用最大。而从消费需求看，政府消费的作用总体上处于不断上升的状态，2007

---

① 郑长德：《民族地区经济发展方式转变研究》，国家民委民族问题研究中心研究报告，2009 年。

年已经超过了居民消费对经济增长的作用。从农村居民消费和城镇居民消费的作用看，农村居民消费支出对经济增长的作用小于城镇居民消费支出的作用。从投资看，民族地区实际上是"投资主导型的低效率经济增长"。

从要素投入与要素生产率看，长期以来民族地区的要素投入特征以自然物质资源和低成本劳动投入为主，经济增长主要是靠要素积累完成的，要素生产率低，技术进步不足。

从资源消耗看，民族地区的经济增长总体上还相当粗放，尤其是能耗高、水耗高。而且今后一个时期内，很大程度上仍将沿袭扩大资源投入的传统发展模式。

（四）资源开发中的利益分享和补偿问题

民族地区水能、矿藏资源丰富，其开发具有国家能源战略意义。开发这些资源，实施"西电东送"、"西气东输"、"西煤东运"是国家西部大开发战略的重要组成部分，意义重大而深远。这对于民族地区更是千载难逢的发展机遇。但是，在民族地区资源大规模开发过程中，不考虑或者很少考虑资源所在地居民的利益，以及资源开发对民族文化产生的消极影响，会引发群体性事件，造成民族关系紧张，影响民族团结和社会和谐。同时，在资源开发过程中，不注重环境保护，所谓的"环境影响评价"，或者是"事后的"，或者是"事中的"，即使是"事前的"，很多也只是应付性的和表面上的，结果是边开发，边破坏，甚至是未开发，先破坏。

另一方面，民族地区的各种资源是各族人民世代生息和维持生计的私人产品。同时由于其特殊的生态区位，所提供的生态产品具有公共产品性质，在主体功能区的建设和民族地区发展过程中，如何构建起生态环境和资源开发的补偿机制，是新形势下推动民族地区发展的重要问题。

（五）贫困面大，贫困程度深，返贫率高，扶贫难度大是民族地区发展的难点所在

新中国成立 60 年以来，国家采取了一系列政策措施解决少数民族和民族地区群众的贫困问题。经过不懈努力，民族地区的贫困人口已由 1985 年的 4000 多万人减少到 2008 年的 770 多万人。当前，尽管少数民族地区的扶贫开发取得了举世瞩目的成就，民族地区的人民生活水平有了很大的提高改善，但由于民族地区大部分处于自然环境恶劣、基础设施落后、社会发育程度较低的地区，少数民族地区的贫困状况依然严峻。少数民族地区是我国最主要的贫困地区，贫困人口多、面广、程度深、返贫率高。而且，在空间分布上，少数民族人口、贫困人口和生态脆弱地区形成地域的耦合和叠加。少数民族地区反贫困问题，既是国民经济协调、持续发展的任务重中之重，也是一个十分敏感的社会和政治问题。

因此，民族地区经济发展的任务还很艰巨。当前和今后一个时期，要"采取更加有力的措施，显著加快民族地区经济社会发展，显著加快民族地区保障和改善民生进程，全面推进民族地区社会主义经济建设、政治建设、文化建设、社会建设以及生态文明建

设，维护各族人民根本利益，让各族人民共享改革发展成果"①。

在国家层面，要进一步健全政策扶持机制，继续保持中央财政支持西部大开发优惠政策的稳定性和连续性，深化财税体制改革，完善转移支付制度和公共财政体系，同时中央政府投资将继续向西部地区倾斜。继续坚持每年新开工一批重点工程，不断提高基础设施建设的质量和综合效益，同时坚持抓好生态环境保护和建设以及资源节约工作。继续推进退耕还林、退牧还草、天然林保护、石漠化治理等重点生态建设工程，巩固和发展生态建设成果。要优先发展教育，确保西部地区"两基"攻坚成果的巩固和提高；加强公共卫生体系建设，加快建立和完善新型农村合作医疗制度、贫困家庭医疗救助制度。大力扶持老少边穷地区、三峡库区以及资源枯竭型城市等区域加快发展。继续健全资源开发和产业发展机制，健全矿产资源有偿占用制度和矿山环境恢复补偿机制；完善土地管理体制，规范发展土地市场；由国家投资或需要国家批准或核准的重点产业项目，同等条件下优先安排在西部地区。进一步健全"以工促农、以城带乡"机制，促进农村富余劳动力就近就地转移就业，千方百计增加农民收入；加强西部地区人才队伍建设，探索建立统一规范的人力资源市场；扩大西部与周边国家的经贸往来，探索边境地区开发和对外开放的新模式②。

① 胡锦涛：《在国务院第五次全国民族团结进步表彰大会上的讲话》，人民出版社，2009 年版。
② 新华社：《改革开放的新西部——西部大开发战略成就与展望》，中央政府门户网站，www.gov.cn，2008 年 10 月 13 日。

论推动西藏在科学发展轨道上
实现跨越式发展^①

——从西藏社会面临的"两对基本矛盾"说起

杨晓波

（四川大学经济学院 成都 610065）

摘 要：本文对西藏未来发展方式问题进行了研究。作者认为，西藏社会面临"两对基本矛盾"：一般矛盾是落后的社会生产同人民群众日益增长的物质文化需要之间的矛盾，而特殊矛盾是西藏社会长期面临民族分裂势力的干扰破坏。这"两对基本矛盾"要求西藏必须在科学发展轨道上实现跨越式发展。其努力的方向是更加重视资源优势转化为经济优势，更加重视社会建设，确保国家安全和西藏长治久安；更加重视生态环境建设，确保西藏生态环境良好。实现的基础条件是推动依法治藏，为跨越式发展提供良好的社会环境；经济体制完善，为跨越式发展提供充足的动力；加大对西藏的投入，为跨越式发展提供必要的条件。

关键词：西藏 跨越式发展 基本矛盾

西藏是我国唯一的少数民族占压倒优势的民族自治地区，是祖国大陆解放最晚、实行社会主义制度最迟的一个地区。无论在政治、经济上，还是在军事、生态上，都处于极其重要的战略地位。西藏的发展和稳定"事关全面建设小康社会全局，事关国家安全，事关中华民族根本利益和长远发展"。推动西藏在科学发展轨道上实现跨越式发展，对做好西藏工作极具重要性与战略意义。

一、西藏面临的"两对基本矛盾"及其内在的新要求

改革开放特别是第四次西藏工作座谈会以来，西藏经济社会发生了翻天覆地的变化。目前，西藏经济社会发展进入新的历史阶段，其所面临的大环境和小环境均发生了

---

① 本文系国家自然科学基金"政治—生态—军事敏感区村庄公共产品供给效率评价与改进方法研究：以西藏为例"（编号：70973084）资助。

根本性的变化，特别是 2008 年拉萨等地发生了"3·14"打砸抢烧严重暴力犯罪事件，显示出西藏经济社会发展面临的复杂环境。站在新的历史起点上，如何深化对西藏经济社会发展的规律性认识，深化对反分裂斗争工作的规律性认识，从全局上谋划推动西藏实现从加快发展到跨越式发展，从基本稳定到长治久安，是迫切需要解决的重大现实问题。实现这一任务的有力武器就是马克思主义矛盾论和科学发展观。西藏社会面临的"两对基本矛盾"是认识西藏的发展和稳定问题的关键。

民族改革以来，党和政府根据西藏的实际，制定政策、建立制度、强化基础、加大投入，使西藏经济社会得到全面进步，社会生产力空前发展，人民生活水平显著提高，绝大多数群众的温饱问题得到基本解决，一部分群众率先过上了富裕生活。目前西藏已经进入了经济社会发展的最好时期。但应该看到，西藏仍然是欠发达地区，长期看，西藏仍将处于社会主义初级阶段的低层次：经济体制改革仍处在攻坚阶段，建成完善的社会主义市场经济体制和更具活力、更加开放的经济体系的任务非常艰巨；西藏的资源优势尚未很好地转化为经济优势，西藏的地方特色尚未转化为区域特色经济；全方位对外开放和全面参与并融入区外经济体系还面临各种困难和障碍；西藏的资源开发与生态环境保护之间的矛盾尚比较突出。同时，与全国相比，西藏更为落后，因而需要加快发展的速度。1978—2008 年西藏 GDP 平均增长 15.8 倍，而同期全国 GDP 平均增长 81.48 倍。近年来，西藏周边省区出现了快速发展的势头，在东面，重庆、四川构建"成渝经济区"，打造中国经济增长第四极；云南、贵州、广西加强与"东盟"的合作，推动区域超常规发展。在北面，陕西、甘肃共同构建"关中—天水经济区"。即使西藏与四省藏区的发展态势相比较来看，云南藏区远远超过全国平均水平，青海藏区出现了加快发展的趋势，四川藏区的快速发展也在谋划之中。在南面，南亚国家特别是印度实现了自 2005 年 4 月以来的经济增速一直保持在 9% 以上。在周边地区出现较快发展的情况下，西藏相对更加落后，广大人民群众要求加快发展的愿望就更加强烈。在这种背景下，落后的社会生产与人民群众日益增长的物质文化生活需要之间的矛盾，在西藏更加突出。

西藏社会长期面临着各族人民与以达赖集团为代表的分裂势力之间的矛盾。这是西藏社会面临的特殊矛盾。这一特殊矛盾，使得西藏在发展环境上有很大的差异性，也使西藏加快发展更有紧迫性。邓小平提出在社会主义改造基本完成以后，阶级斗争仍将在一定范围内长期存在。江泽民指出："达赖集团是一个有组织、有纲领的分裂主义政治集团。"[①] 达赖集团是代表着旧西藏封建农奴主阶级利益的残余势力。胡锦涛指出："从根本上说，达赖集团代表的是腐朽没落的旧制度，与时代是格格不入的，与西藏各族人民的根本利益是截然对立的。"[②] 李瑞环指出："大量事实表明，达赖是图谋'西藏独立'的分裂主义集团的总头子，是国际反华势力的忠实工具，是在西藏制造社会动乱的

---

① 江泽民：《关于照顾政府对达赖问题的立场和政策》，《西藏工作文献选编》，中央文献出版社，2005 年版，第 519 页。

② 胡锦涛：《西藏广大干部要在促进发展和维护稳定中发挥模范带头作用》，《西藏工作文献选编》，中央文献出版社，2005 年版，第 596 页。

总根源，是阻挠藏传佛教建立正常秩序的最大障碍。"① 江泽民指出："达赖也绝不是一个宗教人士，而是一个从事分裂祖国活动的政治流亡者。……达赖企图让西藏恢复原来的政教合一的封建农奴制度。"② 长期以来，达赖集团图谋"西藏独立"、分裂祖国，极力推动所谓"西藏问题"国际化，加紧对西藏和其他藏区的渗透活动，加强与其他分裂势力和敌对势力的勾结。国际敌对势力利用所谓"西藏问题"西化、分化中国，不断加强对达赖集团的支持，攻击党和政府对西藏的方针政策，无时无刻不放弃把西藏从祖国分离出去。2008 年的"3·14"打砸抢烧严重暴力犯罪事件，就是一次赤裸裸的分裂行径，严重影响了西藏的稳定和发展。这些事实说明，旧西藏封建农奴制的残余势力对西藏社会的经济发展产生了极其恶劣的影响。西藏社会所面临的特殊矛盾是极其尖锐的，阶级斗争在不同范围内明显存在，并成为西藏当时社会的主要矛盾之一。这显示，西藏改革与发展面临的环境与内地有很大差异。达赖集团从事大量的分裂活动，是阶级矛盾和阶级斗争在局部区域的表现。影响西藏社会稳定的主因在于达赖集团与国际敌对势力的分裂活动，但西藏社会稳定的基础在于西藏要实现快速发展。中国社会进入利益调整期，社会非稳定因素增多，但在性质上属于人民内部矛盾，而在西藏，"我们对达赖集团和支撑他们的西方敌对势力的斗争，不是信教与不信教的问题，而是维护祖国统一、反对分裂势力的严重政治斗争"③，是敌我矛盾。达赖集团图谋"西藏独立"、分裂祖国的顽固立场没有改变，但策略和手段在不断调整。国际敌对势力利用所谓"西藏问题"西化、分化中国的战略图谋没有改变。因此，维护西藏社会稳定，反对分裂主义，打击违法犯罪活动，是一项长期而艰巨的任务。

西藏社会面临的"两对基本矛盾"要求我们要站在新的历史起点上，"谋长久之策、行固本之举"。我们认为，解决这"两对基本矛盾"的基本手段仍然是发展。发展是由稳定走向长治久安的基础，是解决西藏一切问题的根本。西藏不能长期停留在不发达状态，否则，中国的区域发展差距将进一步拉大，全面建设小康社会战略就会落空。在邻国特别是印度经济出现了较快增长的情况下，怎样使西藏有一个更快的发展，形成一个更加有利于边疆稳定，更加有利于解决中印边界争端问题的环境，是必须研究和解决好的重大问题。邓小平说"关键是看怎样对西藏人民有利，怎样才使西藏很快发展起来，在中国四个现代化建设中走进前列"④，江泽民说："加快发展，最根本的是加快西藏经济发展。经济上去了，其他事情就比较好办了"⑤，"绝不能让西藏从祖国分裂出去，也

① 李瑞环：《在班禅转世灵童寻访领导小组第三次会议上的讲话》，《西藏工作文献选编》，中央文献出版社，2005 年版，第 504 页。
② 江泽民：《关于照顾政府对达赖问题的立场和政策》，《西藏工作文献选编》，中央文献出版社，2005 年版，第 519 页。
③ 胡锦涛：《西藏广大干部要在促进发展和维护稳定中发挥模范带头作用》，《西藏工作文献选编》，中央文献出版社，2005 年版，第 596 页。
④ 邓小平：《立足民族平等，加快西藏发展》，《西藏工作文献选编》，中央文献出版社，2005 年版，第 397 页。
⑤ 江泽民：《围绕发展和稳定两件大事，开创西藏工作新局面》，《西藏工作文献选编》，中央文献出版社，2005 年版，第 458 页。

绝不能让西藏长期处于落后状态"①。胡锦涛说:"加快经济发展……是解决西藏所有问题的基础"②,"保持较快发展速度……对于像西藏这样的欠发达地区,更具有重大的现实意义"③。因此,解决这"两对基本矛盾",必须从西藏处于社会主义初级阶段低层次时段所面临的主要矛盾出发,毫不动摇地坚持以经济建设为中心,把集中力量发展社会生产力摆在首要位置。只有这样,才能切实保证和促进经济社会的全面发展。同时,达赖集团和国际敌对势力引起的社会稳定问题也在干扰西藏的发展,因而需要用更快的发展来抵消社会不稳定因素的影响。

与其他地区相比,西藏发展不足、发展不当,特别是经济建设、社会建设(包括文化建设、政治建设在内)与生态环境保护三者之间的矛盾最为尖锐。社会发展滞后于经济发展,发展的全面性正在丧失;资源开发对环境保护的破坏比较明显,发展的可持续性正在受到威胁;农村发展落后于城镇,发展的均衡性受到广泛关注;产业发展与民生改善的矛盾突出,发展的共享性要求强烈;西藏仍然处于封闭状态,深度融入全国经济体系、实现发展的融合性需要提速;由于种种因素,藏族与其他民族的和谐发展受到侵扰,不和谐因素正在影响经济社会的全面发展。在这种背景下,西藏如何实现"很快"发展? 西藏如何体现在"中国现代化建设走进前列"? 如何保证"绝不能让西藏长期处于落后状态"? 西藏如何"保持较快的发展速度"? 这些问题已经尖锐地摆在党和国家面前。中央第四次西藏工作座谈会提出了西藏工作的主要任务是促进西藏经济从加快发展到跨越式发展,促进西藏社会局势从基本稳定到长治久安。在第四次西藏工作座谈会上,江泽民进一步指出:"要实现我国社会生产力的跨越式发展。这是对全国经济发展而言的,当然也是有条件的……只能在有条件的地方和领域首先突破……在关系党和国家工作全局的战略地区和战略部门,通过国家和各地的支持,直接引进、吸收和应用先进适用技术,集中力量推动跨越式发展,是我们必须采取的一种发展战略。对于西藏这样的地区,就可以而且应该采取这样的战略。这不仅对西藏的发展进步具有重要意义,对我国的社会主义现代化建设也具有重要意义。"④ 针对西藏目前仍然处于发展的早期阶段,胡锦涛强调指出:"从某种意义上讲,越是在发展的早期阶段重视和落实科学发展观,越能为未来的快速发展打下坚实的基础,创造良好的条件。"⑤ 因此,科学发展观对于解决怎样加快西藏发展这一问题提供了十分有力的思想武器。

在这种背景下,以科学发展观为指导,深化江泽民的跨越式发展思想,升华对西藏发展和稳定关系的认识,突破从一般意义上单纯考虑西藏的发展,从一般意义上单纯考虑西藏的社会稳定,而将跨越式发展置于长治久安的前提下考虑,即实现在长治久安基

---

① 江泽民:《围绕发展和稳定两件大事,开创西藏工作新局面》,《西藏工作文献选编》,中央文献出版社,2005 年版,第 460 页。

② 胡锦涛:《抓住有利时机,推动西藏跨越式发展》,《西藏工作文献选编》,中央文献出版社,2005 年版,第 612 页。

③ 这是胡锦涛参加 2007 年"两会"西藏代表团讨论时的讲话。

④ 江泽民:《促进西藏实现跨越式发展和长治久安》,《西藏工作文献选编》,中央文献出版社,2005 年版,第 552 页。

⑤ 胡锦涛:《树立和落实科学发展观,进一步实施好西部大开发战略》,《西藏工作文献选编》,中央文献出版社,2005 年版,第 552 页。

础上的跨越式发展；同时，将长治久安放在跨越式发展的前提下考虑，即跨越式发展基础上的长治久安。推动西藏在科学发展轨道上实现跨越式发展，坚持走有中国特色、西藏特点的发展路子成为必然选择。

二、西藏在科学发展轨道上实现跨越式发展的努力方向

要更加注重改善农牧民生产生活条件，更加注重经济社会协调发展，更加注重增强自我发展能力，更加注重提高基本公共服务能力和均等化水平，更加注重保护高原生态环境，更加注重扩大同内地的交流合作，更加注重建立促进经济社会发展的体制机制。

（一）更加重视资源优势转化为经济优势，确保西藏经济社会跨越式发展

西藏有辽阔的地域空间和复杂的自然环境、悠久的人文历史和独特的民族风情，孕育着丰富的生物资源、民族文化资源，使其成为我国生物多样性、民族文化资源最富集的地区。与其他地区相比，西藏有得天独厚的资源优势，特别是在旅游资源、矿产资源、特色生物资源和清洁能源等方面有着自己的独特优势。这些资源的发展潜力巨大、前景广阔。对资源的利用和开发是西藏发展的后劲所在，是形成"造血机制"、增强区域自我发展能力的关键。胡锦涛指出："西藏的发展有其特殊的优势和潜力。比如，西藏有丰富的动植物资源、矿产资源和水资源，有独特的自然和人文景观，等等。谋划西藏的发展，必须着眼于这些优势，扬长避短。要依托西藏的特殊资源条件，积极培植具有比较优势的产业，大力发展特色经济，加快资源优势向经济优势转化。在西藏发展旅游业、藏医药业、农畜产品加工业、民族手工业和矿业等，都具有一定的比较优势和广阔的市场前景。要着力抓好这些特色产业发展，尽快培育和形成西藏新的经济增长点。"① 因此，要从西藏的资源条件、产业基础和国家战略需要出发，着力培育具有地方特色和比较优势的战略支撑产业。

西藏的资源开发必须很好地解决以下问题：一是理顺国家与地方的利益关系。近年来，西藏的资源开发速度加快了，也在很大程度上推动了地方经济发展，但像西部其他地区一样，对地方利益考虑不够，局部地方由于缺乏必要的加工转化能力，变相单纯输出原料，同时环境保护和民生改善的力度不够，造成了一些地方问题。二是理顺地方政府、开发企业与资源地群众的利益关系。资源开发中多是资源密集型产业和资本密集型产业发展较快，资本投入较高、吸纳劳动力相对较少。而能够促进并带动少数民族自身变革与繁荣进步、可容纳较多劳动力的劳动密集型产业和知识密集型产业发展相对滞后。三是解决民族文化保护问题。资源开发中，外来投资者多，本地投资者少，外来民族对藏文化认识不深，保护的主动性不强。为此，要建立资源开发补偿机制，对地方、

---

① 胡锦涛：《振奋精神，扎实工作，进一步把西藏的工作做好》，《西藏工作文献选编》，中央文献出版社，2005年版，第544页。

资源地群众进行科学、合理的补偿，同时，发展可容纳较多劳动力的劳动密集型产业以及有利于保护民族文化的产业。重点选择在旅游资源、优势矿产资源、特色生物资源和清洁能源开发的基础上，发展生态产业、特色优势产业，使地方群众在资源开发和生态环境保护中受益，增强藏区发展后劲。

（二）更加重视社会建设，确保国家安全和西藏长治久安

威胁西藏长治久安和国家安全的主要因素是达赖集团和国际敌对势力的分裂活动。"维护西藏稳定，反对分裂，涉及方方面面的工作。我们必须同心协力，把立足点放在做好自己工作的基础上，放在加快西藏经济发展、增强我国国力的基础上。"[①]

第四次西藏工作座谈会以来，西藏的经济社会得到空前发展，各项社会事业取得了长足的进步。但是，由于单纯追求 GDP 增长，追求以"物"为中心，或者忽视社会发展，或者重视不够，导致了西藏社会建设严重滞后。自第四次西藏工作座谈会以来，中央对于促进经济发展不遗余力，进行了大规模投资，推动西藏实现高速增长，实现 8 年 GDP 连续高达 12% 以上的增长率，成为全国经济增长率最高的省区之一，但西藏社会发展却明显滞后。用于衡量社会发展的人类发展指数在 2007—2008 年为 0.616，在全国属于倒数第一位，也就是说，在社会发展水平上是全国最差的省区。

目前，经济建设与社会建设"一条腿长，一条腿短，走不快"的问题已经直接影响到西藏经济的健康、稳定、快速发展。当西藏进入社会矛盾、不协调因素多发期以来，传统社会风险和新型社会风险等不安全因素日趋活跃，再加上西藏社会建设的底子薄、历史欠账多，致使社会和经济发展不协调的问题比较突出，社会发展滞后于经济发展表现得相当明显。特别是"3·14"事件，说明了经济建设不可能也无法替代社会建设（包括文化建设、政治建设）。"3·14"事件发生后，西藏社会基本稳定，但不稳定因素对西藏各族人民正常的生产和生活造成了一定影响，也说明了社会建设与经济建设同等重要。

（三）更加关注民生改善，确保西藏各族人民物质文化生活水平不断提高

西藏人口的 80% 以上是农牧民，改善农牧民的生产生活条件、增加农牧民收入，是西藏经济社会发展的首要任务，是衡量西藏发展战略成功与否的重要标准，也是我们在与达赖集团的斗争中掌握主动的根本条件和基础。农牧民的生产生活条件亟需得到改善。由于市场化的排斥作用，农牧民适应市场的能力难以在短时期提高，因而在分享经济增长带来的好处方面面临不少困难，农牧民增加收入比较困难。农牧民收入仅相当于全国平均水平的 2/3，相当部分农牧民群众还没有摆脱贫困。农牧民居住分散，基本处于半定居半游牧状态，使得他们无法像其他地区居民一样享受国家提供的公共资源和公共服务。目前，水、电、路、通讯等基础设施与经济社会发展的要求存在较大差距，尤

---

① 江泽民：《围绕发展和稳定两件大事，开创西藏工作新局面》，《西藏工作文献选编》，中央文献出版社，2005 年版，第 460 页。

其在广大农村牧区更为突出，公路密集度低，通达深度低；不同程度面临着"用水用电难，看病就医难，出行难，上学难"等问题；由于藏区地广人稀，公共服务半径大，交通网络覆盖成本高、效益差，抑制了金融、电力等行业的投放意愿，群众享受基本公共服务水平低，特别是社会下层的生活改善速度滞后，加之地方财力捉襟见肘、无力投入，致使广大藏区难以平等地享有基本公共服务。早在2002年，胡锦涛就指出："要尽量多安排一些可以使广大农牧民直接受益的项目，使西藏各族人民群众都能从西藏大开发中得到实实在在的好处，从而进一步激发他们建设社会主义新西藏的热情。"①

同时，随着城镇的发展以及各项改革的实施，城市也有一部分居民生活相对困难，他们就业难，城镇贫困问题凸现。城镇居民渴望得到优质教育、医疗资源，渴望改善衣、食、住、行条件，但现实一时难以充分满足。此外，西藏自然环境恶劣，特别是雪灾等重大自然灾害频繁发生，给当地城乡居民造成生产生活困难，对抗自然灾害的物质基础尚不牢靠，相关的体制机制没有很好地建立。

西藏首先要在民生改善、实现基本公共服务均等化上推动跨越式发展。第三次中央西藏工作座谈会以来，针对西藏基础设施落后的现实，中央对西藏的基础设施建设进行了大量的投资，包括举世闻名的青藏铁路建成在内的大批基础设施建设项目，西藏的经济发展环境有了根本性的改变。第三、四次中央西藏工作座谈会着力推动基础设施的跨越式发展，为今后着力推动民生改善、基本公共服务均等化上的跨越式发展打下了坚实的基础；而推动民生改善、实现基本公共服务均等化上的跨越式发展则是一种深化。

（四）更加重视生态环境建设，确保西藏生态环境良好

西藏在整体上属于国家生态服务功能区，良好的生态既是西藏经济社会全面发展的优势，也是西藏实现跨越发展的根本保障，还是全国实施可持续发展战略的重要保障。青藏高原作为世界气候的启动器、亚洲的水塔和江河源，保持好西藏的碧水蓝天，既是在逐步兑现中国对世界的承诺，更是长期以来中央和西藏共同努力的方向。胡锦涛指出："青藏高原的生态环境同我国整个生态环境线息息相关，搞好西藏的生态环境保护与建设，对于改善乃至于全国的生态环境都有十分重要的意义。"②

长期以来，西藏在发展战略上过于强调"经济追赶内地"，将"经济追赶内地"的主要途径放在加速资源开发上，由此形成了西藏独有的资源经济。在资源开发的同时，没有或者很少顾及生态环境保护，结果资源开发对当地环境造成了较大的破坏。特别是在资源开发中存在对矿业资源和藏药、虫草等滥采乱挖，牧业的过度放牧，珍稀动物的任意捕猎，水利资源开发补偿不足和生态破坏等问题，造成了资源浪费，草原植被退化，沙化严重，气候变暖，雪线上升，江河水流减小，泥石流、滑坡等地质灾害频发的严重生态危机。虽然近年来国家投入大量资金保护生态环境建设，青藏高原的环境恢复

---

① 胡锦涛：《抓住有利时机，推动西藏跨越式发展》，《西藏工作文献选编》，中央文献出版社，2005年版，第616页。

② 胡锦涛：《抓住有利时机，推动西藏跨越式发展》，《西藏工作文献选编》，中央文献出版社，2005年版，，第615页。

和保护也取得了很大的成绩，但是社会经济发展和生态环境保护之间依然存在紧张关系。西藏在实现"以人为本、人与自然环境协调发展"上表现出来的问题仍然十分突出。因此，在资源开发中，如果不能正确坚持科学发展观，处理好资源开发与可持续发展的关系，必然造成对生态环境的破坏。为此，应该充分考虑大规模资源开发活动对当地环境造成的不可逆后果，把生态保护作为西藏生态文明建设的基础。针对藏区生态环境承载能力弱的情况，着重统筹资源开发与环境保护，建立生态文明，实现发展的可持续性。"在发展中保护，在保护中求发展"，在保障青藏高原的"生物多样性"和"文化多样性"的前提下，加快实施《西藏生态安全屏障保护与建设规划》，提高生态安全保障能力，推进生态西藏建设。

三、西藏在科学发展轨道上实现跨越式发展的配套措施

（一）推动依法治藏，为跨越式发展提供良好的社会环境

早在 1997 年，党的十五大把依法治国正式确立为党领导人民治国理政的基本治国方略。全面落实依法治国基本方略，在推动西藏实现科学发展上具有重要的现实意义。依法治藏就是要加快法制建设，将经济、社会、文化等方面的管理完全纳入法制轨道，将政府的行政、司法纳入法制轨道。依法治藏特别重要的有两点：其一，依法治藏首先要坚持民族区域自治制度。1965 年 9 月西藏自治区的成立，标志着民族区域自治制度在西藏的全面贯彻实施。1984 年颁布实施的《民族区域自治法》，对少数民族地方在政治、经济、文化等方面的自治权作了系统规定，为西藏人民充分行使自治权提供了有力的法制保障，使西藏的民族区域自治进入了一个崭新的时期。《民族区域自治法》颁布实施 20 年来，西藏人民的平等和自治权得以充分实现，西藏在政治、经济、文化等方面取得了辉煌的成就。达赖集团鼓吹的所谓"西藏独立"、"大藏区"、"高度自治'等主张，其实质是否定民族区域自治区。坚持和完善民族区域自治是推动依法治藏的首要前提。其二，依法治藏要完善藏传佛教寺庙管理法规，建立长效机制。认清藏传佛教最突出的历史弊端是"政教合一"，最突出的问题是达赖集团利用宗教特别是利用"政教合一"的历史惯性搞分裂，与社会主义社会相适应的最大障碍也在于"政教合一"对现实的负面影响。通过不断完善相关法律法规，清除"政教合一"的历史影响，剥离寺庙的社会功能，还原寺庙的宗教功能。

（二）完善经济体制，为跨越式发展提供充足的动力

胡锦涛早在 2001 年就指出："多年来，中央赋予西藏一些特殊政策，这对于西藏的发展起到十分重要的作用。随着社会主义市场经济体制的逐步建立和完善，西藏发展经济的内外环境都发生了很大变化。西藏要主动适应这种变化，一方面充分用好中央的优惠政策，另一方面，也是更重要的一个方面，就是善于运用新的机制、新的办法、新的

措施来推动西藏的发展。"① 2002 年，他进一步指出："要实现西藏跨越式发展，就不能再走高度集中的计划经济体制下的老路，不能再重复过去那种政府大包大揽的做法，而必须根据社会主义市场经济的要求，坚持按经济规律办事，以改革的精神引入新机制、建立新体制，走出一条符合西藏区情的发展新路子。具体说，就是要通过深化改革，既充分发挥市场配置资源的基础性作用，又正确发挥政府在宏观调控、市场监管、社会管理、公共服务等方面的职能。"② 当前西藏在经济体制方面存在的问题是：国家投资项目多，但真正按照市场化运作的不多；所有制形式相对单一，非公有制经济发展严重滞后；市场发育水平低，市场体系不健全；市场容量小，经济拉动作用小；西藏地处高原，工作条件很艰苦，投资环境差，吸引人才、技术、资金等生产要素的难度大，自我发展能力低。

（三）加大对西藏的投入，为跨越式发展提供必要的条件

这是实现跨越式发展的必备条件。江泽民指出："由于历史、自然、社会等原因，西藏在全国属于不发达地区，经济起点低、基础差、总量小，缺乏自我积累和自我发展能力，社会经济运行成本高。"③ 在这种情况下，西藏的跨越式发展只有通过加大中央转移支付的力度，以投入上的跨越式发展来推动西藏经济社会的跨越式发展。在中央直接增加投资的同时，还要实行更加特殊的扶持政策和灵活措施，中央相关部门和其他各省市也要加大对口援助的力度。否则，西藏经济社会的跨越式发展就会落空。不过，特别值得重视的是，现行的财政体制如何保障三大问题的解决：一是如何保证将中央给予的支持和优惠政策落到基层，二是如何保障中央给予的支持与优惠落到群众，三是如何保障中央给予的支持和优惠落到推动经济社会中过去忽视的方面上。这些问题制约着发展的全面性、和谐性、可持续性、均衡性、共享性、协调性、融合性。这些问题的解决，既需要继续加大转移支付的力度，又需要调整财政支出结构，更要依靠基层政府实施。如果基层政府缺乏财力保障，推动经济社会全面发展就会落空。因此，迫切需要完善自治区以下财政转移支付制度。

参考文献

[1] 杨明洪，等. 西藏经济社会跨越式发展的实证研究 [M]. 北京：中国藏学出版社，2006.

[2] 杨明洪. 西藏经济跨越式发展：治藏诉求与政策回应 [J]. 中国藏学，2006（2）.

[3] 杨明洪，孙继琼. "成渝经济区"：中国增长第五极 [M]. 成都：四川大学出版社，2008.

[4] 杨明洪，安七一，郑洲. 西藏"安居工程"：基于公共产品视角的分析 [J]. 中国藏学，2007（2）.

[5] 张明，杨明洪，等. 西藏农村经济发展研究 [M]. 北京：中国藏学出版社，2006.

---

① 胡锦涛：《振奋精神，扎实工作，进一步把西藏的工作做好》，《西藏工作文献选编》，中央文献出版社，2005 年版，第 545 页。

②③ 胡锦涛：《抓住有利时机，推动西藏跨越式发展》，《西藏工作文献选编》，中央文献出版社，2005 年版，第 614 页。

［6］杨明洪. 西藏农户经济演化特征：基于农村住户调查资料的实证分析［J］. 中国藏学，2005（3）.

［7］杨明洪，张强. 论投资与西藏城镇经济增长［J］. 财经科学，2005（6）.

［8］杨明洪，沈颖. 西藏农业经济增长的实证分析：1978—2003［J］. 四川大学学报，2005（2）.

［9］Fischer, Andrew Martin. State Growth and Social Exclusion in Tibet：Challenge of Recent Economics Growth［M］, Copenhagen：NIAS Press，2005.

［10］Yeh, Emily T. "Taming the Tibetan Landscape：Chinese Development and the Transformation of Agriculture"［D］, UC Berkeley, PhD. Thesis，2003.

浅析全球化对藏文化的影响

马多尚

（中国民族语文翻译局　北京　100080）

摘　要：藏文化丰富多彩，博大渊深，但在全球化条件下也面临诸多问题。本文就全球化对藏文化的影响、挑战以及藏文化的机遇和应对策略作了初步探讨。

关键词：藏文化　全球化　文化影响　应对策略

藏文化以其博大渊深的文化内涵，吸引着国内外的大量学者对它进行研究和探讨。20 世纪 80 年代以来，国内对藏学的研究出现了繁荣的局面，国外学者也对藏族的历史、文化、宗教等各方面展开了深入的研究，可谓硕果累累。我们在前人研究成果的基础上，就全球化条件下藏文化面临的影响、挑战以及藏文化的机遇和应对策略，略陈管见，望读者匡正。

一、全球化与美国的"文化入侵"

关于"全球化"，目前国内外学界还没有一个准确的定论，有的从经济层面解读全球化，有的从文化层面阐释全球化，可谓众说纷纭，莫衷一是，表述甚多。譬如：

美国学者罗伯森说："全球化既指世界的压缩，又指世界是一个整体的意识的增强。"于是，他提出了一个"全球场"的概念。他认为全球场由民族国家、民族社会、个人和人类组成。这四个参照点互相回应，相互推进，共同促进了全球化进程的发展。在他看来，全球化既是一个整体化过程，也是一个多样化过程。在此过程中，不同的人、不同的民族通过互动认识世界，表达自己对世界的看法，同时也定位自己的角色。

张文木先生认为：全球化是指处于高势能地位的资本向处于低势能的外围市场扩散，并不断制造新的外围市场的过程；通过资本优势获得高额利润，并由此不断形成压迫外围市场的新优势。

我们比较赞同李金齐先生的观点，即全球化有着丰富的内涵和外延，它是一个历史现象，它有一个动态的发生、发展过程。它反映的是在人类自身长期实践活动中，即在对象化活动中形成的人与人之间的，在时间和空间上相互依赖、相互影响、相互制约和相互作用不断加深的关系及过程。全球化既是一个过程，又是一种关系。过程反映全球化的纵向维度，揭示的是全球化形态的历史性，说明全球化有一个发生、发展的过程，且这个过程是多维度的、不平衡的和充满冲突的。各个国家、个人，各种各样的团体、组织以及不同的文化都毫无例外地要牵扯进来，试图将自己孤立于全球化之外的文化主体在全球化时代是无法生存和发展的；关系反映的是全球化的横向维度，揭示的是全球化形态的共时性，说明全球化存在于我们这个星球上的每一个角落。只有过程和关系的相互交织才构成一个完整的全球化图景。这一概括说明，全球化是人类社会发展的必然趋势，它不仅表现在经济层面，而且表现在文化层面。全球化表现在文化方面就是指文化的全球化。

如上所述，全球化带来了"文化全球化"。所谓"文化全球化"，简单讲就是世界各国各民族各种不同文化（思想观念、风俗习惯、审美情趣、文化符号、文化产品乃至生活方式等）以多元的方式，在全球范围内的交流、交融、交锋。

日渐凸显的文化全球化改变着我们时代的文化状况。如果说文化就是一种生活方式，一种体现为价值观、心理定式的思想观念、行为方式，那么文化全球化带来的主要变化之一，就是推动了一种全球文化意识的形成。这种全球文化意识涉及人们的衣食住行、日常生活，并潜移默化地改变着人们的价值取向、消费习惯、审美主张乃至宗教信仰。文化全球化也带来了另外的影响，由于文化生产能力强大，以美国为代表的西方文化产品倾销全球，这种文化的"非领土扩张"同样极大地改变着人们的文化实践、文化体验和文化认同。西方文化的这种"非领土扩张"形成了所谓的"文化帝国主义"，激起了世界各国，特别是欠发达民族和国家保护民族文化，反对文化同化的"反抗"。总之，冷战结束后，随着全球化文化市场的进一步形成，文化全球化程度的进一步加深，世界各国文化以前所未有的广度和深度相互交融与碰撞，以美国和西方发达国家为代表的西方文化的扩张，促使第三世界国家和众多少数民族纷纷开展不同形式的捍卫民族文化的独特性与自主性的斗争。正因为如此，美国学者罗伯特说："全球化是一把双刃剑，全球化既是加快经济增长速度、传播新技术和提高富国和穷国人们生活水平的有效途径，也是一个侵犯国家主权、侵蚀当地文化和传统、威胁经济和社会稳定的、有很大争议的过程。"

反观全球化条件下世界文化发展态势，以美国为首的西方势力凭借其优势，特别是多媒体、互联网、卫星电视等方面的强大优势，以贸易自由化为借口，积极打入他国文化市场，既渗透文化，又获取实利。美国生产的电影占全球影片数量的10%，却占用了全世界一半的观影时间，好莱坞年收入的50%来自国外。美国的文化产品不仅为其攫取巨额资本，还成为美国在全球推行其价值观念、生活方式、社会制度的重要渠道。美国通过文化渗透，加紧对别国尤其是社会主义国家进行"和平演变"，诱导发展中国家西方化，使之沦为美国文化的殖民地。美国还凭借其硬件优势，控制话语霸权，混淆视听，妄图左右全球舆论，大打信息战、舆论战。美国已成为其他国家文化安全的主要威胁。

二、全球化对藏文化的影响

在全球化环境下，藏文化同样面临着影响，主要表现在如下几个方面。

（一）文化主权受到严峻挑战

文化主权是国家主权在文化领域里的延伸，是国家主权不可分割的重要部分。对藏文化来讲，文化主权意味着藏民族政治文化的自主，政治文化发展同本民族经济、政治保持协调，使民族精神保持凝聚力，文化传统不受破坏。目前在文化传播方面，西方发达国家处于攻势地位，如时代华纳公司、环球公司、日本广播公司等媒体巨头支配着全球的文化市场。转播于世界各地的新闻，90％以上由西方国家垄断，其中美国控制了全球 75％的电视节目的生产和制作，许多欠发达国家的电视节目有 60％～80％内容来自美国，几乎成了美国电视节目的中转站。微软公司目前占据着世界个人计算机兼容软件市场 80％的份额。他们凭借科技优势，通过各种手段进行文化渗透，通过其文化产品倾销自己的理念。

有人说全球化就是美国化，这话有一定道理。借助全球化，美国向其他国家推行和渗透的东西之多，小到人们的日常生活用品，如牛仔裤、可口可乐、流行音乐、好莱坞电影、美国之音、有线新闻 CNN 等，大到美国的生活方式、价值观念、教育形式等，无所不包。随着全球化的发展，美国的这些文化产品轻而易举地进入雪域高原，日渐改变着人们的生活方式和行为方式。美国之音、有线新闻 CNN 等以偏概全、颠倒黑白、别有用心地宣传报道，不断地在广大藏区制造波澜，影响、干扰甚至破坏藏区的民主政权、政府权威和社会稳定。由此可见，在经济全球化背景下，西方"文化帝国主义"已向我们的传统文化发起了挑战，一场"没有硝烟的战争"正在悄然展开。在全球化背景下，藏文化正面临着强大的"文化帝国主义"、"信息殖民主义"的挑战。西方发达国家在销售其文化产品攫取丰厚利润的同时，也在竭力输出它们的文化价值观念乃至政治意识形态，对我们进行思想文化的侵蚀，以期逐步弱化和消解藏文化。因此，我们必须时刻保持清醒的认识和高度的戒备，以攻为守，大力发展我们的民族文化产业，勇敢地应对西方文化及其产业的挑战，维护民族文化安全。

（二）传统文化的道德内涵在流失

全球化的商品经济大潮虽然使民众的生活因此得到了改善，但也带来了许多负面影响，如生态环境的破坏、道德水准的下降、纯朴民风的丧失和传统文化的流失。在现实生活中，金钱至上的实用主义观念左右着人们的行为方式，部分官员和商人极端的物质追求和以资本扩张为目标的行为导向，极易导致社会思维意识中精神文化的流失。在它的影响下，社会下层和弱势群体上行下效也纷纷卷入物质追求潮流，把发家致富作为生活的唯一目标。于是人情淡漠、心情浮躁、诚信丧失、金钱至上，成为物质利益单向度社会中人们行为的普遍现象，导致社会成员精神与心理疾病增长，社会危害凸显。

　　过去，雪域高原的大山湖泊是神圣而又禁忌的地方，但是如今许多人却在那里采集药材或者淘金，不惜破坏草原生态环境。为了牟利，有些牧民在出售的羊毛里面倒上机油，然后撒上沙子，打成捆出售。有些基层干部（包括州、县的干部）盖房子成风，私自到林区收购群众盗伐的木材，随意向群众派购或自己雇人采伐，致使原始森林一年比一年减少。自私自利，损人利己，只顾眼前，不计长远；贪图个人发家致富而不顾集体，只顾个人利益而缺乏社会责任心，此类文化价值观也导致了人们对自然资源的掠夺破坏。尽管这些年的经济发展使绝大多数人过上了温饱或小康的物质生活，但是许多人在信仰、价值观、道德规范上走上了邪路，缺乏社会责任心。自私自利、急功近利、物质财富崇拜成为社会价值观的重要特征。

　　（三）佛教寺院不再是"神圣净土"

　　在这物欲横流的商业社会，作为佛教圣地的寺院同样受到了商品经济浪潮的影响。多数寺院已成为旅游景点。政府将旅游业作为发展经济的重要举措，这在客观上带动了寺院的经济发展。这些年来，寺院的生活条件普遍得到了改善，但与此同时，宁静的环境和传统的道风也在逐渐失去，有一些地区甚至出现了佛教商业化的倾向。佛教走向商业化，其实就是走向世俗化的表现。在发展经济的大气候下，很多寺院从发展旅游业到发展各项服务业，甚至连经忏佛事也演变为明码标价的交易活动，带有强烈的商业色彩。有些宗教上层人士也迅速"世俗化"，积极参与社会功利活动。长此以往，佛教主体的神圣性将越来越淡化。在这红尘滚滚的时代，寺院应如何保持自身的纯洁，如何避免佛教的商业化和世俗化，是宗教界亟待探讨的问题。

　　（四）民众审美情趣被异化

　　随着经济市场化、社会现代化、全球一体化的来临，人们健康的审美情趣在缺失，大多数人没有意识到审美的根本宗旨是自由之追求，习惯于无批判地肯定任何审美的对象，却忘记了真正的审美活动是对健康人性的肯定和对生命的张扬。随着商品经济的发展，人们的功利性越来越强，使审美的眼光和格调不断走低。事实上，藏族艺术的传统也绝不仅局限于宗教，藏民族古代社会的艺术都非常纯朴和生活化。那时人们是把艺术和生存放在了一起，艺术中较少功利化色彩，更多的是唯美的需要。只是在越来越注重物质和功利的今天，审美才更多地打上了功利的印记。其实真正健康的审美态度乃是对健康人性的赞扬、对生命的肯定、对自由的追求、对差异的认同。我们的审美观念如果不以此为基点，一味地追求经济效益，迎合世俗观念，丧失藏民族的传统特色，那么藏民族的审美文化将无法健康有序地发展下去。

三、全球化对藏文化的促进作用

　　事物总有两面性。全面看，有两面，两面看，就全面。机遇与挑战、利与弊都是相对的。从辩证的角度考察，全球化对藏文化虽有负面影响，但也有正面意义。其正面意义主要在于以下几个方面。

（一）全球化有利于藏文化的现代化

我国改革开放的实践证明，民族文化事业的发展必须开拓国际、国内两个市场，注重社会、经济两个效益，服务物质、精神两个文明，掌握艺术、管理两大本领。藏区由于过去那种"民不经商、仕不理财"的传统观念影响和"大锅饭"的流弊，经营观念淡薄，管理水平低下，这种状况与当今世界商品经济的社会环境极不适应，严重制约着藏族地区政治、经济和社会文化事业的发展。改革开放以来，特别是我国加入世贸组织后，中国的对外开放进入了一个全新的时代。在这种时代背景下，文化与经济、政治相互交融，在综合国力竞争中的地位和作用越来越突出，为缩短我国文化建设与世界文明进程之间的差距，同时也为改革开放提供文化支撑，我国引进了大量的国外优秀文化成果和先进技术，藏民族地区也受到了很大的影响。这对广大藏族人民思想的解放、观念的更新和文化现代化程度的提高起到了积极的促进作用。如藏民族传统文化心理的重要特征是能忍耐、易知足、善调和、重农牧、轻商业、厌竞争等，随着外来文明和文化产品的影响，人们的思想观念受到潜移默化的影响，从而强化了竞争意识、商品意识、服务意识和效益意识。这些与时俱进的先进理念有更新观念的先导作用，它有助于加快藏文化的现代化建设步伐。况且，全球化有利于我们吸引外资，弥补本民族建设资金的不足；有利于引进先进的技术和设备，学习先进的管理经验；有利于劳动力的有效整合和合理流动；有利于发挥"后发优势"，开拓国内外市场。

（二）全球化有利于藏文化与其他文化的交流

文化交流是不同地域、不同民族、不同质文化之间的接触、碰撞、比较。任何一个国家、任何一个民族，其文化要发展，就不能不与其他民族文化交流，封闭和阻塞只能导致民族文化的贫乏和枯萎，只有交流，才能带来生机与发展。交流是文化发展的有效途径。交流可以打开眼界，提供选择，增加积累，促进发展。

当年，随着文成公主的入藏，唐朝和吐蕃展开了大规模的经济文化交流。当时中原地区的农具制造、纺织、建筑、酿酒、制陶、碾磨、冶金等生产技术和历算、医药等科学知识，随着文成公主的出嫁陆续传入西藏，对藏族地区的经济、文化事业的发展起到了巨大的推动作用。同时吐蕃也为汉地输送药品，与汉地交流医学。公元837年，吐蕃论监通出使长安，他献的方物中就有"新药"。吐蕃大医学家老玉脱云丹贡布也曾亲到今康定地区行医，为汉族群众治疗疾病，受到汉族人民的欢迎和称赞。

1961年，赵朴初受周恩来总理的嘱托，曾先后两次护送佛牙舍利，巡游缅甸与斯里兰卡，受到当时两国总统、总理及举国上下的香花迎供，盛况空前，促进了邦交，交流了文化，增进了友谊。

20世纪80年代，随着我国与世界各地文化艺术交流的扩大，藏戏作为祖国戏曲艺术宝库中的艺术珍品，被介绍到国外，受到国外戏曲界的关注。1987年，西藏藏戏艺术团应邀赴美国演出，在纽约等14个城市演出26场，引起轰动，美国报界和广大观众为之倾倒。以后，西藏藏戏艺术团又到葡萄牙、西班牙、意大利等国巡演，所到之处都引起一阵阵藏戏热。葡中文化交流协会主席戈麦斯先生兴奋地说："这是真正的民间传统艺术。"

西方学者罗素说："不同文化之间的交流……是人类文化发展的里程碑。"一个民族的文化不是而且也不可能是清一色的，它永远是一多相容、多寓于一、一寓于多，全人类的文化都是如此。风起云涌的全球化浪潮为我们搭建了与世界交流的平台，我们要抓住机遇，继续发扬藏民族善于交流、长于包容、勇于吸纳的优良传统，广泛吸收外来有益文化，使藏族传统文化不断焕发出新的生机与活力。

（三）全球化有利于藏文化与其他文化的融合

融合是文化的一种天然属性，也是事物发展的一般规律。不论是自然界还是人类社会，任何事物要生存和发展，都要寻找突破旧属性、吸纳新因素的途径。这是一种生存本能，也是事物发展的内在要求，还是藏文化发展的基本规律。

西藏的大昭寺、小昭寺及桑耶寺就是在融合藏、汉、印寺庙的建筑形式和建筑艺术的基础上相继建立的。驰名中外的热贡艺术，是艺人们通过文化交流，融合了中外其他民族许多新的艺术养料，不断丰富自己的绘画技艺形成的独特的藏传佛教艺术风格。藏医学与汉族、波斯、印度、大食、突厥、尼泊尔等民族和国家医学的交汇融汇，形成了富有当地色彩的藏医学体系，丰富了祖国医学宝库。

现在，藏文化正处于一个不断变化和发展的新阶段。我国实行改革开放以来，世界各民族文化的影响，尤其是西方文化的影响（包括正面和负面两个方面）一齐涌了进来。国内生活和工作节奏的加快，使人们不断改变旧有的生活方式，特别是近几年我国实行市场经济后，人们的衣、食、住、行，从内容到形式都发生了深刻的变化，在思想、情趣、伦理、道德以及价值观等方面也与过去大不相同，这在很大程度上正是全球化带来的结果，全球化加速了藏文化与其他民族文化的融合。

四、全球化环境中藏文化发展的对策

在全球化环境中，如何做到既要保护、继承和发展藏文化，又要正确汲取外来文化的精华，从而更好地丰富藏文化，使之具有生命力和竞争力，是一个值得深思的问题。按照我们的理解，如果我们在以下几个方面多做"功课"，或许能达到较为理想的效果。

（一）大力弘扬藏族传统文化

所谓藏族传统文化，是指藏族几千年文明发展史中在特定的自然环境、经济形式、政治结构、意识形态的作用下形成、积累和流传下来，并且至今仍在影响着当代文化的"活"的藏族古代文化。其独具特色的语言文字、浩如烟海的文化典籍、嘉惠世界的科技工艺、精彩纷呈的文学艺术、充满智慧的哲学宗教、深刻完备的道德伦理，共同构成了藏族文化的基本内容。藏族传统文化是藏民族的精神家园，它不仅积淀着藏民族过去的全部文化创造和文明成果，而且蕴涵着藏民族走向未来的文化遗传因子。对藏族传统文化的继承和保护关系到藏民族的生存和发展。

众所周知，藏民族在她的摇篮、藏文化的发祥地——雪域高原，为人类文明留下了许多光辉的足迹。其敬天护地爱人的传统文化，保护了青藏高原的自然资源，确保了亚洲"江河源"和中华水塔的地位，维护了高原生物多样性，确保了高原环境的纯洁，保证了农业土地的持续利用，保护了珍贵的药用植物宝库，为中华民族乃至亚洲文明作出了重要贡献。

然而，随着全球化时代的来临，一些问题也逐渐浮出水面。经济全球化的浪潮不断侵蚀着纯朴的民风、传统的美德和良好的心境。藏文化固有的一些糟粕、一些落伍的东西，仍然禁锢着我们的头脑，束缚着我们的手脚，阻碍着我们的创造活力。若缺乏清醒的认识和正确的引导，这些问题势必会侵蚀我们的传统文化，动摇我们的根基。我们要在当今世界复杂的文化博弈与激荡中维护藏文化的独立与安全，增强藏文化的生命力、影响力和竞争力，就必须大力弘扬藏民族的传统文化。

（二）加强对青少年的传统文化教育

人心是由文化塑造的，教育是文化影响人心的重要载体之一。用文明的东西来实施教育，使受教育者的素质提高，变成一个文明的人，这就是传统文化的本质。让青少年从小接触博大精深的传统文化，诵读传统经典作品，可以使他们知书达理，懂得做人的道理。学习、通达和传承历史，是提高青少年思维能力和创新能力的基础和源泉。遗憾的是，现在我们不管是社会教育，还是学校教育都有一个大的缺陷——淡漠历史、淡化历史。我们的青少年对美国的好莱坞大片趋之若鹜，却不知道什么是自己的传统文化，有的大学生甚至连一般的写作都做不到文从字顺。这种漠视传统文化本根的现象已经到了令人担忧的地步，这绝不是杞人忧天，危言耸听，而是众多有识之士的共识。

西方著名学者 W. 狄尔泰说："人只能从历史中认识自己。"的确，历史文化是一个民族对待社会和人生的态度。一个不懂得历史、不熟悉历史、不了解历史、不掌握历史规律的民族要取得好的发展，是很困难的。这是因为一个民族的自豪感、自信心和民族精神，都生长于它悠久灿烂的物质文明和精神文明之中，即民族传统文化之中。进行正确的传统文化教育，可以起到涵养心性、培植道德、通晓人性、谙悉世事、表现国民性、增长爱国心、确定政策、转移风俗、造成大同世界、促进真正文明的重要作用。

青少年是祖国的未来，也是民族文化的传承者。我们应从战略的高度，重视和加强对青少年的传统文化教育，按照以德治国的方针，结合时代特点，在进行爱国主义和集体主义教育的同时，持之以恒地开展民族传统文化教育，使他们理解和传承本民族的传统文化精华，担负起张扬藏文化理想、接续藏文化血脉的重任。

（三）大力发展藏文化产业

文化产业是高新技术与文化紧密结合的产物，它反映了文化与经济彼此依赖、互为平台的社会发展趋势，成为体现文化生产力自身特征和张力的新兴产业。它所创造的价值占国民生产总值的比重越来越大。现在发达国家的文化产业已占到国民生产总值的6％～15％。我国大概是3％左右。一个民族要进入世界先进行列，必须大力发展文化产业。因为它可以带动一个民族乃至一个国家整体经济实力的提高，有助于增强一个民族乃至一个国家文化对外传播的能力。

改革开放以来，在国家文化产业政策的指导下，藏文化产业虽然有了一些发展，但仍然属于幼稚产业或弱势产业，与发达地区相比，起步较晚、规模较小、效益较差、市场化程度较低、国际竞争力较弱，远远不能满足广大藏族群众日益增长的文化需求。所以，我们要充分发挥传统文化的积极因素，着力发展文化生产力。在具体实践过程中，既要重视公益性文化事业，又要狠抓经营性文化产业。在公益性文化事业方面，用好政策，转换机制，改善服务；在经营性文化产业方面，围绕市场，创新体制，增强活力。做到两手都要抓，两手都要强。

（四）构建兼容并蓄的藏族先进文化

文化是民族的血脉，是人民的精神家园。每一个时代的先进文化总是拓展着人们的视野，激励着人们的斗志，锤炼着人们的品格，激发着人们的创造，在推动历史进步中展示了巨大的力量。人类的历史经验反复证明：一个民族没有先进文化的引领，就会缺少凝聚力和创造力；没有大众普遍认同的价值观念和行为规范，就会丧失亲和力和认同感，就得不到别人的尊重，也就不可能屹立于世界民族之林。先进文化是一个社会综合素质的体现，是一个民族立足于世界民族之林的根本。那么什么是先进的藏文化呢？这是个大题目，兹不具论。简单讲，藏族的先进文化应该是健康的文化、科学的文化、爱国的文化、开放的文化、包容的文化、创新的文化。

范文澜说："任何一个发展的民族，必然要吸收可能吸收到的其他民族的文化来丰富自己，愈能吸收别人的长处（不是短处），愈对自己有益。"只要我们不因循守旧，盲目自满，妄自尊大，拒绝和排斥外来文化的优秀成分，也不崇洋媚外，妄自菲薄，丢掉自我，照搬人家的一切，而是实事求是地分析藏文化的成分及其对历史的影响和贡献，继承和吸收藏民族古代文化中一切有益的东西，批判地借鉴和吸取外来文化中一切优秀成果，就能够建立一种特色鲜明、结构合理、功能完善的崭新的社会主义藏文化。

参考文献

[1] 李金齐. 全球化时代的文化安全研究 [M]. 北京：社会科学出版社，2008.

[2] 金鑫. 中国问题报告 [M]. 上海：浦东电子出版社，2002.

[3] 季羡林. 读书与做人 [M]. 北京：国际文化出版公司，2009.

[4] 丹珠昂奔. 藏族文化散论 [M]. 北京：中国友谊出版公司，1993.

[5] 程裕祯. 中国文化要略 [M]. 北京：外语教学与研究出版社，2003.

[6] 巴桑罗布. 雪域文化拾零 [M]. 北京：民族出版社，2005.

[7] 文池，主编. 在北大听讲座 [M]. 北京：新世界出版社，2009.

[8] 范风国. 文化安全浅探 [J]. 中国国防报，2001-08-20.

[9] 吴忠，主编. 深圳市民文化大讲堂 [M]. 北京：社会科学文献出版社，2006.

[10] 卢勋，等. 中华民族凝聚力的形成与发展 [M]. 北京：社会科学文献出版社，2007.

[11] 花建，等. 软权力之争：全球化视野中的文化竞争潮流 [M]. 上海：上海社会科学院出版社，2001.

[12] 文池，主编. 在北大听讲座 [M]. 北京：新世界出版社，2008.

[13] 南文渊. 藏族传统文化与青藏高原环境保护和社会发展 [M]. 北京：藏学出版社，2008.

[14] 高占祥. 文化力 [M]. 北京：北京大学出版社，2007.

[15] 胡国亨. 独共南山守中国 [M]. 北京：经济日报出版社，1997.

[17] 于平，傅才武，主编. 中国文化创新报告 [M]. 北京：社会科学文献出版社，2011.

习俗元制度与农村妇女土地产权贫困①

洪名勇

（贵州大学人文社科处　贵阳　550025）

摘　要：农村妇女土地产权贫困主要表现为农地使用权贫困、农地处分权贫困和农地收益权贫困。妇女土地产权贫困导致了其家庭贫困，从习俗元制度的视角来看，可以通过从夫居习俗、"丁口制度"、农地流转习俗及习俗的广泛性和深刻性等方面进行分析，解决农村妇女土地产权贫困。应确认土地承包权物权性质及加快土地产权制度改革，逐渐改变农村妇女从夫居习俗制度，加大《妇女权益保障法》、《农村土地承包法》的宣传力度，等等。

关键词：农村妇女　土地产权　贫困习俗　元制度

2008 年 10 月 12 日十七届三中全会通过的《中共中央关于推进农村改革发展若干重大问题的决定》指出，"必须切实保障农民权益"，"依法保障农民对承包土地的占有、使用、收益等权利"。但近年来，农村妇女土地产权贫困不仅对妇女的生产和生活产生了较大影响，而且也引起了学术界的重视，一些专家学者对农村妇女土地产权贫困进行了调研。据农业农村观察点统计，2005 年至 2007 年仅农村土地承包纠纷中涉及妇女土地权益的纠纷分别达到 2 万件、1.4 万件和 1.3 万件，可见农村妇女土地产权受到严重威胁。就目前国内研究来看，学者们多是从土地法律、法规执行不规范等角度对农村妇女土地产权为什么贫困的原因进行解释，我们认为仅有此是不够的，要真正理解我国农村妇女土地产权贫困的原因，应从习俗、习惯等内在制度的视角进行探讨。本文拟从习俗元制度这一视角对农村妇女土地产权贫困的原因进行解释。

① 本文为洪名勇同志主持的国家社科基金"马克思土地产权理论与中国农地产权制度改革实践、创新研究"（06XJL001）、国家软科学课题"喀斯特民族地区农村劳动力外出打工与农地利用及流转制度研究"（2007GXQ4D185）、2008 年教育部新世纪优秀人才支持计划（NCET-08-0652）的阶段性成果。

一、农村妇女土地产权贫困的内涵与现状

（一）农村妇女土地产权贫困的内涵

根据美国社会贫困现象的发展进程，民众的贫困一般可以分为物质贫困、能力贫困、权利贫困和动机贫困四大类。物质贫困是狭义的贫困，指温饱不能保障；能力贫困指由于文化、教育和技能等不足所导致的谋生、求职能力的缺乏；权利贫困是指政治、经济、社会和文化权利的限制和歧视所导致的生活贫困；动机贫困的主要表现是依赖福利，不愿意干活所导致的贫困。

农民土地产权贫困是指农民由于使用土地、处分土地和收益土地权利遭到排斥和剥夺，农民缺乏获取土地使用价值、处置资产、决定土地用途和享受土地转让收益的应有权利。农村妇女土地产权贫困是指由于某种原因，农村妇女的土地使用权、处分权、收益权等权利遭到排斥和剥夺。

（二）农村妇女土地产权贫困的现状

1. 农地使用贫困

妇女的承包权常常遭到歧视和剥夺。目前，农村妇女不仅在土地承包数量上与男性农民不同，而且在土地承包期内，当妇女出嫁时，她们的承包地往往遭到没收。中国妇联妇女研究所的研究表明，承包责任田、土地入股分红、征用土地补偿、宅基地分配这四大权益是农民立身存命的根本，但农村妇女却往往难以享受。尤其是适龄未嫁女、有女无儿户、外村娶来的媳妇和"农转非"的出嫁女等妇女阶层，是农村土地承包和调整中权益最容易遭到剥夺的群体（洪朝辉，2005）。一些地区在进行土地分配时，妇女仅分到男性50%～70%的土地（董江爱，2006）。中国经济改革研究院课题组的问卷调查显示，有7.2%的受访妇女目前没有土地，其主要原因分别是"出嫁后失地"（占45%），"国家征用后失地"（占17%），从未分配土地（占31%）。王景新（2003）对西部397个行政村的调查表明。有7.2%的受访妇女没有分配承包地，其中，"从来没有分配承包土地"的妇女占31%，"出嫁后失去土地"的妇女占44.8%，"国家征用后失去土地"的妇女占17.2%。2001年中国农业大学农村发展学院对全国17个省22个村的19163人进行调查，无地妇女为494人，占妇女人数的5%，无地男性为196人，占男性的2%，无地妇女是无地男人的2.5倍（林志斌，2001）。全国妇联对全国1212个村的抽样调查发现，在没有土地的人中，妇女占70%，其中有26.3%的妇女从来没有分到过土地，有43.8%的妇女因结婚而失去了土地，有0.7%的妇女在离婚后失去土地（董江爱，2006）。另一项对湖南、陕西4个县12个村的400户农民的调查表明，在无地人群中，无地男性为50人，占男性的6.3%，无地妇女为102人，占妇女的12.9%，高出男性1倍多（女性土地权益课题组，2004）。2002年中国（海南）改革发展研究院对西部12省（区、市）农村作了综合调查，当问到妇女对包括土地使用权在内的财产

继承权的理解时，有 13.9% 的受访者认为"女孩"、"妻子"不能继承土地使用权，而"男孩"和"丈夫"则可以继承（杨震敏，2003）。

刘克春、林坚（2005）对江西省 6 个地区下辖的万安县、九江县、瑞昌市（县级市）、南城县、宜丰县、萍乡市（地级市）湘东区和于都县共 7 个县（市、区）13 个乡（镇）的 20 个自然村 182 户农户进行调查，有已婚失地妇女的农户为 37 户，共有已婚失地妇女 42 名（有的农户出现 2 名已婚失地妇女），这类失地农户占样本总户数的 20%。

2. 农村妇女农地处分权贫困

农村妇女农地产权贫困除农地使用权的贫困之外，还表现为处分权的贫困。虽然一些农村妇女在进行土地承包时分到了自己应该得到的土地，但农村妇女对自己分到的这份土地缺乏相应的处分权。其表现为：首先，这份土地常常不是记在自己的名下，而是记在丈夫的名下。有学者组织四川大学工商管理学院、西北农林科技大学经济管理学院的学生对西部 12 省（区、市）95（市）县 397 个行政村进行综合问卷调查。只有 38.7% 的妇女回答土地是在自己名下，49.1% 在丈夫名下，8% 的妇女回答在父母名下，另有 4.2% 的妇女回答在儿子名下。其次，妇女出嫁时将无法带走自己的土地，对分给自己的土地没有处分权，而只好留给娘家人或者娘家村。有调查表明，土地初次分配以后，18.3% 的妇女承包的土地"留给"娘家（王景新，2003）。承包期限"30 年不变"，意味着娘家村在承包期限内不能收回出嫁女的土地，婆家村也没有可供调整的土地分配给新媳妇。新颁布的《农村土地承包法》规定："承包期内，妇女结婚，在新居住地未取得承包地的，原发包方不得收回其承包地。"政策和法律的本意都在强调保障出嫁妇女的土地权利。但是，在现实中妇女的土地"留在娘家"，客观地讲，这只是保留了她们名义上的土地权利。土地不可迁移，同时，出嫁女面对自己的父兄也不便主张权利，这事实上是出嫁女必须"让渡"承包土地使用权。再次，我国农村土地基本制度决定了个人没有农地的处分权。男女都一样。我国农村土地基本制度核心的内容有两条：一是农村土地集体所有；二是家庭承包经营，家庭个人没有对农地的处分权，从而使农村妇女失去对农地的处分权。

3. 农村妇女农地收益权贫困

我们知道，随着工业化的发展和城市化进程的加快，在城乡结合部，许多农地被征用为建设用地。在农地非农化过程中农民会得到一定的利益补偿，但在进行具体的利益补偿时，妇女的土地收益权常常会被剥夺，从而形成农村妇女农地收益权贫困。青海妇联、西宁市妇联和城北区妇联三家单位联合进行了一项农村妇女土地收益分配调查：小桥村的部分土地被征用后，在分配就业补偿费时村分委会规定："凡 1982 年 12 月 31 日前已婚的姑娘（娶的媳妇），享受就业待遇，但子女不享受就业待遇；1982 年 12 月 31 日以后结婚的妇女其子女不享受任何待遇。"经过韵家口镇政府批准的中庄村土地征用青苗费补偿分配方案规定："凡出嫁的姑娘年满 40 岁以下，户口在本村的补偿 30%；年满 50 岁以上，户口还在本村的，其子补偿 100%，其女补偿 20%；40～45 周岁，户口还在本村的，其子补偿 30%，其女补偿 20%；凡是招入我村已落户的女婿补偿 30%。"（王景新，2005）可见妇女的农地收益权与男性有较大的差别，不仅妇女本人的

西部发展评论（2011）

农地收益权被剥夺，而且在妇女所生的子女中，男性与女性的权利也不一样。又如南宁市、桂林、玉林、梧州市市郊农村因集体经济组织出租土地、房地产取得的土地占用费等集体收入，主要分配给本村原村民或男性户主，对外来户、外嫁、离婚、丧偶妇女少分或不分，引起多次群体上访事件。

二、农村妇女土地产权贫困的影响

农村妇女土地产权贫困的影响是广泛而深远的，妇女土地产权贫困对其家庭资源禀赋、经济发展、贫困发生及妇女社会地位等均会产生不同程度的影响（见表1、表2、表3、表4、表5）。

表 1　无地妇女家庭与有地家庭粮食情况比较

	人均粮食产量（斤）	人均年末存粮（斤）	人均售粮收入（元）
无地妇女家庭	623	157	21
其中：陕西	467	182	11.9
湖南	781	125	29
其他家庭	889	280	91
其中：陕西	661	304	79
湖南	1206	249	108

资料来源：女性土地权益课题组（2004）。

第一，无地妇女家庭耕地明显偏少。农村妇女土地产权贫困的直接表现之一是妇女没有承包耕地，给其家庭带来的后果是拥有耕地数量不足。一项对湖南、陕西的调查表明，有地家庭人均耕地面积为1.05亩，而无地妇女家庭只有0.68亩，仅为有地家庭的65%（女性土地权益课题组，2004）。

表 2　无地妇女家庭与其他家庭收入、资金存量情况

	人均纯收入（元）	农业收入（元）	农业收入比重（元）	户均存款（元）	户均现金（元）
无地妇女家庭	1745	362	20.7	915	426
其他家庭	1792	524	29.3	1678	713
陕西无地妇女家庭	1525	341	22.4	1200	447
陕西其他家庭	1645	573	34.8	2542	1018
湖南无地妇女家庭	1954	381	19.5	706	410
湖南其他家庭	1996	457	22.9	715	373

资料来源：女性土地权益课题组（2004）。

第二，无地妇女家庭粮食减少，家庭口粮难以自给。对于农民来讲，耕地是最基本的生产资料，没有土地就没有从事农业生产的基本要素。因此，无地妇女家庭由于受耕地少的限制，其粮食产量也明显少于有地家庭。从表1可以看出，无地妇女家庭人均粮食产量623斤，比其他家庭低30%，如果按每人每年消费粮食1000斤计算，无地妇女家庭有39%的粮食不能自供。

表3 无地妇女家庭贫困发生率

农业收入占纯收入的比重	≤10%	≤13%	≤15%	≤100%
人均收入（元）	2802	2145	1961	1745
人均收入<1000元的比例	0	19.4	22.9	33.3
<800元的比例	0	11.1	14.6	23.3
<600元的比例	0	2.8	4.2	15
户数（个）	21	36	48	60

资料来源：女性土地权益课题组（2004）。

第三，无地妇女家庭收入减少。无地妇女家庭的人均农业收入为362元，比有地家庭的524元少162元，低31%；从农业收入占纯收入的比重看，无地妇女家庭为20.7%，比有地家庭的29.3%低8.6个百分点，也就是说，无地妇女家庭来自耕地的收入减少，导致农业收入下降。同时，我们可以看出，无地妇女家庭的户均存款只有915元，比有地家庭的1678元少763元，低83.4%。从户均现金来看，无地妇女家庭现金为426元，有地家庭为713元，无地妇女家庭比有地妇女家庭少287元，低67.4%。

第四，无地妇女家庭更容易陷入贫困。妇女无地不仅使其家庭收入少于有地家庭，而且还使其家庭更容易陷入贫困，尤其是在以农业为主的农村。从表3提供的资料来看，随着农业收入占家庭纯收入比重的增加，农民人均纯收入逐渐下降，低收入农户所占比重逐渐增加。无论是以人均收入1000元或800元，还是600元作为贫困线，以农为主的家庭更容易陷入贫困。

农村妇女土地产权贫困对妇女经济福利的影响，可以通过估算农户陷入贫困的可能性来进行分析。在以男权占主导地位的乡土社会，如果农户陷入贫困，妇女的贫困则更加深重。山西绝大多数农户主要以农业为生，样本户平均有将近54%的纯收入来自农业。土地对于这里的农民特别是贫困的农民依然是最重要的收入来源。因此，无地妇女的家庭如果没有非农活动来补充收入，陷入贫困的可能性就较大。这里首先以农户人均纯收入600元为界划分贫困和非贫困户，获知贫困户占总样本的136%。然后借助逻辑回归模型，确认究竟哪些因素对农户陷入贫困起决定作用。

第五，农村妇女的政治、经济和社会地位低。妇女没有土地，缺乏自主性，更加依赖于家庭和丈夫，使妇女在家庭中的地位降低，家庭地位降低进而会影响妇女参与村务管理和决定的权利，降低妇女的政治地位，而政治地位的缺失又会影响妇女的经济地位和社会地位。以农业生产决策和家庭决策为例，表 4 和表 5 提供的资料表明，除家庭日常开支决策权外，无地妇女的生产决策权和家庭决策权明显低于有地妇女。

表 4　农业生产决策中以妇女为主的比例　　　　　　　　单位:%

	种植何种作物	施肥	打农药	长期投入	饲养牲畜	采用新品种	产品出售
无地妇女家庭	31.7	30.0	26.7	25.0	41.6	21.7	33.3
有地妇女家庭	42.0	35.5	36.6	28.4	42.9	29.5	47.0

资料来源：女性土地权益课题组（2004）。

表 5　家庭决策中以妇女为主的比例　　　　　　　　单位:%

	家庭日常开支	购买大件物品	子女教育	家庭其他重大决策
无地妇女家庭	81.4	45.1	46.7	54.4
有地妇女家庭	78.3	51.8	57.9	59.6

资料来源：女性土地权益课题组（2004）。

三、农村妇女土地产权贫困：习俗元制度视角的阐释

不仅市场机制是一只"看不见的手"，事实上，在支配人们的经济行为，习俗元制度作为另一只"看不见的手"也引导人们的行为。农村妇女土地产权贫困可以从习俗元制度这一视角得到有效解释（洪名勇，2006，2007）。

第一，从夫居习俗看农村妇女土地产权贫困。中国家庭几千年来沿袭的是父权制度，男性家长处于主要地位，妇女处于从属地位，家庭以父系纵向传承。体现在婚嫁制度上，即"男娶女嫁"，女方出嫁后到男方落户，成为男方家庭的成员。这种"从夫居"习俗使妇女一生中至少要变动一次长期居住地。当前，随着社会经济的发展和文明程度的提高，妇女的生存和发展环境有了较大的变化，但是在广大农村，由于社会经济发展的不平衡性和传统文化的长期影响，"男娶女嫁"、"从夫居"还是男女婚嫁的主要形式，这就必然导致农村妇女因婚姻而发生流动。这种流动不管是村际、县际流动，还是从欠发达地区向发达地区、从农村向城镇流动，都会影响到以家庭为单位的土地承包关系中妇女的土地承包权问题。

第二，丁口制度。按照农村民间习惯，"丁"或"鸿丁"是指家庭的男性，"口"则包括女性成员。家族的登记制度就是只在族谱上记录鸿丁，妇女在族谱中无名无姓。这是男权主宰的民间制度形式，这种民间法则至今仍然存在并产生实际影响。例如，农户户主绝大多数是丈夫，家庭成员所承包的土地大都记录在户主名下。而且村集体的土地

收益分配、家庭财产的登记，大多只记录男性户主的名字，很少采取夫妻双名的登记形式。在这种情况下，一旦家庭破裂，以家庭为单位的承包地、宅基地及其附着物以及集体分红等家庭财产的分割，有利于男性而不利于女性。即使妇女有分割承包土地及家庭财产的权利，也很难争取到。

第三，土地流转习俗。从中国农村土地流转习俗来看，其土地一般都是在村庄内部流转的，土地的村庄内转其实是传统的"土地家族内转"的现代变形。所谓土地的村庄内转，主要是指土地的使用权在自然村（过去的生产队或现在的村民小组）的内部转移，由此保障村庄土地不流落外姓人或村外人的手中，以维护土地的家族共有制度。在乡土中国，维护家族共有的土地财产是家族法的根本职责。宗族长老一般认为，保证土地族内流转是守住祖宗"基业"的根本法则。对于相对封闭的村落社会来说，入赘的男人或出嫁的女人都是外家人，因此，都没有资格分配土地。

第四，习俗规则影响的广泛性和深刻性。习俗作为一种内在制度安排，通过多种形式对人的思想、理念产生影响，因此，其影响往往比法规、规则等强制性制度安排更能够得到有益实施，因为人们易于接受。而法律、法规等外在制度是通过国家机器作保障实施的，当这种外在制度安排能够与习俗等内在制度安排相适应时，就能够得到较好的实施；相反，其实施就会打折扣。正因为这样，我们才会发现，虽然《妇女权益保障法》第30条、《农村土地承包法》第6条等都强调农村划分责任田或土地承包等，如"妇女与男子享有平等的权利，不得侵害妇女合法权益"，"任何组织和个人不得剥夺、侵害妇女的土地承包经营权"等，但法律规定的这些保护妇女土地产权的制度安排难以得到有效实施，保护妇女土地产权条款就显得苍白无力，以致农村妇女没有承包地或失去土地承包经营权的问题不断发生。

四、消除农村妇女土地产权贫困的对策

第一，确认土地承包权物权性质及加快土地产权制度改革。确认土地承包权物权性质及加快土地产权制度改革是解决农村妇女土地权利问题的保障，土地承包期限的长期稳定客观上要求拓展使用权的内涵。事实上，现行政策已表明农民土地使用权已由单纯的耕作权逐步演化为实际占有、使用、收益分配和部分处置权相统一的物权。所以，应以法律形式进一步明确包括使用权的转让、转包、出租、作价入股、合作经营、抵押、继承等在内的部分处置权的权限。承包权有了物权性质，就可以为解决出嫁妇女的土地承包权问题开辟新的途径，即引入市场化机制，使土地承包权随着出嫁妇女的流动而得到动态实现。解决方法有二：一是家庭内部的解决方法，即土地分给农户，家庭承包土地的数量是按人口来定的，确定土地承包权的物权性质，并把这种物权细化到家庭成员，通过家庭成员之间的有偿转让或建立内部合作关系，出嫁妇女的权益仍然能够得到实现。二是出嫁妇女到夫家落户后，可与家人一起通过租赁等形式获得另外一些土地的短期使用权，有条件的也可通过购买获得其他土地的长期使用权。将承包土地作市场化调节，或在家庭内部作民事处理，不仅可以保持土地承包关系的长期稳定，还可灵活有效地保障农村妇女的土地承包合法权益（赵玲，2002）。

第二，逐渐改变农村妇女从夫居习俗制度。在现代社会，男女平等，这种平等不仅是工作、生活上的平等，还应表现在婚姻居住权利上的平等。从农村婚姻居住情况来看，从夫居习俗表明男女的居住权利是不平等的，我们应该提倡男女居住权利的平等，逐渐改变从夫居习俗。不管是男人还是妇女，只要结婚之后，夫从妻居或者妻从夫居都是一样的，应该平等对待。

第三，加大《妇女权益保障法》、《农村土地承包法》的宣传力度。让广大的农村居民充分了解、理解国家保护妇女土地产权的法律、法规。习俗之所以会在人们的生活中产生广泛的影响，作为一只"看不见的手"能够持久地支配人们的行为，一个重要的原因就在于人们从内心深处接受了习俗。法律等外在制度安排之所以不能得到较好的实施，就在于这些制度安排只是挂在墙上的制度。当我们去宣传或者讲解时，广大农民可能会理解它，但不一定会自觉地实施它。因此，加大宣传力度，像宣传计划生育政策一样宣传国家这一制度安排，让农民从内心接受它可能是比较好的选择。

参考文献

[1] 洪朝辉. 论中国农民土地财产权利的贫困. 中国"三农"问题：理论、实践与对策 [M]. 浙江：浙江大学出版社，2005.

[2] 林志斌. 论农村土地制度运行中的性别问题——来自全国22个村的快速实证调查 [J]. 中国农村观察，2001 (5).

[3] 董江爱. 农村妇女土地权益及其保障2006 [J]. 华中师范大学学报（人文社会科学版），2006 (1).

[4] 女性土地权益课题组. 农村妇女土地承包权状况及产生的影响. 中国农村研究报告 [C]. 北京：中国财政经济出版社，2004.

[5] 党双忍. 废除制度歧视，还农民公民权利. 2003, http://www.nongyou.net.

[6] 杨震敏. 论中国妇女财产继承权的保障问题. 2007, http://www.civillaw.com.cn.

[7] 沈飞，朱道林. 政府和农村集体土地收益分配关系实证研究——以我国土地征用——出让过程为例 [J]. 中国国土资源经济，2004 (8).

[8] 黄蕙. 农村最需关注七大问题低价征地最突出. 2006, http://www.chinaelections.org.

[9] 刘克春，林坚. 农村已婚妇女失地与农地流转——基于江西省农户调查的实证研究 [J]. 中国农村经济，2005 (9).

[10] 王景新. 村域经济转轨与发展 [M]. 北京：中国经济出版社，2005.

[11] 王景新. 中国农村妇女土地权利——意义、现状、趋势 [J]. 中国农村经济，2003 (6).

[12] 赵玲. 农村妇女土地承包权问题的制度分析 [J]. 中国妇运，2002 (7).

[13] 刘雪梅. 农村妇女土地权益保护问题研究 [J]. 广西政法管理干部学院学报，2004 (4).

[14] 郭正林. 村妇女的土地权利与制度保障 [J]. 宁波党校学报，2004 (1).

[15] 洪名勇. 农地习俗元制度及其对农地外在产权制度的影响 [J]. 天府新论，2006 (4).

[16] 洪名勇. 习俗元制度：另一只看不见的手 [J]. 湖北经济学院学报，2007 (4).

农村扶贫制度转轨：
从开发式扶贫转向保障式扶贫

陈健生

（西南财经大学　成都　610074）

　　摘　要：改革开放 30 年来，中国的贫困人口和贫困发生率大幅下降，主要得利于中国经济持续快速增长和符合中国国情的扶贫制度。本文通过对中国农村开发式扶贫制度回顾，分析了开发式扶贫的特点以及其局限性，认为农村扶贫制度应从开发式扶贫转向保障式扶贫，并为此提出了相关政策建议。

　　关键词：扶贫制度　开发式扶贫　保障式扶贫

　　中国改革开放从 1978 年党的十一届三中全会起到今年已 30 周年。30 年来，我国经济平均增长超过 9%，综合国力、经济实力与人民生活水平均获得前所未有的大幅度提升。在经济高速增长与城乡居民生活提高的同时，也带来了贫困人口的大规模减少。农村贫困人口，按照中国官方公布的贫困线，1978 年，我国农村绝对贫困人口为 2.5 亿人，到 2005 年减少到 2365 万人，贫困发生率从 31% 下降到 2.5%，2007 年农村绝对贫困人口更是下降到创纪录的 1500 万人。即便按 1 美元/天·人的贫困线计算，农村贫困人口和贫困发生率也出现大体相同的下降趋势。根据世界银行经济学家陈少华和拉瓦利昂的研究，中国在改革开放以前的贫困发生率远高于当时世界各国的平均水平，而现在，中国的贫困发生率明显低于世界平均水平。[①] 中国农村贫困人口和贫困发生率的大幅度下降主要归因于持续快速的经济增长和符合中国国情的扶贫开发制度。前者主要是通过实行经济改革政策带来农业经济增长与农民收入提升，以及近年来取消农业税和增加农业补贴为农民持续性增收创造的条件；而后者则是针对中国贫困人口主要集中在农村，通过实施以农村贫困人口为重点的扶贫开发，找到了一条"政府主导、社会参与、自力更生、开发扶贫"的开发式扶贫路径。

---

　　① Chen, Shaohua and Martin Ravallion (2004). How have the world's poorest fared since the early 1980s. Discussion Paper, WPS3341, World Bank.

一、中国农村开发式扶贫制度的演进

中国农村反贫困过程呈现出与经济增长、社会发展相一致的趋势，并表现出明显的阶段性特点。

1949—1978 年是中国工业化和现代化建设的初期，通过农村土地改革，从制度上改善了农村贫困农户的土地资产状况，大规模的农村基础设施建设和推进农业科技进步，提高了农业产出和农民收入，有效减少了农村收入贫困；加强农村基础教育和农村基本医疗卫生制度安排，提升了农村贫困人口的基本能力；建立"五保户"制度和农村特困人口救济制度，为农村特殊人群搭建起基本生活保障框架。但是，这些有效的减贫政策在当时计划经济体制下难以取得突破性进展与提供持续性的制度保障。以低价剥夺为代价的农业发展战略服从于国家现代化的总体发展安排，"大跃进"和人民公社的土地所有权的强制性制度变迁造成了农村过度集体化，加上连续的自然灾害特别是十年"文化大革命"，造成了国民经济的大倒退和农村社会经济的大灾难，农民的生产积极性被严重束缚，土地产出大幅下降，农村重新陷入普遍贫困状态。[①] 党的十一届三中全会开启了改革开放的征程，中国政府也开始推行有针对性的农村扶贫开发战略，并在随后的近 30 年里不断调整与完善。我们认为，中国农村扶贫制度的演进大致可以划分为三个阶段。

（一）农村家庭承包制引发的区域扶贫阶段（1979—1985 年）

1979 年，中国政府开始对农村经济体制进行以家庭联产承包责任制为主的改革。生产经营制度变革、农产品价格的大幅度提高以及农村剩余劳动力非农化转移、乡镇企业的"异军突起"，使农业和农村释放出前所未有的生产力，农业生产与农村经济呈现出持续性的高速增长，农民的收入更是大幅度提高，农村改革所带来的经济增长几乎惠及所有农村人口，农村贫困状态出现了较大幅度的缓解。到 1985 年，农村绝对贫困人口已下降到 1.25 亿，平均每年减少 1786 万人，贫困发生率下降到 14.8%，平均递减 9.4%。[②]

在稳步推进农村改革的同时，中国政府也开始尝试采取专门针对极端贫困地区的扶贫政策与扶贫专项资金来支持贫困地区的经济发展。（1）1980 年，中央财政设立了"支援经济不发达地区发展资金"，专门支持革命老区、少数民族地区、边远地区和特困地区发展；（2）1983 年，中央政府开始有计划地对甘肃定西地区、河西地区和宁夏回族自治区西海固地区 47 个县开展为期 10 年的"三西"农业扶贫计划；（3）1984 年 9 月，中共中央、国务院联合下发《关于帮助贫困地区尽快改变面貌的通知》，正式在全国范围划定了 18 个贫困地带予以重点扶持。同时，国家计委正式实施以实物形式为主

---

① 张磊主编：《中国扶贫开发政策演变（1949—2005）》，中国财政经济出版社，2007 年版，第 3 页。
② 张磊主编：《中国扶贫开发政策演变（1949—2005）》，中国财政经济出版社，2007 年版，第 5 页。

的"以工代赈"计划，并于同年开始设立革命老区、少数民族地区和边远地区专项贷款。这些政策措施不仅有效地缓解了部分极端贫困地区的贫困状况，更重要的是为后来大规模扶贫开发计划的实施积累了实践经验，也初步形成了开发式扶贫制度的基本框架。

（二）快速经济增长下的开发式扶贫阶段（1986—2000 年）

该阶段可以分为两个子阶段，即 1986—1993 年全方位区域性扶贫计划阶段和 1994—2000 年"八七"扶贫攻坚计划阶段。

1. 全方位区域性扶贫计划阶段（1986—1993 年）

20 世纪 80 年代中期以后，家庭联产承包责任制所产生的政策效应（即以政策安排促进农业增长）开始逐步递减，农村经济增长与农民收入增加均出现明显减慢的趋势，城乡收入差距开始扩大，部分地区的农村贫困问题开始重新凸显。基于这种形势，中国政府于 1986 年起开始实施有计划、有组织、大规模的扶贫开发。（1）成立国务院扶贫开发领导小组与国务院扶贫办，并在各省（市、区）及下一级政府成立相应机构，使扶贫开发组织化、制度化；（2）确立了开发式扶贫方针，即在国家必要的支持下，利用贫困地区的自然资源进行开发性生产建设，逐步形成贫困地区和贫困户自我积累和发展能力，依靠自身力量解决温饱问题和脱贫致富；（3）确定贫困标准，并采取区域瞄准的方式，以县为单位确定扶持重点，形成区域反贫困计划；（4）在继续执行"支援不发达地区发展资金"、"以工代赈"和"三西扶贫"资金投入计划的基础上，开始实施信贷扶贫政策。

开发式扶贫方针的确立，以及政府主导下有组织地实施扶贫开发政策，使这一时期在农村经济增长放缓的情势下，农村贫困人口仍然继续下降，到 1993 年，农村绝对贫困人口减少到 8000 万人，占农村人口的 8.8％。

2. "八七"扶贫攻坚计划（1994—2000 年）

为继续加快扶贫开发步伐，进一步减少农村贫困人口，中国政府于 1994 年启动了"八七扶贫攻坚计划"，承诺用 7 年左右的时间，在 20 世纪末基本解决剩余 8000 万农村绝对贫困人口的温饱问题，并为此强化扶贫开发力度，调整和完善相关的扶贫开发政策与措施。

"八七扶贫攻坚计划"的主要政策措施包括：（1）帮助贫困户进行土地改良和农田基本建设，增加经济作物的种植，发展畜牧业生产，创造更多的非农就业机会；（2）改善农村基础设施，使贫困地区大多数乡镇通路通电，改善贫困农村人畜饮水问题；（3）普及初等义务教育和初级预防保健服务；（4）减少对沿海省份贫困县的支持，将扶贫重点放在中西部地区；（5）加强扶贫资金管理，减少资金漏出，提高扶贫资金投入的可持续性；（6）动员各级党政机关、沿海省份和重要城市及国内外其他机构广泛参与扶贫。为有效实施这项扶贫攻坚计划，中央重新确定了 592 个国家贫困县，明确提出地方行政首长对扶贫工作负总责；扩大和强化了部门定点扶贫；在优化扶贫资金投入结构的条件下大幅增加扶贫资金，1997 年起当年增长了 50％，扭转了 10 年来实际扶贫资金下降的局面。①

　　"八七扶贫攻坚计划"是改革开放以后乃至中国历史上第一个有明确目标、明确对象、明确措施、明确期限的扶贫纲领性文件，它的实施进一步减少了中国农村贫困人口。该计划实施的第二年（1995 年），中国农村贫困人口下降到 6500 万人，占全国农村总人口的比例下降到 7.1%，当年减少贫困人口 500 万人。②

　　（三）新世纪的农村扶贫开发阶段（2001—2010 年）

　　在"八七扶贫攻坚计划"完成以后，中国政府针对 21 世纪初农村贫困人口数量与分布的新特点，制定了《农村扶贫开发纲要（2001—2010）》（以下简称《纲要》）。在扶贫基本方针上，提出"五个坚持"，即坚持开发式扶贫；坚持综合开发、全面发展；坚持可持续发展；坚持自力更生、艰苦奋斗；坚持政府主导、全社会共同参与。在扶贫重点上，进一步将扶贫开发的重点放在西部地区；在扶贫开发内容上，增加了推进农业产业化经营，扩大贫困地区劳务输出，加强贫困地区劳动力职业培训，组织和引导劳动力有序流动，以及稳步推进自愿移民搬迁方面的内容，对加强农田基础设施、环境改造和公共服务设施建设，《纲要》也有进一步强调。此外，《纲要》还就科技扶贫、提高贫困地区群众的科技文化素质、鼓励发展多种所有制经济组织等也做出了相应的政策安排。

二、中国农村开发式扶贫制度评价

　　中国农村近 30 年的扶贫开发制度的演变始终贯穿着一条鲜明的政策主线，即开发式扶贫。从 20 世纪 80 年代初期农村反贫困的政策取向，到"八七扶贫攻坚计划"形成较完备的扶贫制度框架，以及 21 世纪初《纲要》制定的扶贫制度及政策的重新调整，唯一不变的正是开发式扶贫这一基本制度安排或政策取向。按照《纲要》的说法，开发式扶贫"这是贫困地区脱贫致富的根本出路，也是扶贫工作必须长期坚持的基本方针"③。

　　（一）开发式扶贫制度的特点

　　研究中国农村扶贫开发近 30 年的政策安排以及相应的制度框架，我们发现，所谓开发式扶贫有如下几个特点：（1）开发式扶贫是一种以贫困地区摆脱经济落后，实现经济发展为目的的区域扶贫方式。这种扶贫制度的基本取向是"以市场为导向，开发当地资源，发展商品生产，改善生产条件，走出一条符合实际的、有自己特色的发展道路"②。因此，产业发展一直被当做一种有效的减贫方式。（2）开发式扶贫也强调贫困农户自我积累和自我发展能力的提高与培育，但偏重于解决农户的贫困问题。（3）开发

　　① 中国发展报告（2007）：《在发展中消除贫困》，中国发展出版社，2007 年版，第 95 页。
　　② 张磊主编：《中国扶贫开发政策演变（1949—2005）》，中国财政经济出版社，2007 年版，第 135 页。
　　③② 参见《中国农村扶贫纲要（2001—2010）》。

式扶贫是一种政府主导，以政府财政资金投入为主要渠道的国家扶贫战略安排。政府专项扶贫资金投入主要是按财政发展资金、以工代赈资金为主的结构，采用中央财政转移支付方式分配资金。并且，资金投放规模有逐步增加的趋势。（4）扶贫的瞄准机制从初期以县为单位，逐步转向以村为单位，但仍然偏重于区域瞄准（如重新确定扶贫开发工作重点县），而且基本上没有将瞄准对象聚焦于贫困户与贫困人口层面。（5）充分发挥政治优势，倡导全社会共同参与。东西协作对口帮扶、党政机关定点扶贫是开发式扶贫制度十分典型的特征。

之所以采取开发式扶贫制度，主要是与当时农村经济发展水平整体偏低，贫困现象较为普遍相联系的。首先，通过开发式扶贫，即利用经济增长和农业发展带动减贫，对具备生态环境和资源条件的贫困地区，以及具有劳动能力的贫困人口而言，增长带来的减贫不仅受益面大，而且具有贫困率下降快的特点，可以在较短时间内迅速减少贫困发生率，将贫困减低至一个较低的水平。其次，开发式扶贫作为一种区域性扶贫，其瞄准对象是贫困地区而不是贫困人口或家庭，贫困的识别难度相对较低，对长期以来贫困人口分布带有地理性集中的特点显然是合适的选择。再次，开发式扶贫适合中国的体制特点。政府主导、行政动员、资金分配、社会参与等具有信息与资源纵向配给特征，适合中国的国情，便于发挥政治优势。最后，以区域为扶贫对象可以充分顺应现行的行政管理体制与信息传导系统，有利于降低扶贫的管理成本。

（二）开发式扶贫的局限性

任何一项有效的制度政策安排总是特定时期和特定条件的产物，当外部环境与条件发生改变以后，原有的制度政策安排必然会出现某种程度的效率下降甚至失效，开发式扶贫制度也不例外。当农村贫困人口大幅度下降到一个类似"流动性陷阱"的状态下时，增长带来的自主性减贫的动力将逐步被遏制，原有扶贫制度及政策的效应则会逐步递减，其局限性便日益显现。

局限一：开发式扶贫制度采用区域瞄准机制，强调贫困地区脱贫致富，而忽略了贫困人口自身的发展。

开发式扶贫经历了从 20 世纪 80 年代的地域性成片扶贫开发，到"八七"扶贫攻坚时期以县为单位设立扶贫工作重点县，再到新世纪初推行的所谓"整村推进"的以村为扶贫单位的新开发模式，其间扶贫开发均采用区域瞄准机制。虽然这种开发式扶贫制度所瞄准的扶贫对象已从过去一个较大的"靶心"转向一个较小的"靶心"，但是并未改变扶贫的区域瞄准机制的实质。且不用过多地讨论以县为单位的区域性扶贫开发所带来的"靶心"偏离问题，即便是目前推行的"整村推进"的所谓扶贫开发新模式，仍然未能摆脱"靶心"不准的困扰。因为，村级瞄准的一个假定前提是：在贫困人口集中的地区，由于自然条件、交通以及发展机会的差异，造成明显的村与村之间的贫富差距，而穷人相对集中在所谓的贫困村。如果扶贫的瞄准机制转向以村为单位，那么理论上则可能覆盖更多的贫困人口。从这种假定出发，自然会将收入低的村选为贫困村。但据世界银行和国家统计局农调队的估计，仅以收入标准作为衡量的依据，尽管越是低收入组，被确定为贫困村的比例越高，但最低收入组中 45％的村仍然没有入选为贫困村，表明扶贫资金没有覆盖到这些贫困村。另一方面，最高收入组中还包括有约 11％的贫困村，这将导致扶贫资金的一部分漏出到非贫困村中。①

　　由于开发式扶贫制度及政策的着力点在地区层面上，即便达到"整村推进"的更小的扶贫瞄准单位，但自然也难以触及人口层面的贫困问题，虽然相关政策也不乏提及贫困户和贫困人口，如贫困户的自我发展能力与人口素质提高等，但始终不是制度及政策安排的重点领域。主要表现为缺乏贫困人口层面的脱贫规划；扶贫开发规划无论是国家层面还是地区层面，均具有明确的政策目标、政策内容与保障措施，但从来没有制定过人口层面的扶贫规划，与人口发展相关的统计指标，如婴儿死亡率、儿童入学率，千人医生数等，缺乏硬性约束力，并且，这些促进贫困发生率下降的长期性因素自然没有生产性指标更能引发扶贫政策制定者的关注。

　　局限二：开发式扶贫过分强调以收入增长为目标的生产性开发，忽视贫困人口的人力资本投资与能力培育。

　　在扶贫开发中特别重视物质资本投资和直接生产性投入，而相对忽视对农村人力资本的开发，表现在农村扶贫资金长时间、大规模投向物质资本与生产性开发，只有很少比例分配到与人力资本相关的教育、卫生以及技术培训方面。根据汪三贵等（2004）的计算，1998—2001 年，扶贫资金中有 46％用于农业开发与生产，20％用于基础设施投入，14％投向工业领域，仅有 4％投在文教卫生和技术培训等人力资本开发领域。

　　出现上述情况的原因或许在于：一是现行的扶贫政策目标是解决农村因经济落后引起的贫困人口的收入贫困，而来不及考虑更深层次的能力贫困以及权利贫困问题。因此，在统计指标设计上是以收入为标准的农村绝对贫困，而很少考虑或考核人口、教育、卫生等社会发展指标。二是投资于物质资本或生产性开发领域，例如，基础设施建设与农业发展具有直接提高农户收入和农业生产率的特征，也就是说，扶贫效果更为明显且直接，便于显示地方政府行政领导的政绩。三是长期以来，对人力资本的作用认识不足，将财政用于社会事业的支出如教育、卫生、培训等支出视为一种消费，而不是看做一种长期投资，要知道开发式扶贫资金是不被允许用于消费领域的。②

　　局限三：开发式扶贫制度让贫困人口难以从项目开发中受益，而直接补贴到人口则效果明显。

　　产业化扶贫是开发式扶贫的基本途径之一，通过项目带动分配扶贫资金是产业化扶贫在落后地区反贫困的具体方式，其目的是以生产性开发与资本投入在贫困地区形成生产能力，改善生产条件与基础设施，引导贫困人口发展生产，增加收入以摆脱贫困。这种以项目带动扶贫资金分配的方式在新世纪的三大扶贫措施（整村推进、产业化扶贫、劳动力转移培训）中均有所体现。从总体上讲，开发式扶贫的投资扶贫效果对贫困地区基础设施及相关生产生活条件的改善较为明显，对贫困农户增加收入提供了良好的基础，对贫困地区的经济发展、生态建设以及资源开发起到了积极作用。

　　然而，有的研究也表明，开发式扶贫在促进贫困地区发展的同时，并没有使贫困人

---

①　参见《中国农村扶贫纲要（2001—2010）》。
②　中国发展报告（2007）：《在发展中消除贫困》，中国发展出版社，2007 年版，第 96 页。

口从扶贫项目开发中受益，扶贫开发的成果更多的是被贫困地区内中等或高收入家庭分享。

整村推进位于三大扶贫措施之首，但扶贫效果多为贫困村中的富裕户所占用。例如，Park 和汪三贵（2006）在对整村推进的扶贫效果的研究中证实，整村推进村中富裕户的收入增长比非整村推进村富裕户的收入增长高 6.6%～9.6%，消费增长高 8.8%～11.4%。① 而整村推进村中贫困户的收入与消费增长与非整村推进村的贫困户没有显著差异。这说明整村推进中，真正受益的是贫困村中相对富裕的农户。形成这种状况的一个重要原因在于：这种以项目推动的扶贫方式要求农户自己配套一部分资金，并且配套资金的比例要超过项目总价的一半，这种筹资方式制约了贫困农户参与整村推进的积极性，超出了贫困农户的承受能力。

劳动力转移培训也是《中国农村扶贫开发纲要》提出的三大扶贫重点之一，目的是试图通过提高贫困地区劳动力的素质和技能，在非农产业获取较为稳固的就业机会，以提高转移贫困劳动力的收入水平。根据李文提供的背景报告，转移劳动力培训效果较显著，2001—2004 年 4 年间，中西部 14 个省的统计表明，投入到各级培训机构的资金共 6.1 亿元，平均每个省 1671 万元，其中 61% 来源于财政扶贫资金，已培训劳动力 242 万人，其中有 157 万人在省内就业，占培训人数的 65%；67 万人在省外就业，占 28%。调查显示，转移劳动力从接受培训开始，经过 1～2 年时间，就可以至少给家庭带回 3000 元的转移收入，如按户均 4 口计算，可以使每个农户人均增加 750 元，超过农村绝对贫困线的标准，达到脱贫目标。② 问题是，劳动力转移培训费用（如生活费）有一部分要由培训者自己承担，加上培训采取自愿参加的原则，其结果使最应该接受劳动力转移技能培训的贫困人口被排斥在培训项目之外，而参加培训的一般是处于贫困线以上的农村人口。

信贷扶贫也面临同样的问题。从开发式扶贫制度的早期如 1986 年就开始实行信贷贴息计划，因为政府认为贫困农民收入增长的主要障碍是难以获得正规的贷款所导致的资金约束。而扶贫的实践表明，大部分信贷资金被发放给了对促进地区发展有直接贡献的乡镇企业、县办企业以及产业化龙头企业，而贷款与贫困人口之间并未建立起直接的利益关联，也就是说，真正对资金有直接需求的贫困农户不能够获取资金。贫困人口这种间接融资最有效的农村小额信贷在 20 世纪 90 年代中期以后便昙花一现，主要是农业银行的大银行体制并不适应小额信贷这种操作模式，会导致贷款人与借款人之间信息不对称、高交易成本以及缺乏激励机制。小额信贷在交由地方政府操作后，只是利用了小额信贷的操作技术（如小组联保、分期还款等），而忽视了小额信贷所必需的金融制度创新。这种银行信贷的制度安排不可能让金融惠及穷人，难以给贫困户带来实际的资金支持。

我们发现，在三大扶贫措施中存在的一个共同问题是：以项目引导的扶贫资金分配

---

① 汪三贵：《整村推进评估报告》。
② 参见李文背景报告：《劳动力培训转移的扶贫效果评估》。

中普遍采行的项目筹资分摊机制。① 它虽然是一种在资金不足情况下筹集资金的有效手段，但在一些特定领域，如扶贫，则可能会失灵。因为它让穷人为获取项目支持而配套个人经费本身就没有把穷人当穷人对待，没有将贫困所产生的缺乏相应配套资金的困境置于决策人的视野，无疑是一种应对资金不足的无奈之举。

相反，通过直接向贫困人口提供补贴则取得了良好的政策效应。针对贫困人口的补贴，如退耕还林补助、贫困人口医疗救助、贫困家庭"两免一补"、农村最低生活保障等针对明确的贫困群体目标，体现了对人的关注，使中央的"少取多予"起到积极效果。根据《中国农村扶贫开发纲要（2001—2010）的中期评估报告》的分析，对反贫困影响具有非常积极的政策有：教育"两免一补"、农村税费减免政策、教育"一费制"、退耕还林政策、粮食直补和农村电网改造②，而它们中绝大部分是直接针对农户人口和家庭的补贴政策。

局限四：开发式扶贫制度偏重减少短期收入贫困，而忽视消除长期能力贫困和慢性贫困。

试图以增长促进减贫，以地区发展带动农户脱贫，以生产性投资改善生产生活条件，其结果必然是对收入贫困的过分重视，而对那些导致贫困的长期性因素，如人口、教育、卫生保健、生态环境等，在开发式扶贫制度中虽然有所触及，但因为不是政策重点而在扶贫制度安排中要么被忽略，要么没有被置于重要位置。③ 其实，过多地从减缓收入贫困方面求得摆脱贫困的路径往往难以真正让贫困人口脱离贫困。因为收入贫困，已如本文前面部分的研究结论，它带有较强的波动性，由于宏观经济环境的不确定性与易变性，暂时的收入上升与超过贫困标准的现象时有发生，但由于没有从提升贫困人口的基本能力入手，根本性地培育贫困人口的素质与技能，特别是对那些异质性贫困人口，其由能力缺失引发的脆弱性往往使脱离贫困成为一种暂时现象。这些贫困人口的生产能力使其在市场竞争中至多能够成为短期脱贫的"脆弱的竞争者"，而不是长期脱离贫困的"真正的竞争者"。

因此，将扶贫资金倾向于分配到生产性物质资本投资领域或许会带来短期收入贫困发生率的下降，但由于没有从致贫的长期因素，即从贫困人口的基本能力提升出发，也即是导致贫困长期性、慢性化的根源入手，这种减贫至多只会带来表面的成功。一旦宏观经济、人口或自然面临现实冲击，那些脱贫（收入贫困）的人口又会重新回到贫困中来，减贫的短期效应与政绩可能会被贫困的经常性波动与周期性的脱贫返贫所困扰。与其如此，不如下决心将扶贫资金更多地配置到那些致贫的长期性与贫困慢性化的领域中去，如大幅度增加对教育、培训、卫生保健、社会保障、生态保护等方面的支出，从根本上消除致贫的内生性因素。

---

① 通俗地讲，就是"个人出一点，地方拿一点，中央补一点"。这是典型的转轨经济体制下资金分配的一种筹集方式，目前在许多领域，如新农合、农业开发等仍然广泛存在。深层意义上是政府职能不明确与支出责任划分不清晰的产物。

② 刘坚主编：《新阶段扶贫开发的成就与挑战》，中国财政经济出版社，2006年版，第62～63页。

③ 例如，《中国农村扶贫开发纲要（2001—2010年）》也提出坚持可持续发展，但由于不是政策重点且在实践中难以处理人口、资源与发展之间的关系而在扶贫开发中难有作为。

　　未来中国农村扶贫制度的出路何在？如果继续采取自主性扶贫方式已没有多大的减贫空间，而采取政策支持性扶贫方式还能维持多长时间？会不会发生 20 世纪 80 年代后期农村家庭联产承包责任制政策效应迅速衰减带来的扶贫政策递减效应？换句话说，实施了 30 年的中国农村开发式扶贫制度是否已走上了政策效应递减的轨道？答案是肯定的，但农村开发式扶贫并没有走到其政策效应完全不起作用的尽头。笔者以为，对中国农村扶贫制度的未来应未雨绸缪，在经历了由增长带来的自主性扶贫阶段和由政策减免优惠引发的支持性扶贫阶段以后，未来中国农村扶贫开发面临的形势是，农村绝对贫困人口数量已大幅减少至一个很低的水平，农村贫困人口越来越具备异质性人口特征，影响贫困的长期性（慢性化）因素正在延伸和强化，外部经济环境、自然生态环境和人口健康环境对贫困人口的外部冲击正在加大。在这种情形下，原有的农村开发式扶贫制度的有效性会大大降低。一方面，异质性人口能力缺失使以同时具备物质资本和人力资源为特征的开发式扶贫失去了前提条件；另一方面，这部分异质性人口是贫困发生率最高的群体，在总体贫困中占有相当大的比重，并且将使贫困维持很长的时间。因此，开发式扶贫制度的出路在于与以社会政策安排为主线的保障式扶贫制度相结合，走出一条以农村贫困人口为基本扶贫对象，以农村社会保障制度为依托，以人力资本投资与能力培育为优先领域，以人口、资源与生态相协调的可持续发展为目标的具有中国特色的新型农村扶贫开发道路。

三、农村扶贫制度转轨：从开发式扶贫转向保障式扶贫

（一）社会政策与保障式扶贫

1. 社会政策的含义与分类

　　根据英国社会学家迈克尔·希尔的定义，社会政策即是"影响公共福利的国家行为"。其政策范围涵盖社会保障、医疗卫生、教育、就业、住房以及个人社会服务等领域。①

　　著名社会政策研究专家安东尼·哈尔和詹姆斯·梅志里根据社会政策在不同历史阶段发展变化的实践，将社会政策分为：

　　（1）作为福利服务的社会政策。也就是战后盛行于欧洲"福利国家"的公共社会政策，主要是由政府保障所有公民享有某种基本生活水平，也就是人们熟悉的"从摇篮到坟墓"的保障政策。政府为关键社会部门如卫生、教育、住房等提供资金支持，还为社会弱势群体提供一些法定的额外援助，如一系列失业与社会保障的给付等。而对于发展中国家来讲，由于经济资源有限，难以实现公共福利的全覆盖，于是只能提供所谓"补

---

① ［英］迈克尔·希尔：《理解社会政策》，商务印书馆，2003 年版，第 13 页。

缺型"的社会福利模式，即用于满足社会需要的政府干预的最小化。①

（2）作为安全网的社会政策。这种视角认为社会保障是社会政策的一个关键成分。社会保障就是社会通过一系列的公共措施向其成员提供的保护，用于应对由疾病、怀孕、工伤、丧失工作能力以及死亡而造成的收入终止或实质性减少，并因此引发的经济压力和社会压力。② 社会保障主要采取收入支持与收入维持两种收入保护为社会成员提供保障。前者包括政府提供的，用以提高低收入人群支付能力的现金支付，如儿童津贴或家庭津贴等；后者是政府为帮助由意外事故造成收入中断或中止的人群而提供的现金支付。收入维持与收入支持由五种不同类型的社会保障计划来提供，包括社会保障、社会救助、公积金、雇主委托以及社会津贴。

对于工业化国家来讲，社会保障计划在政府预算中占有近三分之二的开支，社会保障计划覆盖了全部人口，并提供了全面而内容广泛的收入维持与支持给付，如退休金、儿童津贴与失业保险等。而许多发展中国家尽管社会保障计划不断得到重视与推行，但由于经济发展水平与财政保障能力方面的制约，社会保障覆盖范围仍然有限，大多服务于有稳定收入的人口与城市居民，而农村人口与非正式职业人群大多被排斥在社会保障计划之外。这种状况已成为发展中国家亟待解决的社会政策问题。

（3）作为生计的社会政策。这种视角从更为广义的范围内界定社会政策，即将社会政策看做影响人民生活和生计的一切计划及其相关措施。它更关注那些最基本的问题，如就业稳定性、社会救助的制度安排、决定民众福祉的过程与结构，以及促进和制约人类进步更广泛的自然和政治因素。③

作为生计的社会政策使用一种被称为"可持续生计框架"（the sustainable livelihood framework）的分析工具，它为解决发展问题提供了一种更具整合性的思路。在这种全面的社会政策看来，这一思路强调人类发展和建立完善的社会发展指标，并重视关键性社会部门，例如基础教育与医疗保健，并将保障基本人权与自由作为一种内在基本福利来看待。此外，强调生计的社会政策还将贫困人群视为一种参与发展的能动因素，而并非永远弱势与被动接受政府的施舍，认为穷人也有自己的长处、财产与能力，可以被动员起来参与发展过程，也就是将为穷人"赋权"，作为对抗贫困的先决条件。从这个意义上讲，生计框架的社会政策在发展项目设计与规划上须充分考虑穷人的需求与民意，并与社会现实结合起来。

2. 缓解贫困是社会政策的基本目标

无论从历史还是现实来看，缓解贫困几乎是国家社会政策的首要目标。有关帮助与扶持困难群体的法律是规范化和制度化的社会政策。古代巴比伦的《汉谟拉比法典》是最早采用立法手段来改善穷苦和弱势人群的福利法典，该法典包括有为孤儿、寡妇和其他困难群体提供照顾和保障方面的内容。在南美洲，印加人的部落首领曾要求当地部族

---

① 补缺型模式也称剩余型模式，即政府只承担社会或市场剩余下来的职能，以拾遗补缺方式为社会成员提供帮助。参见［英］安东尼·哈尔和詹姆斯·梅志里：《发展型社会政策》，社会科学文献出版社，2006年版，第6页。

② 参见国际劳工组织对社会保障的定义。

③ ［英］安东尼·哈尔、詹姆斯·梅志里：《发展型社会政策》，社会科学文献出版社，2006年版，第9页。

划出一块公共土地，种植庄稼以供养寡妇、孤儿及其他困难群体，同时要求地方官员将困难人群登记备案，以确保其需求得到满足。[①] 英国伊丽莎白时代的《济贫法》是现代福利制度的基石，这部法律最早源自于都铎王朝时用于安置流动人口贫民的《安置法》。《济贫法》旨在控制流浪和乞讨人员，它要求地方当局通过征税来救助那些没有收入来源的老人和体弱多病者。尽管《济贫法》所覆盖的贫困群体面较为狭窄并附加有惩罚性措施，但它还是为贫困人口提供了最低生活支持，并促进了公共福利制度的发展。1834年出台的《济贫法修正案》，主要是针对那些没有进入济贫系统但收入低于在职工作中收入最少的那部分人口。在教育和公共医疗领域也是如此。19世纪国家教育也通过立法性质的社会政策为穷人的孩子提供费用低廉的基本教育，英国于1890年制定并颁布新的《教育法》，向5~10岁儿童提供义务教育。1890年规定大部分小学教育应该免费，甚至将其扩大至中等教育。

在20世纪70年代初，针对50—60年代由发展经济学家们倡导、发展中国家政府实施的以工业化与进口替代为特征的发展计划导致的结构失调、农业凋敝与贫困和不平等扩大等问题，以缪尔达尔（Myrdal）、辛格（Singer）和希金斯（Higgins）为首的发展经济学家，提出了著名的社会经济联合计划方案，要求将经济发展与社会福利同等对待（联合国，1971）。同时，希尔斯（Seers）撰文批判了将发展等同于增长的论文[②]，他指出，即使一个国家在经济增长率上取得了显著的提高，但如果没有在降低贫困率或提高民众的生活质量上有所作为，那就不能称之为发展。缪尔达尔在《亚洲的戏剧》的多卷本研究成果中也持同样的看法，他认为亚洲的经济增长成绩卓著，但未能大规模地减少贫困，他强调了通过再分配政策解决不平等问题。

于是，重心转向了发展中国家政府利用社会政策减贫问题上。联合国及有关国际机构（WHO UNIGEF ILO）都提倡采取特殊的健康、住房、教育、卫生、营养等方面的社会政策。WHO提出推进卫生部门的政策制度与国家发展计划的结合。国际劳工组织提出工业发展政策不会大规模创造充分就业机会来自动地减少贫困，需要针对穷人制定专门的政策解决社会剥夺和不平等问题。联合国儿童基金会也提出类似的思路，提倡以社区为基础的干预，结合当地情况，提供学前教育、营养、妇女计划等消除贫困的措施。

这些思路导致了所谓的"基本需求发展"战略的实施。"基本需求"强调优化制定政策和规划确保发展中国家的穷人能够获得清洁的水、营养、住房、卫生保健、教育和安全。在1978年世界就业大会上，国际劳工组织认为，不仅要把就业增长放在优先位置，而且应把满足人类基本需求放在优先位置，并定义了基本需求。基本需求分为两大部分，首先包括一个家庭在个人消费上的基本最低要求，如充足的食物、住所、服装、家庭设施和服务。其次，它包括社会提供并使社会受益的基本服务，如安全饮用水、环境卫生、公共交通、健康与教育设施。

---

① ［英］安东尼·哈尔、詹姆斯·梅志里：《发展型社会政策》，社会科学文献出版社，2006年版，第297页。

② Seers D（1972）The meaning of development，The political Economy of Development，Berkeley，Uninitity of California press，pp123—9.

　　"基本需求发展"战略在不少发展中国家取得的成绩是卓著的。例如，在中国的计划经济时期，经济增长虽然在 1949—1976 年的 20 多年时间内大起大落，并经历了多次的停滞，但在满足人类需求、消除贫困方面，特别是提高人民的预期寿命、改善农村居民的卫生保健和提高农民的识字率等人类发展领域却取得了举世公认的成就，赢得了世界组织的充分肯定并成为发展中国家的典范。另一个成功的案例是斯里兰卡。相对于人均收入，斯里兰卡的社会福利水平较高，在 1948 年独立以后，与亚洲其他国家相比，其医疗保健水平已处于罕见的高水准。[①] 一方面，20 世纪 40 年代开始建立农村医疗网络，大量增加了医疗卫生人员，1950—1980 年，相对于总人口，医疗卫生人员增加了近三倍，为农村医疗保健的扩展提供了人才支持；另一方面，从独立以后就开始实行免费的医疗保健政策。其结果是：传染病被消除，婴儿死亡率大幅下降，人均寿命上升到 72 岁，成为国民普遍贫穷，但以医疗保健为代表的社会发展水平很高的发展中国家之一。其社会公平与福利水平堪称发展中国家的奇迹。20 世纪 80 年代以后，越来越多的发展中国家推行了以社会政策缓解贫困的减贫战略，通过强化基本社会服务，增加医疗保健、基础教育、家庭计划（包括计划生育）、营养等的提供，很好地缓解了贫困问题（如印度尼西亚与马来西亚）。同时，这些国家还将收入转移（再分配）与建立社会安全网作为减贫的必要补充手段，用以保护那些没有从经济发展或社会服务中受益的人。到今天，那些一直被社会排斥的老年人、少数民族、社会底层人士正在成为社会政策予以研究与干预的专门领域与特定人群。

（二）社会政策减贫的核心是建立保障式扶贫机制

　　上述社会政策及减贫历史回顾使我们对保障式扶贫机制的内涵有了一个明确的概述。我们认为，所谓保障式扶贫就是以政府为主导，以特定（异质性）贫困人口为指向，以公共财政和收入再分配制度为依托，通过在基本医疗、公共卫生、基础教育及培训、住房、基本生活等社会发展领域建立社会保障制度，以实现人类基本需求并达到减贫的目标。以社会政策安排为主线的减贫机制所要建立的保障式扶贫制度，在扶贫对象、扶贫特点、扶贫方式、扶贫范围、扶贫目标、扶贫路径等方面均有别于开发式扶贫制度。

　　1. 扶贫对象

　　保障式扶贫是直接针对农村绝对贫困人口（包括异质性人口）本身的物质和非物质的基本保障；而开发式扶贫是以促进地区经济发展，间接提高贫困人口的收入与生活水平为导向。

　　2. 扶贫方式

　　保障式扶贫是政府通过为农村绝对贫困人口建立最低生活保障制度、社会救助制度等社会保障制度和家庭津贴等社会福利制度的方式，保障贫困人口的基本需要；而开发式扶贫则是以扶贫主体投资地方经济特别是产业化项目方式开发当地资源，形成经济产出，带动社区居民脱贫致富。

---

　　① 参见［美］波金斯等：《发展经济学》（第五版），中国人民大学出版社，2005 年版，第 287 页。

3. 扶贫范围

保障式扶贫涵盖经济与非经济方面，既减缓农村收入贫困，也提供教育、卫生、住房、营养等有关减轻能力贫困方面的机制，尤其适应贫困多元化或多维度减贫，是一种全方位、广覆盖的减贫手段；开发式扶贫主要解决农村收入问题，主要采取经济手段以改善贫困发生的物质条件来达到减贫的目标。

4. 扶贫特点

保障式扶贫具有直接可达性，也就是将扶贫的资金、津贴直接投入或作用到贫困人口本身；开发式扶贫则带有间接引导性，扶贫资金等首先是瞄准贫困地区（县、村），通过地区发展形成地方产业和经济产出，再对贫困人口脱贫产生间接引导。

5. 扶贫目标

保障式扶贫对异质性人口中缺乏能力的老人、残疾病人以及存在公共卫生问题等慢性贫困人口维持基本生活状态，使其摆脱长期贫困具有特殊意义；而开发式扶贫则通过开发资源、发展生产、提高收入，对那些具备生产能力与生产条件的暂时贫困人口具有显著的作用。

6. 扶贫路径

保障式扶贫的路径是政府—贫困人口的单一直接路径；而开发式扶贫则是扶贫主体（包括政府）—贫困地区（县、村）—贫困人口的中介间接路径。两种路径的差异可能会导致扶贫政策的区别。正如前文所指出的，保障式扶贫直接达到贫困人口的扶贫效果明显优于开发式扶贫间接达到贫困人口的扶贫政策。

上述开发式扶贫与保障式扶贫的区别使我们有理由相信，对于一个以增长促进减贫长达30年，减贫的自主性效应开始弱化，农村绝对贫困的区域性特征开始缩小化，贫困人口的异质性特质日益显现化的国家而言，采取传统的扶贫开发路径所带来的减贫效果已日益呈现边际收益递减的态势（尽管增长引发的减贫仍旧在下降）。为那些为数不算特别巨大的、已能准确识别的农村贫困人口建立起以社会政策为主线，以社会保障为依托，以最低生活保障制度、社会救助制度、家庭津贴制度、异质性人口援助制度、医疗援助制度、住房保障制度、教育减免制度为内容的农村保障式扶贫机制，是今天及今后相当长时期缓解我国农村贫困的基本出路。当然，原有的开发式扶贫制度在多数情况下仍不失为一种适用和有效的减贫手段。但应与保障式扶贫制度相结合，针对不同的地区、人群，建立两者相互协调、共同促进的新型农村扶贫制度，此乃今后我国农村扶贫开发的正确选择。

西北干旱地区水资源管理中
农村妇女的参与状况研究
——以甘肃省民勤县 Y 村 Q 社的一次河水灌溉为例

牛　芳　王海洋

（兰州大学哲学社会学院　甘肃　兰州　730000）

摘　要：西北干旱地区社会经济发展比较落后，生态环境非常脆弱，水资源管理成为这一区域环境管理的重点。本文以甘肃省民勤县为研究地点，基于社会性别视角，运用半结构访谈和参与式观察的方法，对民勤县一个农村社区的水资源管理过程进行了考察和研究。研究发现，男女村民在水资源管理中的参与状况是有很大区别的，表现出以男性为中心，妇女参与边缘化的特征。

关键词：西北干旱地区　水资源管理　农村妇女

一、引　言

西北干旱地区社会经济发展比较落后，农业在整个区域经济发展中占据主导地位，农村贫困问题突出，生态环境脆弱，这一地区也成为我国西部大开发的关键区域。在"西部大开发、生态先行"战略的引导下，国家以生态环境恢复和重建为重点，不断加强干旱地区自然资源的保护和可持续利用，特别是将水资源管理置于自然资源管理的优先地位。近年来，由于农业女性化现象的出现以及对妇女赋权和参与式发展的强调和地方实践的增多，特别是随着社会性别理论的发展和深化，在水资源及其他自然资源管理中，妇女的角色、作用、本土知识、参与以及环境管理的社会性别"主流化"等问题正在受到越来越多的重视。

社会性别是指在一个特定社会中，由社会形成的男性或女性的群体特征、角色、活动及责任。在世界范围内，社会性别研究从 20 世纪 70 年代以来经历了"妇女参与发展"（Women in Development，WID）、"妇女和发展"（Women and Development，WAD）以及"社会性别与发展"（Gender and Development，GAD）三个不断深入的阶段。其中，对妇女与环境关系的研究和探讨是社会性别与发展研究的一个重要方面。同时，这一命题也是在人类对环境危机、自身发展模式及妇女的地位和作用进行重新审视和反思中所产生的。诸多实践表明，占人口一半的妇女应该并且能够在环境管理与可持续发展中发挥重要作用，资源管理计划与政策的成功离不开广大妇女的积极参与。

但是，在现实环境管理实践中并没有很好地体现妇女参与及其作用，妇女的权利与利益诉求常常是被忽视的。虽然国内学者针对这一议题的研究取得了很多富有价值的成果，但是很多研究建立在非常宏观的层面上，实证性研究较为缺乏。有鉴于此，笔者通过深入甘肃省民勤县的一个农村社区，以一次河水灌溉为实例，对西北干旱地区水资源管理过程中农村妇女的参与状况进行了实地考察和研究。

二、研究地点与研究方法

（一）研究地点

民勤县地处甘肃省河西走廊东北部，石羊河流域下游，东、西、北三面被腾格里和巴丹吉林两大沙漠包围，是深居沙漠腹地的一块绿洲。自 20 世纪 70 年代以来，随着人口的不断增长和耕地面积的扩展，用水量持续增加，进入下游的地表水逐渐减少，加之地下水的大量开采，致使湖泊干涸，植被退化，沙漠入侵。民勤县已成为全国荒漠化危害最严重的地区之一。这种状况引起了甘肃省、武威市以及中央领导的高度重视。温家宝总理就民勤生态问题先后作出重要批示，提出"决不能让民勤成为第二个罗布泊"的要求。

民勤县辖 18 个乡镇，244 个村，12 个居民委员会，1704 个社，总人口 30.71 万人，其中农业人口占 85%，是一个典型的干旱绿洲农业区。全县划分为五个灌区，即昌宁灌区、环河灌区、坝区灌区、泉山灌区、湖区灌区。2005 年全县用水总量为 6.86 亿立方米，其中农田灌溉用水高达 5.78 亿立方米，占用水总量的 84.3%，农业是全县经济发展的支柱性产业。因此水的利用和管理是民勤县的重要任务，而农业灌溉水的管理是民勤县水资源管理的重中之重，其水资源管理是以水权制度改革为核心，采取"以人定地、以地定水、总量控制、定额管理"的方式进行的。

本研究选取民勤县湖区灌区作为研究地点，并将位于这一灌区的 Y 村 Q 社作为案例研究社区。之所以选择这一研究地点是因为湖区灌区属于石羊河的最下游，沙漠化严重，水资源更为紧张，因此这里的水资源管理在民勤县具有代表性，而且 Y 村在湖区灌区具有代表性。Y 村共有 8 个社 411 户。而之所以选择一个社，是因为村一级的水资源管理主要体现在社里。水资源在村一级的分配，首先得把乡上分配的水量再具体分配到各个社里，水资源的具体管理与参与在社里体现得最充分。其次，当社里因用水发生纠纷时，村上会协助乡政府、水管部门予以解决。也就是说，一个完整的社区水资源管理过程在一个社里就能充分体现。另外，从滕尼斯的社区概念界定上理解，民勤农村的"社"更像一个社区，行政村相对分散，而一个社内村民居住相对集中，日常互动仅仅发生在社内，而不同社之间的联系很少，有些成员基本是陌生的，村仅仅是行政区划的单位。所以这里我们所使用的社区即村下的"社"，本研究的社为 Y 村的 Q 社。

（二）研究方法

研究采取定性与定量相结合的方法，主要包括访谈、参与式观察和问卷调查。笔者于 2009 年 4 月对 Q 社的 20 位村民进行了深入访谈，男女各 10 人，年龄在 32 岁到 82 岁之间，包括村干部、社长、普通村民等，从互动中采集信息。笔者在进入 Q 社时，正值该社进行河水灌溉，使笔者有机会利用参与式观察的方法，记录了整个河水灌溉的过程及男女的参与情况。

另外，研究还在 Y 村 Q 社所在的湖区灌区的 3 个乡（镇）采用随机抽样的方法，抽取了 90 位农民进行问卷调查，收到有效问卷 88 份，回收率 97.8%。其中，性别构成为：男性 47 人，占 53.4%，女性 41 人，占 46.6%；文化程度情况为：文盲 11 人，占 12.5%；小学 26 人，占 29.5%；初中 41 人，占 46.6%；高中 10 人，占 11.4%；被访者的年龄在 21 岁到 65 岁之间。数据最后采用 SPSS 软件进行处理和分析。

三、社区水资源管理运作：Q 社的一次河水灌溉实例

Q 村每年的河水灌溉有两次，第一次是在开春，称为"泡地"，以便于春节播种；第二次就是"浇苗水"，即在庄稼出苗后灌溉。当地农民一致认为河水比地下水更有养分，浇河水有利于庄稼收成。所以每年两次的河水灌溉是村上的一件大事，村民格外重视。

（一）灌溉的方式：集体灌溉

大多数农村主要是地下水灌溉，相对比较简单，以家庭为单位，家庭内部协作就可以完成。与一般农村地区不同的是，民勤的河水灌溉以社为单位需要依靠社内农民的集体协作才能完成整个灌溉工作，由此使自家的灌溉得以顺利完成。

每次灌溉河水时，规定并计算好方数的河水从灌区、乡、村、社逐级分配下来，实际上分配到的最小单位是社。每次河水灌溉均是按河水流量和时间计算河水的方数，也就是说，Q 社是被计算好的应该分配给多少方水，这样实际上就是以时间和流量来给 Q 社配水。因民勤实施限水政策，使得每人的用水量（农业、生活、生态等）均被明确限定，这样按人口数计算一个社、村、乡应分配的河水总方数就成为可能。Q 社就是尽量要在规定的时间内把应该灌溉的地通过集体协作的方式灌溉完，减少不必要的损耗。村干部通知每个社干部（社长）几点到几点是本社灌溉河水的时间，如 Q 社在浇苗水时就被通知下午 2 点开始，大约要 26 个小时。这里的 26 个小时就是 Q 社灌溉河水的时间，要尽量保证 26 小时内完成全社的灌溉任务。与井水不同的是河水流量较大，因此不可能以家户为单位单独进行灌溉，而是同时分多个渠道、多户同时灌溉。

（二）灌溉的运作机制：传达、商讨和执行

因灌溉以社为单位，统一时间集体灌溉，因此在具体运作上，主要通过传达、商讨

和执行来完成任务。

(1) 传达：接到村干部或乡政府水管部门的通知，将通知内容传达到每户。在这个过程中社长接受指令，并将指令传达下去。通常通知内容很多，例如用水政策的宣传、具体任务的分配、水费和电费的收费规定和收费办法等。在传达过程中，每项通知是经过一些筛选后传递的。传达的重点是分配具体任务、具体的水费和电费收费规定和收费办法等，这些都关系到农民的切身利益而且是需要马上落实的。而对于政策的宣传则不够重视，有些政策被过滤掉，所以导致一些政策农民不关心，也根本不知道。但是这个过程中有些事项对农民来说是非常重要的，也是他们非常关心的，这也是社长需要重点传达的，其中最重要的是河水灌溉任务的分配，因为此后会有大量的工作需要具体落实，所以这是传递的重点。至于水费、电费方面只需要村民知道执行就可以了。

(2) 商讨：在接到水资源分配任务后，就要通过讨论形成基本一致的意见，才能保证工作能够顺利开展。因民勤水资源分配问题，社内的工作多且复杂，很多事项都需要具体细致的讨论，最终达成一致意见。所以商讨是村里的一件大事，且频繁发生。

商讨的主要形式是开会。Q社社内有关水资源管理的事情每年要开80多次会，Q社开会没有固定的地方，每家一次往下轮，一年基本上每家会轮到两次。每次开会都是在晚上10点后，一般要持续到晚上12点多，当讨论一些重要的问题时往往开会到凌晨2点多。每次开会都是当晚提前1个小时通知，轮到在谁家开会就要求他家的主人通知社里的每一家。

商讨的第一个主题是设计实施灌溉的整体计划，包括如何定灌溉的先后顺序、如何提高灌溉效率、如何在土地间做出取舍（因为近年来民勤实施限水政策，水量逐年减少，所以社里要放弃一些土地的灌溉）等。商讨的第二个主题是讨论对那些没有浇到河水的家庭如何进行补偿。因为河水水费的收缴是以社为单位的，每家按人口计算河水的方数，进而计算每户应该交的水费，而水费的收缴是在灌溉之前，每家均交上水费后，本村才给配水。在实际的灌溉中因为每亩地的用水量存在很多差异，只能按照顺序保障排在前面的完成灌溉，再往后排，加之渠道漏水，所以，排在后面的一般是浇不上水的。而且在灌溉前，每家的水费是已经预交了的，最后没有浇上地的农户需要给予补偿。商讨的第三个主题是人员如何分工。因这三个问题都涉及农户的具体切身利益，而且农民自发开会的效率低，所以往往围绕一个小的细节问题，如人员如何分工问题，会召开7至8次会议进行讨论。

(3) 执行：在通过商讨后，便要开始具体实施。首先，社长在水来前的2小时左右（因为水来的确切时间他也在前2个小时左右才能得知，之后就马上通知村民）到每一户去通知大家出工。此时村里一下子"乱了"，每家均全体出动，推着小车、拿着农具等先要去地里撒化肥，男女齐上阵。没有分配任务的农民就可以回家了。要求出工的人员则要从此时起，26小时在地里，负责分配给自己的工作，除了用很短的时间大家轮流回家吃饭外，其他时间均不得离开，并有相应的惩罚制度。Q村的规定是离开1小时罚款5元钱。

Q社分三个渠道进行灌溉，每个渠道需要10人负责，这样就分成3个组。其中每个组又分为两个小组，每一小组5人。这两个小组协调工作，一个负责巡案，就是看渠道有无漏水，并及时堵住；另一个小组负责"打口子"，也就是把自己负责的渠道两旁的每户的地头挖个口子，使水顺利流入，并在灌溉完后堵住，继续下几家的灌溉。由于两个小组的劳动量不一样，"打口子"的小组工作量比较大，因此还规定，过一段时间后两个小组的分工要进行交换。

四、水资源管理中农村妇女参与状况的社会性别分析

水资源管理在社里实施过程中村民的参与主要集中在两个方面：第一，组织大家开会，讨论浇水的各个细节；第二，出工和组织实施浇水的过程。

通过参与式观察发现，在 Q 社水资源管理的地方性实践的两个参与场所（开会和出工）中，都表现为以男性为中心，妇女参与边缘化的状况。妇女依然限制在家庭领域内活动，沿袭着传统的男主外女主内的性别角色分工模式。在社区水资源管理实践中，妇女的参与是边缘化的，被排挤在男性中心的话语之外，无法实质性地参与到水资源管理的具体实践当中。

问卷调查的结果也从一个侧面说明了这一点。笔者针对"是否知道村上成立的农民用水者协会"这一问题的调查结果显示：知道用水者协会的人数为 47 人，占 53.4%，不知道的人数为 41 人，占 46.6%；其中，在回答"不知道用水者协会"的被访者中，女性占 60.9%；在回答"知道用水者协会"的被访者中，女性仅占 34.0%。卡方检验的结果表明，男性和女性对于是否知道用水者协会的差别具有统计学意义，男性相对于女性而言，对农民用水者协会更为熟悉和了解。下面我们具体分析在河水灌溉中 Q 社妇女的参与状况。

（一）开会，主要是男人们的事情

召集开会，一般社长就直接叫男人，当男人不在或有事情时，为了应对每家有人的要求一般才会要求妇女到场。其实这种要求只是一种形式，并不期待妇女们去了能做什么，同时妇女们对自己也没有太多的期望，用她们自己的话说："去听听，我又什么都不懂。"通过对会场的观察发现，开会时妇女到场的很少，基本上都是男人们在讨论并作出决定。偶尔也会有妇女参加，主要是出于两种情况：第一种情况是男人不在家或忙于其他更重要的事务脱不开身。因开会讨论的内容涉及各家利益，社长要求每家必须有人参加，以确保会议的合法性。这时，才让妇女去顶替男人的空缺。第二种情况是男人疲于或不屑于参加的会议让妇女参加。因为开会频次很高，而且每次开会时间很长（都是晚上开会，一般要从晚上 10 点到凌晨 1 点多），开会效率很低，往往因为一个很小的细节使会议僵持，最重要的是有些会议并不关乎实质的利益。

由此不难看出，这种情景中妇女参与的程度很低，即使参与也往往是形式化的参与，没有赋予任何实质的内容。男人总是参与和关注重要的事务，牢牢把持重要事务的决策权，处于主角和权力中心位置；女人参与的总是被男人们认为不重要的、没有太大意义的事务，仅仅是替男人去"应付"，充当"补空缺"的角色，无法触及河水灌溉的

决策权力，处于边缘和配角地位。因此开会时妇女经常不参加，即使妇女去开会了，也没有太多的实质意义。

（二）商讨，女人插不上话

通过参与式观察发现，当开始商讨河水灌溉的有关问题时，主要是男人们发言，妇女一般是坐在边缘位置，例如门口或墙角，基本上不发表什么意见，有时只是小声地和邻近的妇女或男人"嘀咕"。这是在会场上她们真实意见仅有的表达方式，有人偶尔给予回应。访谈中有的妇女这样表述："我们不知道该说什么，什么也不懂，都是男人在说，我们插不上话。我们说的那些男人不理，他们就只顾说他们的。"偶尔也会有妇女发言，但是她们的发言仅仅是整个讨论中一个小小的插曲，很快被男人们打断或应付几句了事，根本不会有讨论的机会，之后很快又回到男人们关心的话题上，继续进行讨论。在决策的时候妇女很少有发言权，没有实质性的参与，如同女人们在会场中的地理位置一样，女人的发言同样是处于边缘的位置。在会场的权力关系中，依然可以看出男人中心化，处于控制地位，女人被边缘化，处于被支配地位。"您觉得自己的意见能否受到重视"这一问题的问卷调查结果显示，妇女们回答"觉得自己的意见不能受到重视"的比例显著高于男性。

（三）出工，男主女辅

因特殊的水资源管理政策和河水灌溉的特殊要求，需要以社为单位集体出工，通过集体协作、互助的方式完成整个灌溉过程。这就要求每家每户都要出工，由社长统一安排指挥，以使整个灌溉过程能顺利实施。各村各社对于出工的要求不同，以我们重点调查的 Y 村 Q 社的出工情况为例进行讨论。Q 社关于出工的规定是：家庭五口人以下的，出一人；五口人以上的出两人。具体实施的情况是：出一人的家庭一般是男人，出两人的家庭一般是一男一女。问及原因时被访者说："出两个人嘛，家里没有男人了（青壮年男人），只好让女人去。"

从出工的规定上看，要求男性出工优先于女性。每年仅有一两次河水灌溉的机会，而且与井水相比，河水更有"肥力"。每年的河水灌溉对农户来说是非常重要的事情。在这样的情景下我们看到强调男人优先出工所表达的意义是：重要的事务必须由男人来实施，至少是男人主要负责。当人手不够的时候，才会让女人出工，以协助男人的工作，充分体现了男主女辅的传统观念，对女性的价值和能力重视不够。

可见，在 Q 社河水灌溉的实例中，更多体现的是一种对传统的性别权力关系的维持与强化。

五、结　语

通过对甘肃省民勤县 Y 村 Q 社一次河水灌溉过程的分析，我们发现男女村民在水资源管理中的参与状况是有很大区别的，体现了以男性为中心，妇女参与边缘化的特征，进一步维持和强化了传统的性别权力关系，不利于女性声音的发出和利益诉求的表达。当我们考察西北干旱地区水资源管理的地方实践时，也应该保持充分的社会性别敏感性，了解西北干旱地区农村妇女在水资源管理中的特殊需求和参与状况，想方设法调动农村妇女的参与积极性，在促进水资源管理政策得到有效执行的同时，进一步推动水资源管理中社会性别主流化的进程。

参考文献

[1] 赵捷. 社会性别与发展：实践者的足迹与反思 [J]. 山西师范大学学报（社会科学版），2004（4）：120－127.

[2] 陈南，蔡亚娜. 妇女在西部开发中对生态环境保护的作用 [J]. 环境保护，2000（9）：29－31.

[3] 孙秋. 农村妇女参与社区自然资源管理的实践与认识 [J]. 贵州农业科学，2002，30（2）：40－42.

[4] 马桂新. 妇女与可持续发展 [J]. 社会科学辑刊，2004（5）：53－57.

[5] 路德珍. 妇女参与：实现可持续发展的重要途径 [J]. 中国人口·资源与环境，2000（10）：135－136.

[6] 王朝科. 性别与环境：研究环境问题的新视角 [J]. 山西财经大学学报，2003，25（3）：31－34.

[7] 李志南. 社会性别与社区自然资源管理 [J]. 贵州农业科学，2002，30（3）：65－68.

[8] 坎迪达·马奇，等. 社会性别分析框架指南 [M]. 北京：社会科学文献出版社，2004.

的生活方式。但他们在城市滞留且没有工作，大量个人的不确定性有可能导致社会问题的产生。

缺少工作机会、缺乏工作技能和劳动权益得不到保障是金融危机下农民工外出务工最大的三个困难。农民工最希望政府在金融危机中提供免费培训和维护他们的正当权益。要解决农民工在城市务工所遇到的问题，必须有针对性。

农民工一般对周边环境变化的感知非常强烈，但他们只能关注身边环境的变化，却很少关注政策环境，对此次政府应对金融危机出台的一系列政策，农民工知之甚少。由此可见政策的宣传极为重要。政策如何有效地传达到目标人群，如何加大政策的执行力度以确保农民工的权益，任重道远。

构建中国水电可持续发展安全战略体系①

明庆忠　陈　英

（云南大学旅游与地理科学学院　昆明　650091）

　　摘　要：水电作为水力资源利用的有效途径、重要的"绿色"能源，为世界各国所重视。本文运用系统论和整体论提出构建水电可持续发展安全战略体系及实施策略。水电可持续利用的安全战略体系应包括生态环境安全（包括水体、河道、流域等的生态安全）、能源战略安全、社会发展安全、经济发展安全等内容，并建议在水电开发利用之初即系统地"因地制宜"地构建水电站的安全战略体系，通过规划先行，影响评估先导，政策法规保障，企业主体、公众参与监督，标准规范等多途径予以保障实施，促进中国水资源安全有序、可持续性利用。

　　关键词：水电开发利用　影响效应　安全战略体系　构建与实施对策　系统工程

　　水电作为清洁环保、可再生利用、具有多种效益的资源进行开发利用，目前在世界范围内已经进入了黄金发展时期，为世界许多国家所重视。目前，世界上大约 20% 的电力来自水电，而其他类型的可再生能源综合发电还不到 1%。水电是目前一种技术上成熟、可大规模开发的可再生能源。具备水资源条件的发达国家已开发 60% 以上，其中美国水电资源已开发约 82%，日本约 84%，加拿大约 65%，德国约 73%，法国、挪威、瑞士均在 80% 以上。我国水电资源理论蕴藏量、技术可开发量、经济可开发量及已建和在建开发量均居世界首位。但实际开发程度相对较低，按人口平均可开发水能资源仅为世界平均数的 60%，我国水电资源开发随着三峡、洛溪渡、白鹤滩等水电站的建设已进入了"热火朝天"的阶段。

　　关于水电资源的开发利用，自 20 世纪 80 年代以来，国内外不同领域的专家学者、政府机构、非政府组织（NGO）等开展了众多的讨论和争议，曾一度呈"白热化"状况，例如美国哥伦比亚河流域下游的拆坝之争、中国长江三峡水电站建与不建、怒江中下游水电是否应该发、黄河三门峡电站如何正确评价等，就水电资源利用的地位与作

　　① ［基金资助］国家自然科学基金（U0933604，40872118）和云南省中青年学术带头人培养基金、云南省科技发展计划 2009 年重点项目，教育部科学技术研究重点项目（207102）资助。

用、对生态环境的影响、对建坝建站区域的社会经济影响、安全与质量等诸多问题展开了一系列讨论，引起了社会各界的强烈反响。围绕水电资源利用与可持续发展问题的研究是关于建立人水和谐、人与自然和谐、人与社会经济和谐的重大问题，不管其争论如何、争论的焦点何在，我们认为关键是建立起水电资源可持续利用的安全战略体系，用系统协同原理来认真分析研究、解决水电资源利用问题，以促进和谐社会的建设。

一、构建可持续发展的水电资源利用安全战略体系

能源是经济和社会发展的重要基础，水电资源是日益发挥重要作用的能源。为了水电资源的可持续利用，应构建起包括生态安全、能源安全、社会安全、经济安全、运行安全等在内的安全战略体系。

（一）生态安全战略

毋庸置疑，水能资源利用由于改变了河流水流的自然特征而对自然界产生了干扰，带来了一些自然生态系统反馈而出现的负向作用，的确应引起足够的重视并加以谨慎、认真、严肃的应对，树立起生态安全意识，构筑生态安全战略体系。

1. 水安全战略

水力发电利用水流的势能，为此需建设水电站。根据刘鹏等按照水电站利用水源的性质，可将水电站分成常规水电站、抽水蓄水能电站、潮汐电站等；按照水电站对天然水流的利用方式和调节能力可分作两类：径流式水电站、蓄水式水电站。其中蓄水式水电站设有一定库容的水库，对天然水流具有调节作用，因而使天然连续河道变成了分段型河道，使其流量、流速、水位等水文、泥沙情势发生明显变化，改变了天然河流流动水体的自净能力，可能会导致库区及大坝下游水质短期恶化。因此，应重视水电站水质问题，保障水电站水库安全供应生活、生产用水。

2. 河道生态安全战略

天然河道变成分段型河道后，在水电站大坝上形成水库，蓄水后淹没部分原有河谷，必然导致一些原生植被淹没，可以采取措施将一些珍稀动植物迁移至安全地点；一些名胜古迹在现有技术条件下也可异地修建，如长江三峡植物园建设、文物古迹搬迁等。较难解决的问题是坝前水体垂向水温出现分层现象而导致的对水生生物生长环境产生不利影响，对此可预设专项项目进行研发，人工维护这些生物的生长。库下河道需要有一定的生态需水量，建议在规划设计大坝时予以考虑，留下下泄生态环境流量，以保障下游的基本生态需水量。

3. 流域生态安全战略

水电站修建可能会波及水电站周围流域内的生态安全问题。修建过程中因工程占地、采石、取土、弃渣等活动对地表植被产生影响，可能会导致水土流失、动物栖息地受到扰动、废水废渣及噪声等影响。在施工之前做好环境影响评估工作，采取适当的措施加以防范，可避免或减轻这一暂时性的影响。工程施工移民安置期间可因新开耕地、

改田改土等导致植被破坏、水土流失等问题，关键在于提前做好移民安置方案，选择合适地点，规划好产业结构，做好第二产业和第三产业规划发展及劳动力转移，也可考虑库区人民以土地、耕地等资源资产入股水电开发并分享水电资源利用效益等多途径解决或缓解由此而导致的生态环境问题。至于可能诱发的滑坡、崩塌、泥石流等地质环境灾害，在作好水电工程地质环境适宜性评价的基础上，做好防治预案，提前采取工程措施加以预防及治理。

（二）能源安全战略

能源安全是国家安全、经济安全及社会和谐的基础。能源安全不仅涉及能源生产、储运、供应的安全，而且能源成本决定国民经济是否平稳与健康地发展，更涉及各国对全球能源资源争夺及由此而引起的贸易安全、地区政治安全甚至国家安全的问题。据权威媒体报道，目前全世界日产石油达 1.2 亿桶，全年石油和煤炭消耗分别约 400 亿桶和 60 亿吨。化石能源不可再生，如此巨量的生产和消耗，那么能源安全问题则可能上升为全球安全、国家安全和社会稳定的大问题。两次世界大战、两伊战争以及美国攻打伊拉克等，都与争夺石油及其他能源有关。可以说，能源安全问题已是人类必需共同接受的挑战。

我国是以富煤、少气、贫油为基本能源国情的。据《煤炭工业发展十一五规划》，我国已查明的煤炭资源储量约 1 万亿吨，专家认为具有开采价值能形成经济规模的约 1886 亿吨，按平均资源回收率 40% 测算，煤炭经济开采和利用总量约 755 亿吨。目前我国已利用的 3469 亿吨煤炭资源中，大型矿井利用资源量约 869 亿吨，中型矿井资源量 300 亿吨，小型矿井利用资源量 2500 多亿吨。其中，乡镇小煤矿占用资源达 2200 亿吨，而乡镇煤矿的回收率仅为 10%～20%。也就是说，中国在煤炭供给方面，小型煤矿占相当大的比重。小型煤矿的生产能力和煤炭产量波动大，资源回采率低，浪费严重。以国务院能研所对未来 15 年内能耗总量的预测：2020 年煤炭消耗 30 亿吨，煤炭还能维持 10 年。天然气是清洁优质的一次性能源，据资源报告，我国常规天然气资源量为 55.16 万亿立方米，天然气待发现的可采储量为 7.4 万亿～9.4 万亿立方米，截至 2006 年年底，天然气剩余可采储量 24490 亿立方米，居世界第十七位，人均天然气剩余可采储量 1800 立方米，仅相当于世界人均水平的 5%，属于名副其实的"贫气"大国。以 2005 年国内天然气生产 500 亿立方米计算，可以维持现有水平 50 年。2005 年我国石油消耗总量接近 3.25 亿吨，进口了约 1.8 亿吨以平衡国民社会经济发展的需求。目前我国资源量约为 1100 亿吨，可采资源量约为 71 亿～96 亿吨，其中约 71.61% 分布在陆上，约 22.93% 分布在海洋。截至 2006 年年底，全国石油剩余经济可采储量 20.43 亿吨，居世界第十二位；人均石油剩余可采储量 1.8 吨，相当于世界人均水平的 7.6%，属"贫油"国家。考虑到河北新发现的大油田，按采收率 32% 计算，我国石油高位需求可能维持 15～20 年。按照当前的经济增长方式及速度，预测 2020 年中国的石油需求将达到 4.5 亿～6 亿吨，石油进口依存度将超过 50%。

由于化石能源的存量有限性、高排放碳、污染严重等问题，世界能源消费结构完成煤炭向石油转型后，已朝着高效、清洁、低碳或无碳的天然气、水能、核能、太阳能、

风能方向发展。从客观上讲，天然气储量有限，核能开发不仅成本高而且也存在泄漏、废物难以处置等高危险性，太阳能、风能等开发利用技术水平有限，受分布的地理格局限制又难以在大范围内利用，投资运行成本高，在一段时间内难以解决我国能源亟需问题。我国又是一个山地占 2/3 的国家，从西向东形成了从高到低的陆上三级地貌阶梯格局，有着较多的自然落差，水能资源储量大。据最新调查成果，水能资源理论蕴藏量 6.94 亿千瓦，技术可开发量为 5.42 亿千瓦，年技术发电量 2.5 亿千瓦·小时。目前水电加其他可再生能源生产总量占全国能源量不到 7%，尚有很大开发利用空间，且不似煤炭、石油、天然气开采消耗后总量随之而减少，水能资源在循环过程中能不间断地保持其产能活动，持续地保持其能量供应。

（三）社会安全战略

在此，所谓的社会安全战略主要指的是水电站修建所涉及区域移民的社会安定、繁荣发展的策略。水电工程实施必然会导致一定数量规模的移民安置问题。移民安置工作错综复杂，涉及政策与标准、体制与机制、经济基础与社会环境、民族风俗与传统文化等诸多方面。根据世界银行 Michael M. Gernea 的研究，移民搬迁将面临 8 个方面的风险：丧失土地、失业、无家可归、边缘化、食品不安全、发病率增加、失去享有公共财产和服务的权利、社会解体。为做好移民安置工作，国务院 2006 年 9 月 1 日颁布实施《大中型水电工程建设征地和移民安置条例》（以下简称《条例》）等明确移民工作管理体制，强化了移民安置规划的法律地位，特别是对征收耕地的土地补偿费和安置补助费标准、移民安置的程序和方式、水库移民后期扶持制度以及移民工作的监督管理等问题作了规定，在较大程度上体现了发展经济与社会和谐并举的理念。按该《条例》规定，在水电开发项目规划阶段就应作为专项工作编制好《移民安置规划大纲》，在其筹建与准备阶段应编制并开始实施移民安置的具体方案，开工建设过程中及其以后，地方政府与开发主体单位应积极协调共同做好移民安置工作，并做好移民社会经济发展的扶持工作，做好社会稳定工作，建立移民参与水电工程经济效益的共享机制：

（1）水电税费共享——地方政府可将水力发电征收的税费以一定比例二次分配给移民所在的村民自治组织。具体分配方式和比例可由地方政府、基层政府和移民所在的村委会三方商讨来确定。移民所在村委会再召开村民大会讨论通过资金的分配和使用方案，保证移民从中受益。目前在金沙江下游向家坝水电站移民安置规划中，计划将省级 5%，市级 8% 和县级 10% 的水电税收和县级收取水资源费的 15% 共同列入移民共享资金，以依托项目建设或直补到人的方式惠及移民。

（2）移民发展基金——主要为改善移民生活水平和库区基础设施条件而设置，资金可以直接从水电站电力销售价格中按比例提取。移民发展基金作为一种效益共享机制，它的范围、期限、标准、具体措施和预期目标都是政府、业主和移民等多方商讨的结果，在项目研究性阶段就应编入移民安置规划中，最终以国家法律法规和地方实施办法的形式出台。我国自 20 世纪 80 年代以来即在此方面做了大量工作，2006 年国务院又发布了《国务院关于完善大中型水库移民后期扶持政策的意见》。

（3）移民入股水电开发——指将移民经评估后承包的土地使用权或者将被征用土地

的土地补偿费和安置费，以资本金的方式投入水电工程项目开发经营中，根据所占股份比例分享水电工程经济效益。

（4）移民享受长效补偿——指移民在进行生活安置的基础上，以移民被淹没法定承包耕地前三年的农作物平均产量为原始依据，根据当地粮食主管部门公布的粮食交易价格确定耕地平均年产值，采取货币形式对移民实行逐年补偿，相当于移民每一生命周期领取一份"工资"。原迁移民去世后，其受偿资格可以由家庭成员继承。长效补偿资金从水电项目法人的发电效益中列支并计入发电成本。为了防止因水电站效益不佳出现无法兑付移民补偿资金的情况，补偿开始即逐年从发电效益提取一定的风险储备金，移民享受优惠电价，包括：移民正常生活用电、移民农业生产用电、移民集体所办企业用电和接纳移民就业的企业生产用电。优惠的方式可以在一定数额范围内采取免费方式，或者对全部用电价格实行折扣，从而使移民真正能够"搬得出、稳得住、逐步能致富"，达到"在共建中分享，在共享中共建"的各方面利益均衡局面。

（四）经济安全战略

能源是经济发展的原动力，也是社会经济持续发展的基本保证。水能资源利用的经济安全可以从两个方面来考虑：一是作为动力来源支撑经济持续、稳定、有效地发展；二是作为能源经济中的水电经济支撑地区经济的发展。

安全、可靠的能源供应和高效、清洁的能源使用是现实经济持续发展的基本保证。1980—2000 年我国 GDP 翻了两番，能源消耗量随着经济发展也翻了一番，超过了 14 亿吨标准煤，成为世界第二污染排放大国。这种"高投入"、"高消耗"拉动经济增长的模式，势必要求更多的能源供应形成发展的基础支撑条件。前已述及的我国煤炭、石油、天然气等常规或化石能源状况，表明我国能源供应状况已难以支撑起我国经济持续稳定的增长，且目前我国能源和消费引起的资源、环境问题已成为制约可持续发展的重要问题。节能减排不仅任务重，而且也面临着国际性的压力。20 世纪 80 年代以来，伴随着工业化的推进，我国空气污染日益加重。空气中的二氧化碳、二氧化硫、二氧化氮、碳颗粒物、氢氧化物和铅等有害物浓度，已深度影响每个（尤其长期在城市居住）人的呼吸系统，导致各种不同程度的疾病。全国的水环境更是每况愈下，所有大江大河都成为藏污纳垢的直排场所，水体水质污染严重，干支流及湖泊，有水皆污，COD 排放量无不超标。究其原因，主要是经济发展失衡和化石能源过耗。为此，我国每年要付出巨大的资金投入治理被污染的环境，部分出口商品也因一些有害元素超标而被退回或销毁。据《中国绿色国民经济核算研究报告：2004》，我国 2004 年因环境污染造成的经济损失为 5118 亿元，占 GDP 总量的 3.05%。经济发展的可持续性值得忧虑。从我国能源经济来看，我国是世界第二能源生产国和第二能源消费国，能源消费主要靠国内供给，能源自给率为 94%。2004 年中国一次性能源消费总量 19.7 亿吨标准煤，其中煤炭消费量（原煤）18.7 亿吨，原油 2.9 亿吨，天然气 415 亿立方米。一次性能源生产总量 18.46 亿吨标准煤，比上年增长 15.21%，其中原煤生产 19.56 亿吨，原油生产 1.75 亿吨，天然气 408 亿立方米。2004 年年底，我国发电装机容量达 4.4 亿千瓦，居世界第二位，发电量 2.19 亿千瓦·小时。我国电力行业电力生产主要集中在燃煤发电

（78%）和水电（16%），而其他燃料或能源的电力生产则属于零星生产行为。燃煤生产盲目建设，生产、运输、储存、治污成本日益加大，加之煤矿安全生产成本和事故处理及补偿标准的提高，煤价上涨喊声一片，春节前后南方雪灾救援中也显示出煤运、煤电的若干弊端，使我国过分依赖原煤的能源结构显示出对经济支撑的脆弱性，在某种意义上说更是显示出水电在我国能源领域和电力行业中至关重要的地位。考虑到水力的持续性以及水电的高效性和清洁性，水电能源经济具有持久的生命力，对能源经济的支撑力也具有持久性及较好的安全性。

水电开发利用可作为区域经济发展的驱动力之一，我国西部资源丰富、相对较为贫困的地区更有可能成为发展的契机和动力。水电开发可带动机械、材料、设备、电器、运输等方面的需求进而提升经济的发展。水电注入的大量移民资金和建设投资可以提供大量的就业机会，尤其是能较快地改善高山峡谷区分散居民的生存、生活环境，促进其生产生活质量的提升。可以与西部山区"异地扶贫"、建设社会主义新农村相结合，为其积累或提供经济发展的原始资本，促进山区生态经济发展，促进山区生态环境保护，从而达到建立循环型山区经济模式，走可持续发展的道路。

二、实施水电开发利用安全战略的策略

世界上有 165 个国家已经明确将继续发展水电，其中 70 个国家在建总装机为 1010 亿瓦特，110 个国家规划建设 3380 亿瓦特。水电因其清洁能源特性而得到进一步发展，仅只是在流行一时的反坝热潮表象下发达国家水电开发的步伐有所变缓。我国在 2006 年 1 月 1 日实施的《可再生能源法》已将风能、太阳能、水能、生物质能等列为优先开发的能源。"十一五"规划已明确提出：坚持以人为本，把经济发展切实转到全面协调可持续的轨道；进一步加强经济增长方式的转变，把资源节约作为基本国策，发展循环经济，保护生态环境，努力建设资源节约型和环境友好型的和谐社会，同时确立了"节约优先，立足国内，煤为基础，多元发展"的能源利用方针和能源安全战略，大力开发可再生能源，在保护生态的基础上积极建设金沙江等 13 个大型水电基地。2007 年 4 月国家发改委形成的《能源发展"十一五"规划》提出，"十一五"时期能源建设总体安排是：有序发展煤炭；加快开发石油、天然气；在保护环境和做好移民工作的前提下积极开发水电；优先发展火电；推进核电建设；大力发展可再生能源。水电的开发原则为："按照流域梯级滚动开发方式，建设大型水电基地；重点开发黄河上游、长江中上游及其干支流、澜沧江、红水河和乌江等流域。"虽然水电在能源战略中因环保和移民问题而未能确立优先发展的地位，但在能源资源中，油气后备资源严重匮乏，化石能源只能作减法，而水电既能作"加法"又环保；尽管水电也有建设周期长、一次性投资大、发电受来水影响等不足，但其清洁、可再生、永续利用的优势无以取代，我国水能资源利用具有广阔的发展前景。关键在于在系统论、协同论指导下运用系统整体和谐协调原理构建并实施水电开发的安全战略体系，切实推进人与水、能源与社会经济的和谐发展，为此：

（一）切实认识水能资源属性，确立水电优先开发地位

早在 1992 年联合国在巴西里约热内卢召开的环境与发展大会通过的《21 世纪议程》就将水电列为鼓励发展的新型或可再生能源之一。2004 年波恩可再生能源大会发表的政治宣言中特别定义可再生能源资源和技术包括太阳能、风能、水电、生物能以及地热能。2004 年联合国水电与可持续发展国际会议通过的《北京宣言》不仅指出了发达国家的经验已表明水电对经济发展所作出的贡献，而且再次确认水电是一种经济、清洁的可再生能源，因为水电与风能、太阳能等可再生能源相比是很好的调节能源。开发水电的同时还可实现开发火电、核电等能源所没有的防洪、灌溉、供水、航运、养殖业和旅游业等综合效益。之所以说它清洁，是因为在水力发电过程中与太阳能、风能一样，不排放有害气体，不污染水资源，也不消耗水资源，没有核辐射危险。由于水电的能源属性使开发水电成为常规能源优质化、高效化的重要途径之一，开发水电对于建立可持续发展的能源安全体系也就具有重要意义。因此，世界各国都把优先开发水电作为能源开发的一项重要举措。中国需要开发水电，在未来我国能源发展中，优先发展水电是我国能源发展的重要方针，而放弃水电将是我国能源发展的战略失误。作为一种经济、清洁的可再生能源，水电开发应该放在中国未来能源发展的优先地位。

（二）规划先行，影响评估先导，构建系统性方案

水电开发的确存在水能资源开发利用与生态环境保护、水电工程效应与移民的社会经济发展及生活持续性等矛盾，因此需要"谋定而后动"。在项目研究和规划阶段，就要坚持用科学发展观、系统整体观等客观评价水电开发的利弊，水电开发所带来的自然、社会、经济、文化等一系列的正负效应，坚持科学论证，科学规划，认真系统地做好包括自然生态环境和人文社会环境在内的影响评估工作，放大正向效应，做好避免或减少负向效应的预案，做到"心中有数"。如负向效应大于正向效应，且在目前技术水平下还难以解决，何妨放弃现今阶段的开发以留给后人；如正向效应大于负向效应，负向效应在现阶段技术水平下可以避免或将其减小到很低水平，可作好规划方案，构建其水电开发的安全战略体系，避害趋利，化害为利，使水电开发绿色化、生态化、人文化。

（三）政策法规保障，企业主体、公众参与构建水电利用的安全体系

我国已有较多的政策法规保障水电有序开发和可持续利用，并取得了可喜成绩，但水电开发不仅具有发电、防洪、灌溉、供水等综合功能，而且也涉及国家及国家资源管理部门、水电开发业主体、地方政府、移民所在村民自治组织、移民等利益主体，形成了纵横交错的复杂关系，这就需要国家机构站在国家安全、能源安全、经济安全、社会安全、生态安全等角度上进行统筹，因此有必要在原有诸如《水利法》、《水资源法》、《可再生能源法》、《国务院关于大中型水电站开发建设征地及移民安置条例》等政策法规基础上，出台《水能资源利用法》或《水能资源管理条例》，明确规定，统筹规划，构建涉及诸多方面的安全战略体系，形成国家调控，企业主体、公众参与的实施与监管

体系，完善水能资源利用的管理制度，保证水电开发的健康有序发展。

（四）借鉴国内外成功经验，确保水电开发安全进行

我国水电开发利用经历了 50 余年的实践，已经有了不少开发利用的经验教训，如刘家峡、小浪底、长江三峡等，既有着较高的技术理论水平和技术水平，也有着较为丰富的选址、坝基处理、筑坝、处理泥沙淤积、保存生物生境、拯救生物、移民安置等方面的经验，可以进行系统的总结、提升。同时，国际上也有不少经验可供借鉴。国外开始提出一些环境友好的水电认证标准："绿色水电"认证标准——由瑞士联邦环境科学技术研究所（EAWAG）于 2001 年提出，该标准从水文特征、河流系统连通性、泥沙和地形、景观和栖息地、生物群落 5 个方面提出反映健康河流生态系统的特征，并通过5 个方面的管理措施（包括最小流量、调峰、水库、泥沙、水电站建筑物设计）来实现，旨在鼓励水电站业主采取措施将电站设施对生态环境的不利影响降至最低程度；"低影响水电"认证标准——由美国低影响水电研究所（LIHI）于 1998 年提出，该标准从河道水流、水质、鱼类通道和鱼类保护、流域保护、濒危物种保护、文化资源保护、公共娱乐、是否被建议拆除 8 个方面提出了低影响水电应满足的条件，旨在减少水力发电对环境的影响，并建立一套可信的、可接受的标准供消费者对水电进行评估。这些标准如果成为我国未来大型水电开发的行业规范或借鉴这些标准建立起我国水电开发的行业规范，将确保经济与环境、生态效益等的兼顾，提高我国水电开发利用的安全度。

总之，水电资源作为经济、清洁的可再生能源在能源生态战略结构中占有重要的地位并能发挥重大作用，但其开发利用如同其他资源开发利用一样，存在利大于弊或弊大于利的博弈关系，关键在于我们要科学地认识和定位人水关系及生存与发展的关系，更加深刻地领悟人与自然和谐、社会和谐、经济和谐的内涵，系统认知和构建水电开发可持续发展的安全战略体系，将其作为系统工程对待，全方位进行考虑，确保在保护前提下利用、在利用中落实保护，才能真正做到有序、安全、和谐、协调地利用我国这些丰富的清洁可再生资源，促进资源节约型环境友好型社会及我国的节能降耗、减少碳排放，为国际减缓气候变暖作出大国应有的贡献等目标的实现。

参考文献

[1] 贾金生. 世界水电开发情况及对我国水电发展的认识 [J]. 中国水利，2004 (13)：10—12.

[2] 曹广晶，赵鑫钰. 论水电建设在能源安全战略中的作用 [J]. 人民长江，2007，38 (8)：1—4.

[3] 孔令强. 水电工程移民共享经济效益的机理与机制研究 [J]. 贵州社会科学，2007 (10)：74—78.

[4] 曹新. 中国开发水电面临的问题与对策 [J]. 中国发展观察，2007 (7)：28—30.

[6] 刘鹏，刘昌明. 我国能源发展与水电开发问题研究 [J]. 科学对社会的影响，2007 (2)：23—28.

西部农业农村基础设施发展水平
综合评价及预测[①]

——以宁夏回族自治区为例

王 瑜 范建荣

(北方民族大学商学院 银川 750021)

摘 要：本文从农业生产基础设施、农村生活基础设施、农村社会发展基础设施以及林业和农村生态设施四个方面尝试构建宁夏农业农村基础设施发展水平评价指标体系，在此基础上选取 1999—2008 年有关统计数据对宁夏农业农村基础设施发展水平进行了定量评价，结合宁夏农业农村基础设施建设实际，分析宁夏农业农村基础设施建设中存在的主要问题；并利用灰色系统预测模型，对宁夏农业农村基础设施发展水平进行预测，最后提出加快宁夏农业农村基础设施发展的对策建议。

关键词：农业农村基础设施 评价 预测 宁夏

为贯彻落实《国务院关于进一步促进宁夏经济社会发展的若干意见》（以下简称《意见》）（国发〔2008〕29 号），以及实现《意见》所确定的主要目标，亦即"到 2012 年……基本解决城乡饮水安全问题，人均基本公共服务接近全国平均水平……到 2020 年……人均基本公共服务达到全国平均水平……生态环境明显改善"。本文通过评价宁夏农业农村基础设施发展水平，分析揭示其发展过程中存在的问题，预测其趋势进程，对于实现宁夏农业农村基础设施跨越式发展以及为政府相关决策调控提供依据参考具有重要意义。

一、农业农村基础设施概念的内涵及评价原则

农业农村基础设施是指农业生产、农民生活、农村发展密切相关的各类基础设施，是支撑农村经济和社会发展的重要物质基础，也是衡量农村发展水平的重要方面。基础设施属于公共品或准公共品范畴，是公共财政应大力支持的重要领域之一，政府在提供

① 〔基金资助〕宁夏"十二五"规划前期重大问题研究项目（编号：09NXFGY015）的阶段研究成果。

和推进基础设施建设方面负有重要职责。行政管理部门根据基础设施的不同性质和功能，把农业农村基础设施分为农业生产基础设施、农村生活基础设施、农村社会发展基础设施和生态环境建设四大类（杜鹰，2008）。由此，本文将对这四类基础设施进行综合评价分析。

农业农村基础设施发展水平评价指标体系是建立在农业农村基础设施经济发展理论基础上的指标集合，应重点遵循以下原则：第一，全面性与代表性相结合。指标体系作为一个有机整体是多种因素综合作用的结果，因此，指标体系应反映影响农业农村基础设施发展系统的各个方面，从不同角度反映出被评价系统的主要特征和状况。第二，科学性与实用性相结合。具体指标的选取应建立在充分认识、系统研究的科学基础上，指标体系应体现农业循环经济发展战略目标的内涵和目标的实现程度。第三，系统性与层次性相结合。农业农村基础设施的发展是一个复杂的系统，由不同层次、不同要素组成。指标体系应能全面反映农业基础设施发展的各个方面，能客观地反映系统发展的状态。第四，可比性与可靠性相结合。有比较才有鉴别。指标体系的设计应注重时间、地点和范围的可对比性，以便于纵横向比较，体现其特点。同时一定要注意资料来源的可靠性，纵横向比较与统计指标口径的可比性及资料来源的可靠性关系很大，这是进行指标体系构建时应关注的问题。

二、农业农村基础设施发展水平指标体系构建

指标体系是对农业农村基础设施发展水平状况进行综合评价与研究的依据和标准，应综合反映资源、环境、经济、社会以及人口系统的隶属关系和层次关系等复杂内容。在参考国内外同类研究成果以及咨询专家的基础上，本文将宁夏农业农村基础设施发展水平评价指标体系分为目标层（A）、系统层（B）和指标层（C）。

（一）反映农业生产基础设施水平的评价指标

农业生产基础设施是指为农业生产过程提供基础性服务、从事农业生产的全过程中所必需的、对农业生产发展有重大作用的物质条件和社会条件，是在农业生产完成的各个环节所使用的劳动材料、劳动对象等生产力要素的总和。其具体包括农村生产性固定资产投入和农田水利设施等指标（黄亚玲等，2006）。

（二）反映农村生活基础设施水平的评价指标

农村生活基础设施水平是新农村建设的重要内容，与广大农民群众生产生活息息相关。近年来，我区坚持以人为本，紧紧围绕广大农民最关心、最直接、最现实的问题，显著加大了对农村水、气、路、电、房建设的投入力度。其主要通过农村自来水改水农民受益率、农民人均用电量、农民人均等级公路里程等来反映。

（三）反映农村社会发展基础设施水平的评价指标

农村社会发展基础设施水平是加快农村社会事业发展，努力推进公共服务均等化，构建社会主义和谐社会的必然要求。它主要包括农村教育、医疗卫生、文化体育设施等方面的指标。

（四）反映林业与农村生态环境设施水平的评价指标

该评价指标在很大程度上反映了当地生态环境治理、节水灌溉应用设施的水平。其主要包括人均造林面积、农民人均沼气使用量、农村卫生厕所普及率、农民人均水利、环境和公共设施管理业投资和农民人均设施农业设备（温室）拥有量。

综上，反映宁夏农业农村基础设施发展水平的四大类系统可以用以上综合指标来反映。

三、定量评价与进程预测

（一）权重的确定

1. 层次分析

根据德尔菲法，以及参考同类研究和专家咨询后筛选出 23 个参评因子构成农业农村基础设施发展水平综合评价的指标体系。并采取层次分析法（Analytic Hierarchy Process，AHP）对评价指标赋以权重。这是应用网络系统理论和多目标综合评价方法提出的一种层次权重决策分析方法。假设评价目标为 A，评价指标集为 F，则

$$F = \{f, f_2, \cdots f_n\}$$

构造判断矩阵 P（$A-F$）为：

$$P = \left\{ \begin{matrix} f_{11} & f_{12\cdots} & f_{1n} \\ f_{21} & \ddots & f_{2n} \\ \vdots & & \vdots \\ f_{n1} & f_{n2\cdots} & f_{nm} \end{matrix} \right\}$$

根据上述判断矩阵，利用和积法求得最大特征值及其对应的特征向量，对该向量作归一化处理后作为各指标的权重（见表 1）。

表1　宁夏农业农村基础设施发展水平综合评价指标体系及权重

目标层 A	控制层权重 B	操作层 C	操作指标类内权重	操作指标最终权重
农业农村基础设施发展水平综合评价指标体系	农业生产基础设施水平评价指标 (0.30)	X1 农民人均生产性固定资产投资（元/人）	0.15	0.05
		X2 农民人均农业机械拥有总动力（瓦特/人）	0.15	0.05
		X3 人均耕地面积（亩/人）	0.15	0.05
		X4 有效灌溉面积占耕地面积比重（%）	0.2	0.07
		X5 节水灌溉面积占有效灌溉面积（%）	0.20	0.07
		X6 农民人均批发零售贸易固定资产投资（元/人）	0.15	0.05
	农村生活基础设施水平评价指标 (0.25)	X7 农村自来水改水农民受益率（%）	0.15	0.05
		X8 自来水受益村所占比重（%）	0.2	0.06
		X9 农民人均用电量（千瓦时/人）	0.2	0.06
		X10 农民人均等级公路里程（公里/千人）	0.2	0.04
		X11 农民人均交通运输及邮政固定资产投资（元/人）	0.1	0.02
		X12 农民人均钢木结构住房使用面积（平方米/人）	0.15	0.04
	农村社会发展基础设施水平评价指标 (0.25)	X13 农村普通中小学生均专任教师数量比重（%）	0.2	0.05
		X14 农村普通中小学危房面积占校舍总面积比重（%）	0.1	0.05
		X15 每千人农业人口乡村医生和卫生员数量（人）	0.2	0.03
		X16 每千农业人口乡镇卫生院床位数（张）	0.2	0.04
		X17 农民人均文化、体育和娱乐业固定资产投资（元/人）	0.15	0.02
		X18 农村五保供养服务机构平均拥有床位数量（张）	0.15	0.03
	林业与生态环境设施水平评价指标 (0.2)	X19 人均造林面积（公顷/人）	0.25	0.02
		X20 农民人均沼气使用量（立方米/万人）	0.15	0.02
		X21 农村卫生厕所普及率（%）	0.15	0.03
		X22 农民人均水利、环境和公共设施管理业投资（元/人）	0.2	0.03
		X23 农民人均设施农业设备（温室）拥有量（亩/人）	0.25	0.05
合计	1.0		4.0	1.0

2. 建立综合评价模型

为使评价结果比较准确和简化，在单因子评价的基础上，本研究选取宁夏和全国 1999—2008 年农业农村基础设施各项指标的数据，并采用标准指数加权综合模型方法对宁夏农业农村基础设施发展水平进行定量评价。模型公式为：

$$Z = \sum_{i=1}^{n} Q_i W_i \tag{1}$$

$$Q_i = \frac{X_i}{Y_i} (i = 1, 2, \cdots, n) \tag{2}$$

式中：Z 为农业农村基础设施系统和某系统层的发展综合指数；Q_i 为下一级指标的标准化数值；X_i 是某二级指标的现状值；Y_i 是某二级指标的标准值；W_i 是一级和二级指标的权重（$0 < W < 1$，$\sum W_i = 1$）。根据上述指标体系和综合评价模型，计算得出宁夏农业农村基础设施系统的发展水平综合指数（见表2）。

表2　1999—2008 年宁夏农业农村基础设施发展水平[①]

年份	农业生产基础设施			农村生活基础设施			农村社会发展基础设施			林业与生态环境设施			综合评价指数		
	全区	川区	山区	全区	川区	山区	全区	川区	山区	全区	川区	山区	全区	川区	山区
1999	0.71	0.51	0.6	0.43	0.86	0.55	0.62	0.88	0.31	0.18	0.18	0.14	0.6	0.62	0.43
2000	0.53	0.53	0.61	0.45	0.84	0.58	0.56	0.8	0.35	0.18	0.18	0.15	0.6	0.61	0.49
2001	0.66	0.65	0.65	0.47	0.8	0.63	0.57	0.8	0.33	0.27	0.27	0.16	0.58	0.65	0.48
2002	0.54	0.54	0.67	0.48	0.8	0.66	0.75	0.85	0.36	0.25	0.25	0.23	0.63	0.62	0.54
2003	0.66	0.66	0.68	0.52	0.9	0.67	0.61	0.84	0.41	0.21	0.21	0.25	0.55	0.68	0.53
2004	0.51	0.51	0.69	0.53	0.9	0.69	0.56	0.77	0.45	0.21	0.21	0.37	0.55	0.61	0.6
2005	0.56	0.55	0.69	0.5	0.91	0.7	0.59	0.84	0.46	0.23	0.23	0.42	0.59	0.65	0.55
2006	0.86	0.86	0.69	0.53	0.92	0.71	0.7	0.86	0.52	0.28	0.28	0.43	0.62	0.76	0.65
2007	0.69	0.69	0.7	0.63	0.91	0.74	0.55	0.85	0.51	0.23	0.23	0.46	0.61	0.69	0.62
2008	0.81	0.81	0.75	0.64	0.92	0.83	0.74	0.86	0.52	0.26	0.26	0.5	0.66	0.74	0.62

3. 评价结果与分析

从表中可看出，宁夏农业农村基础设施发展水平的综合评价指数由 1999 年的 0.6 上升到 2008 年的 0.66，呈现出逐年平稳增长的态势。到 2008 年年底，宁夏农业农村基础设施发展水平已接近全国平均水平的 3/4，但距离基本接近或达到全国平均发展水平尚有一段距离。全区农业农村基础设施系统各方面的发展水平也取得了不同程度的提高。其中农村生活基础设施和农村社会发展基础设施方面发展速度最快，其指数分别从 1999 年的 0.43 和 0.62 上升到 2008 年年底的 0.64 和 0.74，并大致经历了两个阶段：1999—2005 年为缓慢增长阶段，2005—2008 年为快速发展阶段。林业和农村生态环境建设虽然起步较低，但 1999 年以来自治区政府加强了"退耕还林"等一系列农村生态环境保护工程建设力度，指数从 1999 年的 0.18 上升到 2008 年的 0.26，增长了 44.4%，发展速度位居第二，说明宁夏近年来在整治生态环境方面功效显著。

---

① 本文数据均来源于中国统计部门、宁夏统计局等官方出版物，其中有《宁夏统计年鉴》（2000—2009）、《宁夏农村社会经济调查年鉴》（2000—2008）、《中国统计年鉴》（2000—2009）、《中国教育统计年鉴》（2000—2009）、《中国民政统计年鉴》（2000—2008）、《中国农村统计年鉴》（2000—2009）、《中国林业统计年鉴》（2000—2004）、《中国能源统计年鉴》（2000—2009）、《中国卫生统计年鉴》（2000—2009）、《中国区域经济统计年鉴》（2000—2008）、《中国县（市）社会经济统计年鉴》（2000—2008）以及《中国环境统计年鉴》（2000—2008）。

4. 存在的问题

几年来，尽管宁夏农业农村基础设施整体水平显著提高，但与全国平均水平相比，仍存在较大差距。从区域比较来看，由于自然、社会、经济、科技等因素的影响，宁夏北部川区、中部干旱带和南部山区农业农村基础设施发展水平存在明显差异。可以看出，川区农业农村基础设施发展水平明显要高于其他两个区域，是全国平均水平的74%，综合评价结果较好。南部山区评价指数相差较大，仅相当于全国和川区平均值的62%和83.8%，农业农村基础设施水平较为薄弱。

具体到分项评价指数，川区在资源条件方面具有明显的优势，远远高出其他区域，且接近全国平均水平。就农业生产基础设施、农村社会发展基础设施和农村生活基础设施评价指数看，川区的评价指数分别是全国平均值的81%、86%和92%，但林业和农村生态环境设施指数只及全国平均值的26%。中部干旱带和南部山区的农业生产基础设施、农村社会发展基础设施和农村生活基础设施评价指数相当于川区的92.6%、60.5%和90.2%，相当于全国平均水平的75%、52%和83%。在具体评价指标中，山区人均耕地面积虽是川区的3.82倍，是全国平均值的3.97倍，但有效灌溉面积比例只及川区的17%和全国平均值的36%。从农村生活基础设施水平来看，山区自来水受益村所占比重只及川区的73%，农民人均等级公路里程只及川区的74.1%，农民人均钢木结构住房使用面积只及川区的23.3%。山区的其他指数也均低于川区平均值。林业和农村生态环境设施方面的指标仍属较低水平，差距同样较大。这反映了宁夏中部和南部受自然、生态环境的约束，以及经济、科技、教育等经济社会条件的影响，农业农村基础设施发展基础脆弱，农村社会事业设施建设滞后。

（二）进程预测

1. 预测模型的选择

由以上分析得到，宁夏农业农村基础设施建设虽取得了较大的进展，但与全国农业农村基础设施发展平均水平相比，仍有较大差距。因此，建立宁夏农业农村基础设施发展水平预测模型，客观地评价基础设施建设的进程，可以为有关部门的决策调控提供定量的依据。对宁夏以及山、川区的农业农村基础设施发展水平指标的预测和比较，对多种预测方法的预测结果进行比较后，选用灰色系统预测模型（李娜等，2006）。

2. GM（1，1）模型的建立和检验标准

对于单一变量的一阶线性动态模型 GM（1，1），其相应的微分方程是：

$$\frac{dx^{(1)}}{dt} + ax = u \tag{3}$$

式中：$x^{(1)}$ 为原始数列 $x^{(0)}$ 的一次累加值，即 $x^{(1)}(t) = \sum x^{(0)}(t)(t = 1,2,\cdots,n)$；a、b 为待估参数，分别称为发展灰数和内生控制灰数。设 A 为 a 的待估参数向量，则 $A = \begin{bmatrix} a \\ b \end{bmatrix} = (B^TB)^{-1}B^TY_n$，式中 B 和 Y_n 分别为如下矩阵：

$$B = \begin{cases} -1/2\left[x^{(1)}(1)\right] + \left[x^{(1)}(2)\right] & 1 \\ -1/2\left[x^{(1)}(2)\right] + \left[x^{(1)}(3)\right] & 1 \\ \vdots \\ -1/2\left[x^{(1)}(n-1)\right] + \left[x^{(1)}(n)\right] & 1 \end{cases} \quad Y_n = \begin{bmatrix} x^0(2) \\ x^0(3) \\ \vdots \\ x^0(n) \end{bmatrix}$$

灰微分方程（3）的解为：$\hat{x}^{(1)}(t+1) = \left[x^0 - b/a\right]e^{-at} + b/a$ 　　　　　（4）

该式称为预测模型，亦称时间响应函数。对预测模型的检验一般有残差检验、后验差检验和关联度检验等方法。本文主要采用残差检验和后验差检验，合格则可以计算预测值。预测公式为：$x^{(0)}(t+1) = x^{(1)}(t+1) - x^{(1)}(t)$，否则，需要通过分析残差模型进行修正，用修正模型进行预测（具体参照表3要求）。

表3　灰色预测精度检验等级标准

精度等级	检验指标	
	P	C
好	>0.95	<0.35
合格	>0.80	<0.50
勉强	>0.70	<0.65
不合格	≤0.70	≥0.65

3. 预测结果与分析

根据前面建立的预测模型，选取1999—2008年各项农业农村基础设施指标数据预测了宁夏农业农村基础设施建设发展趋势（具体样本容量由预测精度来确定），对中期和远期发展水平趋势进行预测（见表4）。

表4　宁夏农业农村基础设施水平中长期发展趋势预测

指标名称	预测结果				检 验	
	2008年	2015年	2020年	预测模型	P	C
X1 农民人均生产性固定资产投资（元/人）	292	698	1214	x（t+1）= 5952.30exp（0.0053t）−5920.7	1	0.30
X2 农民人均农业机械拥有总动力（瓦特/人）	1.94	3.76	6.11	x（t+1）= −0.905exp（−0.1773t）+0.992	1	0.13
X3 人均耕地面积（亩/人）	2.8	2.68	2.77	x（t+1）= 6.6727exp（0.0672t）−6.108	0.78	0.65
X4 有效灌溉面积占耕地面积比重（%）	38.5	54.7	78.1	x（t+1）= −22.77exp（−0.1528t）+24.83	1	0.29
X5 节水灌溉面积占有效灌溉面积比重（%）	26.6	74.1	100	x（t+1）= −988.74exp（−0.0028t）+991.9	1	0.28
X6 农民人均批发零售贸易固定资产投资（元/人）	27.4	26.7	21.9	x（t+1）= −1444886.65exp（−0.000016t）1444910.219	0.67	1.01

指标名称	预测结果				检　验	
	2008年	2015年	2020年	预测模型	P	C
X7 农村自来水改水农民受益率（%）	59	97.2	100	x（t+1）=41.692exp（0.0498t）−39.425	1	0.23
X8 自来水受益村所占比重（%）	48.1	93.1	100	x（t+1）=−17.98exp（−0.194167t）+19.376637	1	0.104
X9 农民人均用电量（千瓦时/人）	322	475	648	x（t+1）=−143.77exp（−0.1103t）+154.84	1	0.117
X10 农民人均等级公路里程（公里/千人）	5.71	12.5	22.2	x（t+1）=−6.301exp（−0.100490t）+6.735	1	0.193
X11 农民人均交通运输及邮政固定资产投资（元/人）	508.	3713	18090	x（t+1）=86.144exp（0.31672t）+63.356	1	0.264
X12 农民人均钢木结构住房使用面积（平方米/人）	14.32	24.14	34.91	x（t+1）=−8.30838exp（−0.06652t）+8.74	1	0.111
X13 农村普通中小学生均专任教师数量比重（%）	5.8	4.409	4.096	x（t+1）=−22.267exp（−0.0176t）+22.615	0.44	0.77
X14 农村普通中小学危房面积占校舍总面积比重（%）	4.15	3.965	3.385	x（t+1）=−204.667exp（−0.032t）+206.07	0.56	0.917
X15 每千人农业人口乡村医生和卫生员数量（人）	0.81	1.09	1.346	x（t+1）=1.2887exp（0.04085t）−1.2226	1	0.343
X16 每千农业人口乡镇卫生院床位数（张）	0.53	0.68	0.857	x（t+1）=−0.4837exp（−0.1032t）+0.5204	1	0.425
X17 农民人均文化、体育和娱乐业固定资产投资（元/人）	35.3	85.11	181.8	x（t+1）=−108.647exp（−0.188t）+117.46	0.78	0.523
X18 农村五保供养服务机构平均拥有床位数量（张）	21.95	58.34	106.6	x（t+1）=−27.98exp（−0.028566t）+28.77	1	0.112
X19 人均造林面积（亩/人）	0.218	0.184	0.14	x（t+1）=−7.8441exp（−0.054503t）+7.98	0.67	0.967
X20 农民人均沼气使用量（立方米/万人）	14.42	166	791.6	x（t+1）=−39.3027exp（−0.1611t）+42.06	1	0.355
X21 农村卫生厕所普及率（%）	37.92	69.65	100	x（t+1）=−35.717exp（−0.1191t）+37.989	1	0.198
X22 农民人均水利、环境和公共设施管理业投资（元/人）	18.65	23.3	31.21	x（t+1）=161.429exp（0.0584t）−155.73	0.56	0.732
X23 农民人均设施农业设备（温室）拥有量（亩/人）	0.02	0.046	0.081	x（t+1）=−0.0537exp（−0.1072t）+0.0572	1	0.353

指标名称	预测结果				检　验	
	2008 年	2015 年	2020 年	预测模型	P	C
综合评价指数	0.66	0.97	1.23	$x(t+1) = -0.284\exp(-0.223316t) + 0.311$	1	0.262

说明：节水灌溉面积占有效灌溉面积、农村自来水改水农民受益率、自来水受益村所占比重以及农村卫生厕所普及率根据预测模型所计算的数量，若大于 100%，则将其修正为 100%。数据来源同上。

预测结果表明，到 2015 年，宁夏农业农村基础设施发展水平大部分评价指标将基本达到全国农业农村基础设施平均水平的 97%。同时我们应该看到，农村生活基础设施和林业与农村生态环境设施水平两个指标仍与全国平均水平存在较大差距，分别只达到 82% 和 44%，成为严重制约宁夏农业农村基础设施发展水平大幅提高的主要因素。宁夏山、川区农业农村基础设施发展水平将分别达到全国平均水平的 121% 和 92%。同时，山区的农业生产基础设施、农村社会发展基础设施和林业与农村生态环境设施平均发展水平将分别达到全国平均水平的 85%、91% 和 63%。到 2020 年，宁夏农业农村基础设施发展水平评价指标将会达到全国农业农村基础设施平均水平的 123%。但林业和农村生态环境设施水平仍有很大差距。因此，宁夏农业农村基础设施建设任务依然艰巨。

四、对策建议

根据宁夏农业农村基础设施现状实际和预测结果，全面缩小与全国农业农村基础设施平均水平的差距，提出以下四点对策建议。

（一）科学规划，推进城乡基础设施建设一体化

高标准编制《宁夏农业农村基础设施建设中长期规划》，与新农村建设、交通、水利、农业、村庄建设、国土整治、环保、林业、农业综合开发、移民、旅游等部门和乡镇系统规划，形成一个完整的农业农村基础设施建设规划体系，推进农村与城市基础设施互联共通，搭建起城乡一体化的基础设施网络，一张蓝图绘到底，努力建设文明、小康、秀美的新农村。

（二）分阶段抓住重点和突出问题进行全面综合整治的方法

按照国发〔2008〕29 号《意见》和全面建设农村小康社会的目标要求，近期着重提高农业生产和农村生活基础设施供应能力，并进一步加强农村社会事业基础设施建设。中期重点围绕全面建设节水型社会，统筹优化水资源配置。加快农田水利设施建设。围绕粮食安全和农业产业结构战略性调整，加快农业基础设施建设，不断提升耕地

质量。大力实施生态移民，推进现代农村市场流通体系建设，大力发展农村生物质能源，全面加强农村社会事业基础设施建设，使农村生产、生活环境得到显著改善。

（三）推进农村居民适度集中居住，加快农业生产和农村生活方式的转变，优化经济结构，提高农业农村基础设施利用效率

鼓励农民适度集中居住，有利于大大降低农村公共基础设施建设成本，促进国土整治，扩大耕地面积；有利于推动农村土地规模化经营、机械化耕作、集约化管理和经济结构优化；有利于封山禁牧，保护和治理生态环境。按照"靠城、沿路、近水"的原则规划布局，推进农村居民向城郊镇区、河谷川道、公路沿线集中。优先实施中心村学校、卫生室、文化室、商贸网点等公共服务设施的建设，加快集中居住区水、电、路、气、信息、绿化等基础设施建设，增强集中居住区的吸引力，促进附近农民向规划的中心村集中居住。

（四）重点加强山区农业农村公共基础设施投入力度，推进区域间协调发展，全面提升我区农业农村基础设施整体水平

从研究结果来看，尽管"九五"、"十五"时期以来宁夏农业农村基础设施发展水平综合指数持续增长，但整体水平相对滞后。由于农业资源禀赋及经济和社会条件的不同，宁夏川区和南部山区两大区域农业农村基础设施整体水平存在显著差异，这些差异已经成为提升宁夏农业农村基础设施发展整体水平的"瓶颈"，这样的发展格局不利于农业和农村经济的持续、协调发展，势必影响到建设现代农业和小康社会目标的实现以及新农村建设的进程。新农村建设的核心是农村基础设施，农民和基层干部迫切需要的也是改善农村基础设施（董志凯，2009）。

参考文献

[1] 董志凯. 农村基础设施建设与农村合作经济 [J]. 江海学刊，2009（2）：172—178.
[2] 王建国. 河南城市基础设施建设与发展研究 [J]. 中州学刊，2002（6）：19—24.
[3] 李娜，夏永久. 宁波城市基础设施现代化水平综合评价与预测 [J]. 长江流域资源与环境，2006（2）：136—141.
[4] 黄亚玲，刘冰，吴彦虎. 农业综合生产能力评价体系的研究及实证分析 [J]. 宁夏社会科学，2008（9）：54—58.
[5] 郑风田，傅晋华. 农户集中居住：现状、问题与对策 [J]. 农业经济问题，2007（9）：4—7.
[6] 杜鹰，主编. 农村基础设施建设发展报告（2008）[M]. 北京：中国环境科学出版社，2008.
[7] 刘思峰，郭天榜，党耀国. 灰色系统理论及其应用 [M]. 北京：科学出版社，2006.